江苏高校哲学社会科学研究一般项目"二元规范下生态环境损害救济体系化研究"（2022SJYB1441）研究成果

感谢苏州大学法学院发展基金对本书出版的支持

整体主义视角下
生态环境损害救济
路径研究

Research on the Relief Path of
Ecological Environmental
Damage from the Perspective of Holism

区树添◎著

中国社会科学出版社

图书在版编目(CIP)数据

整体主义视角下生态环境损害救济路径研究／区树添著.—北京：
中国社会科学出版社，2024.6
ISBN 978-7-5227-3498-9

Ⅰ.①整… Ⅱ.①区… Ⅲ.①生态环境—环境污染—赔偿—研究—
中国 Ⅳ.①D922.683.4

中国国家版本馆 CIP 数据核字(2024)第 083887 号

出 版 人	赵剑英	
责任编辑	梁剑琴	
责任校对	周 昊	
责任印制	郝美娜	

出　　版	中国社会科学出版社
社　　址	北京鼓楼西大街甲 158 号
邮　　编	100720
网　　址	http：//www.csspw.cn
发 行 部	010-84083685
门 市 部	010-84029450
经　　销	新华书店及其他书店

印　　刷	北京君升印刷有限公司
装　　订	廊坊市广阳区广增装订厂
版　　次	2024 年 6 月第 1 版
印　　次	2024 年 6 月第 1 次印刷

开　　本	710×1000　1/16
印　　张	14
插　　页	2
字　　数	237 千字
定　　价	88.00 元

凡购买中国社会科学出版社图书，如有质量问题请与本社营销中心联系调换
电话：010-84083683

摘　　要

　　学界对生态环境损害救济路径的研究存在公法救济说、私法救济说和公私法协同救济说三种学说。针对生态环境损害的特征，这三种学说分别从法律规范的不同属性角度思考生态环境损害救济。公法救济说强调通过行政监管执法来救济受损生态环境，但是存在补偿性缺失的局限。而私法救济说从损害赔偿角度出发，主张通过诉讼方式来弥补公法救济的不足，强调对受损环境法益的填补，从而实现对生态环境损害的救济。而公私法协同救济说综合考虑前述公法和私法救济路径的优缺点，主张生态环境损害需要通过公私法的协同作用才能实现全面救济。但是，前述三种学说均局限在法律规范框架下，基于公/私法二分来对生态环境损害法律救济路径进行类型划分，未将我国环境治理实践中对生态环境损害产生重要影响和作用的政策规范纳入考察范围。

　　我国生态环境损害救济是"二元规范调整+四种救济路径"的多元协同救济。我国生态环境损害存在法律规范和政策规范的二元规范体系调整，并且在两种规范体系下分别存在两种不同的救济路径。在法律规范调整下存在行政救济和司法救济两种路径。其中，生态环境损害行政救济是以环保行政命令作为救济基础措施，以行政处罚和行政代履行作为救济保障性措施来实现救济目标。而生态环境损害司法救济是通过环境公益诉讼和生态环境损害赔偿诉讼来实现损害救济目标。此外，在生态环境损害政策规范调整下存在生态环境损害赔偿磋商和生态环境保护督察两种救济路径。生态环境损害赔偿磋商制度是以"两办"颁布的《生态环境损害赔偿制度改革方案》作为制度规范依据，是生态环境损害行政救济与司法救济之外的替代性纠纷解决机制，通过赔偿权利人和赔偿义务人的磋商来实现对生态环境损害的救济。而生态环境保护督察虽然并不直接追究违法行为人的责任,而是对突出生态环境问题督察整治和对党政机关及其领导干部进行督察问责来实现救济受损生态环境。

面对同一生态环境损害事实,不同主体可以根据法律和政策的授权与规定分别通过行政监管、司法诉讼、赔偿磋商和环保督察四种途径来实现对生态环境损害的救济。因为生态环境损害多元救济路径存在耦合,即调整目标一致性、法益保护同一性和责任方式耦合性,从而使得多种救济路径存在交叉重叠适用的可能。但是,因为政策和法律协调不足、多种救济路径衔接机制不完善、行政机关与司法机关的角色错位导致我国生态环境损害救济实践中存在行政执法隐退、一案多诉、多种救济路径交织失序等问题。

从整体主义视角反思生态环境损害多元救济路径与二元规范之间的关系、两种规范体系的属性特征,以及多种救济路径的运作逻辑,来证成二元规范调整和多种救济路径的衔接与协调。生态环境损害的行政救济路径和司法救济路径分别存在不同的规范意旨。行政救济路径是以行政权为基础,通过行使行政监管职权来履行国家环境保护义务。因为行政监管执法具有法定性和强制性,并且其能够及时、有效地救济受损生态环境,因此生态环境损害行政救济具有优先性。而生态环境损害司法救济路径是以司法权为基础,司法审判机关通过案件审理和适用生态环境修复责任来实现生态环境救济的目标,并通过判决责任人承担生态环境损害赔偿责任来弥补行政救济路径补偿性的缺失。司法权具有事后性和谦抑性的特质,故生态环境损害司法救济路径在适用上不具有优先性。

虽然生态环境损害赔偿磋商借用私法上的磋商规则,但是平等性、自愿性的特征是对于赔偿义务人而言的。对于赔偿权利人则强调赔偿磋商程序的强制性、合理行使赔偿磋商裁量权和限制行政处分权,以防止公权力滥用。因此,生态环境损害赔偿磋商的程序强制性、目的公益性和磋商行为的规范性,以及磋商协议执行的行政监管都体现了生态环境损害赔偿磋商是行政机关主导下的行政行为属性,是环保行政监管行为的延伸。此外,生态环境保护督察是法律救济失灵的监督和纠错机制,通过对党政机关及其领导干部的督察来压实环保责任,解决突出的生态环境问题。同时,环保督察通过行政监管执法和司法诉讼路径的回归适用来实现生态环境损害救济。

为了解决生态环境损害救济的实践困境,需要基于不同救济路径的运作逻辑来确定彼此适用的层级顺次和完善路径间的衔接机制。在生态环境损害救济路径的层级顺次中，确立行政执法主导、司法救济谦抑、赔偿磋商救济补强和环保督察监督补充的生态环境损害救济体系。此外，通过完善多种救济路径的衔接机制来保证多元救济路径的高效协作，从而实现不同权力配置的规范秩序统一和协调。具体而言，通过确立穷尽行政救济原则和明确行政机关的履职标准来实现法律救济下行政与司法救济的衔接。同时，需要协调政策和法律，以及通过生态环境损害赔偿磋商制度法治化，来完善生态环境损害的政策调整和救济。

关键词：生态环境损害；整体主义；法律救济；政策救济；救济路径

目　　录

绪　论

一　研究背景及研究意义

（一）研究背景

面对日益严重的生态环境损害问题，我国通过颁布《中华人民共和国民法典》（以下简称《民法典》）和修订（正）《中华人民共和国环境保护法》（以下简称《环境保护法》）、《中华人民共和国民事诉讼法》（以下简称《民事诉讼法》）等法律为环保行政执法或者环境司法诉讼救济生态环境损害提供法律依据和制度保障。在行政执法方面，《环境保护法》和环保各单行法是政府及其部门进行环境监管的依据，通过行政监管执法来实现对生态环境损害的救济。在司法救济方面，《民事诉讼法》第58条规定特定的机关和组织具有提起环境民事公益诉讼的原告资格。《环境保护法》第58条确立社会组织针对环境污染或生态破坏导致社会公共利益损害具有提起诉讼的原告资格。我国《民法典》顺应了时代的需求，新增的第1234条和第1235条涉及对生态环境损害的调整，为我国环境公益诉讼和生态环境损害赔偿诉讼提供了实体法依据。

党的十八届三中全会明确提出对造成生态环境损害的责任者严格实行赔偿制度。中共中央和国务院联合印发《生态文明体制改革总体方案》（以下简称《总体方案》）强调"严格实行生态环境损害赔偿制度""制定完善……生态环境损害赔偿等方面的法律法规"。2015年颁布的《生态环境损害赔偿制度改革试点方案》（以下简称《试点方案》）规定开展生态环境损害赔偿制度改革试点。随着《生态环境损害赔偿制度改革方案》（以下简称《改革方案》）的颁布，生态环境损害赔偿制度于2018年开始在全国实施。《改革方案》赋予各地区根据情况明确追究生态环境损害赔偿责任的具体适用情形，同时规定生态环境损害赔偿磋商是赔偿权利人提起索赔诉讼的必经程序。此外，我国在 2015 年颁布《环境保护督察方案（试行）》，并于 2016 年开展环境保护督察，追究我国党政机关及其领导干部的生态环境损害责任，督促其履行生态环境保护职责。2019 年 6 月，"两办"联合印发《中央生态环境保护督察工作规定》（以下简称《督察规定》），标志着中央环保督察走向制度化与规范化。《督察规定》是我国生态环境保护领域专门的党内法规，通过以党内法规的形式来规范中央环保督察工作，体现了党中央和国务院加快生态文明建设、解决突出生态环境问题的决心。

党的十八届四中全会通过《中共中央关于全面推进依法治国若干重大问题的决定》（以下简称《全面推进依法治国决定》），强调中国特色社会主义法治体系包括法律规范体系和党内法规体系。《关于构建现代环境治理体系的指导意见》（以下简称《环境治理体系意见》）指出"健全环境治理法律法规政策体系"。该意见再次强调"法律法规"和"政策"对我国环境治理的规范价值和调整意义。换言之，除了法律规范之外，我国党内法规、党的政策和党的规范性文件所形成的政策规范对环境治理具有重要规范意义和指导意义。

面对日益勃兴的环境公益诉讼和生态环境损害赔偿诉讼，学界研究聚焦在环境公益诉讼原告资格[①]、生态环境损害赔偿诉讼的性质及建构[②]、两种诉讼类型之间的衔接[③]等方面。学者认为，我国"以环境民事公益诉讼和生态环境损害赔偿诉讼为核心发展出了一套私法主导的生态损害救济体系"[④]。《民法典》通过确立生态环境修复责任和生态环境损害赔偿责

[①]　参见柯坚、吴隽雅《检察机关环境公益诉讼原告资格探析——以诉权分析为视角》，《吉首大学学报》（社会科学版）2016 年第 6 期；阮丽娟《环境公益诉讼原告资格的司法实践分析》，《江西社会科学》2013 年第 12 期；吴卫星《环境公益诉讼原告资格比较研究与借鉴——以美国、印度和欧盟为例》，《江苏行政学院学报》2011 年第 3 期。

[②]　参见史玉成《生态环境损害赔偿制度的学理反思与法律建构》，《中州学刊》2019 年第 10 期；戴建华《生态环境损害赔偿诉讼的制度定位与规则重构》，《求索》2020 年第 6 期；廖华《生态环境损害赔偿的实践省思与制度走向》，《湖南师范大学社会科学学报》2021 年第 1 期。

[③]　参见薄晓波《三元模式归于二元模式——论环境公益救济诉讼体系之重构》，《中国地质大学学报》（社会科学版）2020 年第 4 期；汪劲、马海桓《生态环境损害民事诉讼衔接的顺位规则研究》，《南京工业大学学报》（社会科学版）2019 年第 1 期；韩英夫、黄锡生《生态损害行政协商与司法救济的衔接困境与出路》，《中国地质大学学报》（社会科学版）2018 年第 1 期。

[④]　刘静：《论生态损害救济的模式选择》，《中国法学》2019 年第 5 期。

任，为我国环境公益损害救济提供实体法依据。① 换言之，除了公法规范下的环保监管行政救济，我国生态环境损害法律救济还存在环境司法诉讼救济。

然而，我国生态环境损害救济存在法律规范和政策规范的二元规范体系共同调整。我国学者较少关注环境治理实践中政策规范对生态环境损害救济的功用，更遑论对两种规范体系下的不同救济进行整体考察。实践中，我国政策规范和法律规范的二元规范调整下的多种救济路径存在功能重叠和适用混乱失序问题。为此，回归生态环境损害法律规范和政策规范二元规范体系的本源，重新思考政策与法律的协调与衔接，基于不同救济路径的运作逻辑和制度特点以合理安排不同救济路径的层级顺位，完善多元救济路径的衔接机制，以发挥生态环境损害多元救济路径的协同作用。

（二）研究意义

1. 理论意义

现有生态环境损害救济路径类型化的研究从法律单一规范出发，将生态环境损害救济路径分为公法救济与私法救济。本书立足于我国环境治理实践，对政策规范调整生态环境损害救济的功能作用、生态文明体制改革制度构建的现象进行研究分析。反思和批判我国生态环境损害救济路径类型化的三种学说的不足，指出现有研究局限在法律单一规范考察的局限。从整体主义视角对我国生态环境损害救济实践样态进行类型化，并提出我国生态环境损害救济是"二元规范调整+四种救济路径"的多元协同救济。

2. 实践意义

我国生态环境损害法律救济存在行政救济和司法救济两种救济路径。而生态环境损害政策救济存在生态环境损害赔偿磋商和生态环境保护督察两种救济路径。实践中由于二元规范和多种救济路径的衔接协调不足，导致我国生态环境损害救济存在行政执法隐退和一案多诉的怪象，以及多种救济路径存在顺次混乱与交织失序的问题，从而导致多种救济路径制度运作成本增加和救济效率降低。因此，需要分析两种规范体系的属性特征和

① 环境公益损害救济包括生态环境损害赔偿诉讼和环境民事公益诉讼。参见竺效《民法典为环境公益损害救济提供实体法依据》，《光明日报》（理论版）2020年6月5日第11版。

四种救济路径的运作逻辑，确定不同救济路径的层级顺次和完善彼此间的衔接机制。

二　国内外研究现状

（一）国内研究现状

生态环境损害救济研究存在不同的研究切入点。按照追责和分担机制的不同，可以分为追究违法行为人的法律责任和生态环境损害的社会救济两种。追究违法行为人的法律责任是指基于"损害担责"原则，要求行为人承担生态环境修复责任或者生态环境损害赔偿责任。而生态环境损害的社会救济是通过损害社会化分担来实现损害救济和填补。① 在风险社会的背景下，因环境污染或生态破坏导致的环境侵害，不仅是传统对私主体的人身或财产的侵害，还是对环境本身的公益侵害，都会产生损害赔偿数额高、影响范围广、侵害规模大的问题，② 因此，除了追究行为人的法律责任外，生态环境损害法律救济机制还需要综合采用环境责任保险、生态损害填补基金、行业分担协议制度等社会化救济方式进行有效赔偿和修复。③ 也有学者整合法律责任追究和社会化救济的模式，主张从侵权责任、保险制度和损害基金形成生态环境损害救济的复合模式。④

自党的十八届三中全会指出"对造成生态环境损害的责任者严格实行赔偿制度"之后，我国对于生态环境损害责任的研究从早期强调生态环境损害救济的社会化分担转向通过行政手段或司法手段追究违法行为人的法律责任。自此，生态环境损害赔偿制度及相关问题成为学界研究的热点，目前已取得较为丰富的成果，相关研究主要从以下几方面展开。

一是辨析生态环境损害赔偿的概念。学者认为生态环境损害的概念需

---

① 环境损害（人身财产损害和环境系统自身的损害）的救济需要从环境侵权法到环境事故法的转变，而环境事故法不仅强调公法的损害预防，而且更加强调责任保险和基金制度来实现风险分散。参见侯佳儒《环境损害救济：从侵权法到事故法》，《政法论丛》2019 年第 5 期。

② 参见贾爱玲《环境民法》，知识产权出版社 2019 年版，第 224 页。

③ 参见竺效《生态损害的社会化填补法理研究》，中国政法出版社 2007 年版；贾爱玲《环境侵权损害赔偿的社会化制度研究》知识产权出版社 2011 年版；诸江《生态损害的社会化救济研究》，《社会主义研究》2010 年第 3 期；麻昌华、郭晓虹《生态环境损害复合救济模式探析》，《法学杂志》2019 年第 3 期；柯坚《建立我国生态环境损害多元化法律救济机制——以康菲溢油污染事件为背景》，《甘肃政法学院学报》2012 年第 1 期。

④ 参见麻昌华、郭晓虹《生态环境损害复合救济模式探析》，《法学杂志》2019 年第 3 期。

要从"质"与"量"两个方面来判断"总体利益损害"，而不能简单地套用侵权责任法律关系中的"损害"来理解。此外，生态环境损害赔偿责任是一种危险或风险防御责任，区别于恢复原状和损害赔偿的意涵，故应创设单独的环境侵害责任。① 另外，有研究者认为生态环境损害的概念应从科学概念转化为法律概念，强调因污染环境或破坏生态导致生态失衡或功能退化而承担修复或赔偿责任的环境违法行为。②

二是生态环境损害赔偿磋商制度的分析与完善。在赔偿磋商制度的属性上，学者认为生态环境损害赔偿磋商是具有监管职权和职责的行政机关借助私法磋商制度来维护公共利益，但是其本质具有公法性质和属性。③ 从协商行政理论出发，磋商是行政机关采用私法协商的执法行为，达成的磋商协议视为行政契约。④ 此外，学者从磋商性质、原则和目标辨析磋商制度的基础，并从磋商当事人、协议效力、磋商时机后评估等实体层面与程序层面论述磋商制度的完善。⑤

三是生态环境损害责任归责原则及责任范围构成。生态环境损害赔偿本质上是公法问题，其不同于普通的侵权责任，应适用过错规则原则。⑥ 学者认为生态环境损害赔偿范围应以生态环境修复费用为基准，同时还应包括期间的生态环境服务功能损失。⑦

四是生态环境损害赔偿诉讼制度整体的分析与完善。例如，学者从履行国家环保义务、先磋商后提起赔偿诉讼以弥补行政权执法不力来论证行政机关作为赔偿权利人的正当性。⑧ 又如学者认为生态环境损害赔偿诉讼应该将顺其与公益诉讼的关系与适用范围，⑨ 并从原告主体、损害评估、

---

① 参见吕忠梅《"生态环境损害赔偿"的法律辨析》，《法学论坛》2017 年第 3 期。

② 参见南景毓《生态环境损害：从科学概念到法律概念》，《河北法学》2018 年第 11 期。

③ 参见郭海蓝、陈德敏《生态环境损害赔偿磋商的法律性质思辨及展开》，《重庆大学学报》（社会科学版）2018 年第 4 期。

④ 参见彭中遥《生态环境损害赔偿磋商性质定位省思》，《宁夏社会科学》2019 年第 5 期。

⑤ 参见程雨燕《生态环境损害赔偿磋商制度构想》，《北方法学》2017 年第 5 期。

⑥ 参见晋海《生态环境损害赔偿归责宜采过错责任原则》，《湖南科技大学学报》（社会科学版）2017 年第 5 期

⑦ 参见刘画洁、王正一《生态环境损害赔偿范围研究》，《南京大学学报》（哲学・人文科学・社会科学）2017 年第 2 期。

⑧ 参见梅宏、胡勇《论行政机关提起生态环境损害赔偿诉讼的正当性与可行性》，《重庆大学学报》（社会科学版）2017 年第 5 期。

⑨ 参见冷罗生、李树训《生态环境损害赔偿制度与环境民事公益诉讼研究——基于法律权利和义务的衡量》，《法学杂志》2019 年第 11 期。

诉讼规则和资金管理等方面提出完善建议。① 此外，学者从索赔人确定、磋商过滤机制及赔偿制度走向等方面进行论述，并认为赔偿制度应坚持行政履责优先，并与公益诉讼制度形成递进关系。② 还有学者认为责任机制与资金机制作为生态环境损害赔偿制度核心，应通过专门立法来确立相应制度基本规则以进一步完善赔偿制度。③

　　除了生态损害赔偿制度和环境公益诉讼制度等私法救济外，我国还存在公法规范下的行政监管救济。学者认为生态环境损害所体现的公益性和公共性，应该坚持环保行政命令优先，并辅之以诉讼救济和行政处罚督促的补充作用，来形成多元并存的救济体系。④ 此外，学者认为公法规范中责令违法行为人采取治理措施修复环境是损害救济手段之一，为此，需要协调行政机关组织的生态环境修复和司法机关主导的生态环境修复，从而实现环境修复与行政监管的整体目标。⑤

　　生态环境损害的法律救济下存在公法救济和私法救济两种途径，学界从两种救济模式下探讨行政权与司法权在生态环境损害救济的权力配置与制度安排问题。例如，有学者基于政府行政监管权与索赔权的冲突，认为政府索赔的适用范围应该限于受损生态环境无法修复之情形。⑥ 又如，基于公法规制手段的局限性与司法手段的补偿性特征，主张为克服行政手段在追究生态环境损害责任的局限性，有必要辅之以司法手段，实现对生态环境损害责任的追究。⑦ 此外，学者认为我国环境公益诉讼呈现出强化司法权的特点，而司法权的强化在一定程度上导致行政权与司法权原有分工的失衡，并且这不符合风险社会下扩张行政权保证公共利益。并且基于司

---

① 参见史玉成《生态环境损害赔偿制度的学理反思与法律建构》，《中州学刊》2019 年第 10 期；郭海蓝、陈德敏《省级政府提起生态环境损害赔偿诉讼的制度困境与规范路径》，《中国人口·资源与环境》2018 年第 3 期；楚道文、唐艳秋《论生态环境损害救济之主体制度》，《政法论丛》2019 年第 5 期。

② 参见廖华《生态环境损害赔偿的实践省思与制度走向》，《湖南师范大学社会科学学报》2021 年第 1 期。

③ 参见张梓太、李晨光《关于我国生态环境损害赔偿立法的几个问题》，《南京社会科学》2018 年第 3 期。

④ 参见徐以祥《论生态环境损害的行政命令救济》，《政治与法律》2019 年第 9 期。

⑤ 参见李挚萍《行政命令型生态环境修复机制研究》，《法学评论》2020 年第 3 期

⑥ 参见张宝《生态环境损害政府索赔权与监管权的适用关系辨析》，《法学论坛》2017 年第 3 期。

⑦ 参见陈海嵩《生态环境损害赔偿制度的反思与重构——宪法解释的视角》，《东方法学》2018 年第 6 期。

法权监督行政权的规范行使的发展趋势，因而主张生态环境公共利益的维护应该完善行政执法，并强化对行政执法的监督。① 此外，学界对于生态环境损害的研究不局限于事后的损害救济，并且强调事前的损害预防和风险预防。学者从预防原则出发，认为生态环境损害应该事前预防与事后救济并重，而具有重大致害风险的企业是损害预防的主体。② 然而，这些研究均聚焦在生态环境损害赔偿制度框架，并未能够从整体上宏观把握不同救济机制的合理安排。

综上所述，目前学界对生态环境损害救济的研究多聚焦在生态环境损害赔偿制度合理性、磋商制度性质与完善、诉讼规则安排、与其他公益诉讼的衔接规则完善等方面进行讨论。或者单纯从行政救济下的行政监管制度来讨论生态环境损害救济的完善。虽然学界基于行政权与司法权权力配置下思考损害救济路径的差异与衔接，但是现有研究都局限在法律框架，并未对我国生态文明体制改革中所形成的政策体系做出学理上的回应与分析。

鉴于此，有必要在现有的研究基础上，从整体主义视角对生态环境损害的法律与政策救济进行系统分析。结合我国环境治理实践状况及其呈现的问题，分析生态环境损害的政策和法律二元调整规范关系，并科学确定二元规范下的不同救济路径的顺次层级和完善衔接机制，进而提高生态环境损害的救济效果与效率。

（二）国外研究现状

为应对日益严重的生态环境损害，欧盟出台了《关于预防和补救环境损害的环境责任指令》（以下简称《欧盟环境责任指令》），通过修复费用承担、责任构成、免责事由等制度的安排，结合环境法中的制度应用，实现救济生态环境损害。《欧盟环境责任指令》序言、第 3 条和第 11 条规定，自然人或者法人均可以有责任采取措施的行政机关作为被告提起诉讼，而不能直接向生态环境损害侵权人提起诉讼。《欧盟环境责任指令》在标题上"环境责任"的使用和具体制度安排与侵权责任的构造具

---

① 参见王明远《论我国环境公益诉讼的发展方向——基于行政权与司法权关系理论的分析》，《中国法学》2016 年第 1 期。

② 参见竺效《论生态（环境）损害的日常性预防》，《中国地质大学学报》（社会科学版）2018 年第 2 期。

有相似之处，但是《欧盟环境责任指令》本身具有明显的公法特征。①

法国对于纯粹的生态环境损害经历了从行政责任到民事责任的过渡。② 在 2008 年，法国颁布了衔接《欧盟环境责任指令》的法律，但因适用范围过窄导致制度长时间被搁置，换言之，这部在性质上属于行政管制的法律无法有效保护生态环境。③ 随后，法国通过扩大损害概念，将具有公益性质的生态环境利益纳入民法规范的调整。④《法国民法典》第1248 条规定："对生态损害负有责任之人有责任补救该损失"，这意味着法国对生态损害赔偿采取无过错原则。⑤ "对生态损害负有责任之人"的表述强调了替代责任和状态责任，故责任主体不仅限于原因行为人，而且包括所有权人等状态责任人。⑥

虽然在法国，民事责任可以救济生态环境损害，但是并不意味着法国摒弃公法规范救济的功用。因为《法国环境法典》规定生态环境修复需要经过"环境评估—修复方案公示—环境修复"三个阶段。具体的监管和督促机关是由《法国环境法典》第 L165-2 条第（2）项规定的行政机关来执行。《法国环境法典》规定负有监管职责的行政机关⑦应该对行政相对人造成的生态环境损害进行事前的评估，以监督和督促责任人履行责任。⑧ 当经营者不履行生态环境修复责任时，负有监管职权的行政机关可以对经营者处以第 L171-8 条规定的行政处罚来督促其履行法律责任。

德国生态损害救济以公法为主，私法为补充，即主要通过作为公法的《德国环境损害法》对生态损害进行救济；而在民法路径方面，受害人可以根据《德国环境责任法》第 16 条救济生态损害。《德国环境责任法》第 16 条的特殊规定限制了《德国民法典》第 251 条第 2 款的适用，被侵

---

① 参见刘静《论生态损害救济的模式选择》，《中国法学》2019 年第 5 期。

② 参见李琳《法国生态损害之民法构造及其启示——以损害概念之扩张为进路》，《法治研究》2020 年第 2 期。

③ 参见李琳《法国生态损害之民法构造及其启示——以损害概念之扩张为进路》，《法治研究》2020 年第 2 期。

④ 参见李琳《法国生态损害之民法构造及其启示——以损害概念之扩张为进路》，《法治研究》2020 年第 2 期。

⑤ Agathe Van Lang, "La Loi Biodiversité du 8 août 2016: Une Ambivalence Assumée", *Actualité juridique. Droit administratif*, Vol. 42, April 2016, p. 2381.

⑥ Geneviève GAILLARD, Concernant Le Projet de Loi Pour la Reconquête de la Biodiversité, Rapport n° 3833, le 14 juin 2016.

⑦ Article L165-2 du Code de l'environnement.

⑧ Article L162-6 du Code de l'environnement.

权人可以主张生态损害赔偿来间接实现生态环境保护和救济的目标。① 据私法自治原则，受害人可以放弃请求加害人修复受损的自然资源以及损害赔偿请求权。因此民法规范对生态环境损害的救济作用取决于受害人的主动性，因此民法救济存在一定局限。② 《德国基本法》第 20a 条确立环境保护是国家任务，故德国环境保护制度是在公法规范上展开。当环境物上存在私人财产权利时，民法发挥间接保护环境的作用。③ 换言之，在公众共用物或者自然环境存在主观权利时，民事法律责任可以间接救济受损的生态环境。

　　日本学界对于引进以公法为中心的环境损害责任制度存在共识。④ 但是日本学者并不否认司法救济路径的作用和功能，并主张发挥民事责任在生态环境损害的救济作用。⑤ 日本对生态环境损害的民事责任并无民法上的明确依据，亦没有制定特别诉讼法律，实务中也未得到判例的支持，对这个问题多以学理探讨为主。日本学说上对生态环境损害的民事责任以环境权论为发端，主要以生态环境损害的停止侵害请求为主轴而展开，但是对生态环境损害的赔偿责任的讨论所涉不多。日本学说以环境权论、环境秩序论等传统民法理论解释民事主体请求污染者承担民事责任，以当事人适格、诉讼利益等诉讼法学说解释环保团体的诉讼资格问题。⑥ 日本学术界认为单纯通过公法救济不足以很好地维护生态环境利益和保护环境，为此需要通过社会公众和环保组织作为补充，形成生态环境损害的公私协作。⑦ 并在具体的责任方式上，坚持以修复为优先，损害赔偿为补充来实

---

① Stellungnahme BT-Drucks. 11/7104, S. 32.

② 受害人如果根据《德国环境责任法》获得的赔偿金受到限制，所获得赔偿金限于生态修复。参见马强伟《德国生态环境损害的救济体系以及启示》，《法治研究》2020 年第 2 期。

③ Vgl. Godt, Haftung für ökologische Schäden, 1997, S. 108 ff., 137 f.; Leonhard, Der ökologische Schaden, 1996, S. 50; Medicus, JZ 1986, S. 778.

④ 吉村良一「環境損害の賠償——環境保護における公私協働の一側面」立命館法学 333＝334 号 1771 頁；大塚直「環境修復の責任・費用負担について——環境損害論への道程」法学教室 396 号 102 頁；小野寺倫子「人に帰属しない利益の侵害と民事責任——純粋環境損害と損害の属人的性格をめぐるフランスの議論からの示唆（3）」北海道法学 63 巻 4 号 98 頁。

⑤ 吉田克己『環境秩序と公私協働』（北海道大学出版会、2011 年）；吉村良一『環境法の現代的課題』（有斐閣、2011 年），第 41 頁以下等。

⑥ 张挺：《日本生态环境损害的民事责任：私法的意义与界限》，《法治研究》2020 年第 2 期。

⑦ 张挺：《日本生态环境损害的民事责任：私法的意义与界限》，《法治研究》2020 年第 2 期。关于日本公私协作的相关内容，参见 [日] 吉村良一《从民法角度看公法与私法的交错与互动》，张挺译，载《人大法律评论》第 12 辑，法律出版社 2013 年版，第 236 页。

现环境保护的目标。①

整体而言，各国基于不同的法律文化和实践需求不同，在生态环境损害救济呈现不同的法律制度建构和模式选择样态。例如，法国虽然发挥了民法责任在生态环境损害的救济作用，但是生态环境损害的监管和救济并未完全依赖《法国民法典》所调整和救济，同时也强调环保行政机关的监管和履职。这与德国的"以行政救济为主、司法救济为辅"的救济模式类似。此外，日本虽然基于环境权发展环境侵权的救济作用，但是对于生态环境损害的救济则承认行政救济路径的主导作用，并辅之以司法救济路径，从而形成了公私协作的救济路径。

三　研究框架与研究方法

（一）研究框架

本书研究对象是生态环境损害救济路径，依据"发现问题—分析问题—解决问题"的研究思路，以法律和政策为规范分析文本，指出我国生态环境损害救济路径实践中的适用问题，分析二元调整规范的属性特征和不同救济路径的运作逻辑，捋顺生态环境损害救济路径的顺次层级，并为不同救济路径的适用与完善提出建议。具体论证思路如下。

第一章，提出问题与确定研究视角。生态环境损害是指环境本身的损害，指向对环境公益的侵害。本书所研究的生态环境损害救济是基于"损害担责"原则，来追究行为人的生态环境修复责任和生态环境损害赔偿责任。在面对同一生态环境损害事实，不同主体依据法律和政策的授权来救济受损的生态环境。我国生态环境损害救济存在行政执法隐退、一案多诉、多元救济路径交织失序等问题。此外，现有研究局限于法律单一规范框架内，因此对生态环境损害救济路径类型化需要从整体主义视角出发，将政策调整纳入考察范围，并对政策救济和法律救济两种调整规范进行整体而系统的分析。

第二章，指出现有研究对我国生态环境损害救济路径类型化的不足，并提出我国生态环境损害救济是"二元规范调整+四种救济路径"的多元协同救济观点。我国现有研究存在公法救济说、私法救济说和公私法协同

---

① 大冢直「环境损害に对する责任」ジュリスト1372号42页；吉村良一『环境法の现代的课题』（有斐阁、2011年），第51页。

救济说三种，但前述三种学说均局限在法律调整单一规范框架，未结合我国政策规范对生态环境损害救济的调整实践，将政策救济纳入考察范围。我国生态环境损害救济受到法律规范和政策规范的二元规范体系共同调整，并且在两种规范体系下分别存在不同的救济路径，即在法律规范下存在行政救济和司法救济两种路径，在政策规范下存在生态环境损害赔偿磋商和生态环境保护督察两种救济路径。

第三章，分析我国生态环境损害多元救济路径的耦合因素和适用困境成因。不同的主体可以根据法律和政策的授权和规定分别通过行政监管、司法诉讼、赔偿磋商和环保督察四种途径来实现生态环境损害的救济。因为生态环境损害多元救济路径存在调整目标一致性、法益保护同一性和责任方式耦合性的耦合因素，从而使得多种救济路径存在交叉适用的可能。此外，因为政策与法律协调不足、多元救济路径衔接机制不完善和行政机关与司法机关角色错位等原因导致我国生态环境损害多元救济路径适用的交织失序问题。

第四章，分析生态环境损害多元救济路径的生成逻辑与证成多元协同救济的衔接。生态环境损害受到政策规范和法律规范二元规范调整，并且在不同规范下存在多种救济路径是我国国家治理现代化和多元主体共治的要求和体现。生态环境损害法律救济中的行政救济路径和司法救济路径分别以行政权与司法权作为救济路径的权力基础。行政监管执法具有法定性、强制性和优先性，而司法权具有谦抑性和事后性特征。此外，生态环境损害赔偿磋商具有行政行为属性，是环保行政监管行为的延伸。而生态环境保护督察是法律救济失灵的监督机制，具体通过行政监管执法和司法诉讼来实现对生态环境损害的救济。通过前述分析，由此来证成生态环境损害法律内部救济路径，以及法律救济与政策救济之间的衔接。

第五章，以法解释学视角分析生态环境损害多元救济路径的条文规范。《民法典》通过扩大"损害"概念，将环境公共利益纳入民法调整，突破了公法与私法的二元划分。生态环境损害赔偿责任强调对受损环境利益的填补，弥补了生态环境损害公法救济的不足。生态环境修复责任与修复治理行政命令的功能一致，需要衔接生态环境损害公法救济和私法救济的行政责任和民事责任。目前我国仅在《固体废物污染环境防治法》规定了生态环境损害赔偿磋商制度，为保证该制度高效稳定运作，需要加快制度规范依据的法律化进程。环保督察存在督察国有企业的直接救济和督察地方党政机关的间接救济，通过督察突出环境问题和压实党政机关环保职责，实现对生态环境损害的救济。

第六章，旨在解决问题。结合前文对于生态环境损害法律和政策调整下不同救济路径的运作逻辑和特征，主张确立生态环境损害行政执法救济主导、司法诉讼救济谦抑、赔偿磋商救济补强和环保督察监督补充的救济路径层级体系。此外，通过完善救济路径的衔接机制来保证多元救济路径的高效协作，从而实现不同规范框架和权力配置的秩序统一与协调。具体而言，通过确立穷尽行政救济原则和明确行政机关的履职标准来确保行政救济优先和司法救济补充的定位。同时，需要协调政策和法律，以及通过生态环境损害赔偿磋商制度法治化，来完善生态环境损害的政策调整和救济。

（二）研究方法

"工欲善其事，必先利其器。"本书对政策规范和法律规范两种不同的调整规范下生态环境损害救济路径的类型划分、不同救济路径的运作逻辑和适用关系等进行分析。故本书运用以下多种研究方法进行剖析。

第一，理论分析法。生态环境损害救济实践离不开相关理论的支撑，而理论分析最终服务于实践问题的解释和完善。生态环境损害救济涉及法律规范和政策规范的二元规范调整，通过分析两种规范下的不同救济路径的理论基础和运作逻辑，确定两种规范之间的衔接与不同救济路径的层级定位，并对不同救济路径的适用和衔接提出相应的完善建议。

第二，规范分析法。规范分析法是法学研究中最为关键的方法之一，规范分析有利于剖析规范制度的运作逻辑和属性特征。通过界定生态环境损害救济的法律规范和政策规范，分析生态环境损害不同救济路径之间的适用在实践中存在的困局，并以问题为导向，寻求破题之道。

第三，实证分析法。分析我国生态环境损害救济的司法案例和环境治理实践，不仅能够识别生态环境损害救济实践中所存在的问题，而且能够增强研究的说服力和可读性。通过对具体案件和实践与相关理论的对比分析，为生态环境损害不同救济路径之间的定位和适用提供对策建议。

第一章

问题的提出与整体主义视角的确立

根据我国生态环境损害救济调整规范的不同，我国形成了以法律规范为依据的生态环境损害法律救济，以及以党内法规、党的政策和党的规范性文件为依据的生态环境损害政策规范救济。在政策规范和法律规范两种不同的调整规范下存在不同的救济路径，由此构成我国生态环境损害的多元救济体系。然而，我国生态环境损害救济实践中存在行政执法隐退、一案多诉和救济路径适用交织失序的问题，这不仅降低了生态环境损害救济效率，而且增加了制度的运作成本。生态环境损害多元救济路径的交织与失序，需要从整体主义视角反思不同规范之间、救济路径之间、救济路径与调整规范之间的关系，识别不同调整规范的特征属性和不同救济路径的运作逻辑，整合与完善不同路径的衔接和协调，促进不同救济路径的优势互补。

第一节　生态环境损害的概念及损害救济指向

一　生态环境损害的概念

界定和厘清生态环境损害概念是研究开展的前提和逻辑起点。所以在界定生态环境损害概念之前，有必要对"生态""环境""生态环境"等概念进行梳理。"生态"的概念可以从生态科学视角拆分，其中"生"理解为生物或生活，"态"则指要素之间的形态或者状态，其可以表征环境中一切事务。① 其次，"环境"是"围绕人类的外部世界"，根据外部世

---

① 参见郝猛道《生态学概论》，徐氏基金会出版社 1975 年版，第 19 页。

界环境要素的属性，可以分为自然环境与社会环境两类。① 我国学界和法律规范等文件将"生态"和"环境"组合成"生态环境"一词。"生态环境"是黄秉维院士针对 1982 年《宪法（草案）》"保护生态平衡"的表述，建议改成"保护生态环境"。此意见被 1982 年《宪法》第 26 条第 1 款吸纳。② 黄院士在晚年认为当年其提出的"生态环境"表述并不严谨，③ 而钱正英院士等指出"生态环境"是国人的造词，外文没有对应的说法。④ 因此，生态环境是自然环境，但是生态环境并不能包括全部环境问题。

我国 2014 年修订的《环境保护法》修正了 1989 年版第 1 条中"生态环境"表述，而采用"为保护和改善环境……"表述。同时《环境保护法》将环境侵害行为分为污染环境和破坏生态两种，进一步纠正前述表述的不严谨。然而，我国《民法典》《试点方案》和《改革方案》仍适用"生态环境损害"的表述，并且学界也因前述法律规范和政策规范的表述，在学术论文研究继续沿用"生态环境损害"的表述。⑤ 故为了保持法律规范和政策表述的一致性，本书继续沿用生态环境损害的表述，即在形式意义上适用《试点方案》《改革方案》所规定的生态环境损害，而生态损害在实质意义上是与生态环境损害具有相同意涵。

我国学术研究中在不同语境下适用环境侵害、环境侵权、环境损害等不同概念，这些概念与生态环境损害存在关联与交叉。故生态环境损害的概念界定还应对这些相关概念进行辨析。

---

① 参见夏征农主编《辞海》，上海辞书出版社 1989 年版，第 3150 页。

② 参见巩固《"生态环境"宪法概念解析》，《吉首大学学报》（社会科学版）2019 年第 5 期。

③ 参见侯甬坚《"生态环境"用语产生的特殊时代背景》，《中国历史地理论丛》2007 年第 1 期。

④ 参见钱正英、沈国舫、刘昌明《建议逐步改正"生态环境建设"一词的提法》，《科学术语研究》2005 年第 2 期。

⑤ 但也有部分学者使用"生态损害"来指代"生态环境损害"。参见刘静《论生态损害救济的模式选择》，《中国法学》2019 年第 5 期；韩英夫、黄锡生《生态损害行政协商与司法救济的衔接困境与出路》，《中国地质大学学报》（社会科学版）2018 年第 1 期；李昊《论生态损害的侵权责任构造——以损害拟制条款为进路》，《南京大学学报》（哲学·人文科学·社会科学）2019 年第 1 期；彭中遥《生态损害赔偿磋商制度的法律性质及发展方向》，《中国人口·资源与环境》2020 年第 10 期。

（一）环境侵权与环境侵害

环境侵权是指针对因侵害环境致使他人人身财产的私益损害；[①] 环境侵害是人类活动对环境造成的消极影响，由此引起包含人的利益损害和环境损害，因此环境侵权只是环境侵害的一小部分。[②] 环境侵权是环境侵害（行为）导致的具体民事权利的侵犯，但是其指涉的范围限于民事权利的侵犯，而不包括公权利的侵害。[③] 环境侵害是因，环境侵权是果。环境侵权作为一种损害结果，必然是经过特定行为对环境要素和介质的影响，从而导致私权利受到侵犯的法律后果。

环境侵害既可以指代侵害的行为过程，也指代侵害的后果，因此，环境侵害概念能够体现环境问题中侵害行为（环境污染与生态破坏）、损害后果（私益与公益）的二元性特征。[④] 一般而言，环境侵权指涉的范围比环境侵害要窄。环境侵权限于以环境为介质最终导致人身财产等民事权利的侵犯，[⑤] 而环境侵害则强调因环境污染或生态破坏导致环境本身受到侵害的过程及结果，[⑥] 也同时可以涵括民事主体权利的侵害后果。[⑦]

申言之，环境侵害既包括环境本身的损害，也包括对私主体权利的侵害。环境侵权（即民事权利）并非环境侵害的必然结果，环境侵害是否侵犯私主体权利具有或然性。而环境本身受到污染或破坏等影响则是环境侵害的必然结果。[⑧] 从这种意义上来说，环境侵害更多强调一个动态的侵

---

① 原因行为包括环境污染和生态破坏，对于环境侵权指向人身或财产等权益等损害，环境作为媒介受到的损害并不是环境侵权的侵害对象。因为环境侵权是侵权行为法范畴的内容，故侵权行为法只能调整"人的利益损害"。参见徐祥民、邓一峰《环境侵权与环境侵害——兼论环境法的使命》，《法学论坛》2006 年第 2 期。但是对于环境侵权概念，有学者认为"环境侵权所造成的损害后果既可能造成人身、财产损害，也可能造成环境本身的损害"。参见吕忠梅等《侵害与救济：环境友好型社会中的法治基础》，法律出版社 2012 年版，第 159 页。

② 参见徐祥民、邓一峰《环境侵权与环境侵害——兼论环境法的使命》，《法学论坛》2006 年第 2 期。

③ 陈泉生：《环境法学基本理论》，中国环境科学出版社 2004 年版，第 274—275 页。

④ 吕忠梅、张宝：《环境问题的侵权法应对及其限度——以〈侵权责任法〉第 65 条为视角》，《中南民族大学学报》（人文社会科学版）2011 年第 2 期。

⑤ 参见张宝《环境侵权的解释论》，中国政法大学出版社 2015 年版，第 26 页。

⑥ 参见陈泉生、周辉《论环境侵害与环境法理论的发展》，《东南学术》2007 年第 3 期。

⑦ 参见徐祥民、邓一峰《环境侵权与环境侵害——兼论环境法的使命》，《法学论坛》2006 年第 2 期。

⑧ 参见吕忠梅、张宝《环境问题的侵权法应对及其限度——以〈侵权责任法〉第 65 条为视角》，《中南民族大学学报》（人文社会科学版）2011 年第 2 期。

害过程,而环境侵权指向法律认可的并受到法律保护的具体权利受到侵害。

　　(二) 环境损害

　　学界对于"环境损害"的概念,存在三种不同的解释。一是指传统的人身、财产等私益损害。例如,环境损害是指因影响环境行为导致人身物权等财产损害,或者由人所享有的环境利益的损害。① 此外,环境损害是通过侵害环境本身而导致公众权利或权益损害,或者产生损害权利的风险。② 换言之,其所指代的是由于事业之设施所产生的环境影响,造成他人死亡、身体健康或财务受损的后果。③

　　二是指对环境本身的损害。环境损害是因人类行为对空气、水和土壤等环境要素造成了物理、化学和生物性质的负面影响,使其功能受到永久性干扰,且不能自我恢复的损害事实。④

　　三是指包含民事权利损害和环境本身损害。学者认为,环境损害既包括人身财产损害,也包括环境公益的侵害。⑤ 此外,"环境损害"是指特定行为不仅导致环境本身的损害,同时也导致了民事权利的损害。⑥

　　法国根据环境损害是否造成私主体的利益侵害,分为主观损害与客观损害。主观损害是对人的权利或者利益的损害。客观损害是不同于由人所享有的权利或者利益,指向环境本身的损害。当环境侵害行为人导致多个主观损害时,由此形成了由多个主观损害而形成的集体利益或者

---

① 参见李艳芳《环境损害赔偿》,中国经济出版社1997年版,第65页。
② 参见陈慈阳《环境法总论》,元照出版社2003年版,第423页。陈慈阳先生认为环境损害是环境公害,是以环境为媒介导致的公民私益损害。
③ 陈慈阳先生在《环境法总论》一书所提出的《环境损害赔偿法草案》认为,环境影响所生损害,是指经由土地、空气或水所散播之物质、振动、噪声、压力、辐射、煤气、热气、蒸汽或其他现象所致之损害。参见陈慈阳《环境法总论》,元照出版社2003年版,第633页。
④ Vgl. Wagner, Kollektives Umwelthaftungsrecht auf genossenschaftlicher Grundlage, S. 18. 转引自马强伟《德国生态环境损害的救济体系以及启示》,《法治研究》2020年第2期。
⑤ 参见侯佳儒《环境损害救济:从侵权法到事故法》,《政法论丛》2019年第5期。
⑥ 王小钢教授认为,以"环境损害"为救济对象的公民环境权理论主要针对因污染环境和破坏生态行为对公民的人身、健康等人格权和财产的损害进行救济。对此,他将这种学说概括为"环境损害"为救济对象的私权化论说。他认为,尽管私权化论说意识到"环境损害"既包括"环境本身的损害",也包括经由环境污染或生态破坏造成的人身和财产损害,但是在安排公民环境权利的救济制度时,却将"环境损害"简化为经人身和财产损害。参见王小钢《以环境公共利益为保护目标的环境权利理论——从"环境损害"到"对环境本身的损害"》,《法制与社会发展》2011年第2期。

公共利益的侵害。① 因此，法国主观损害是指个人私益的损害，当个人私益的损害数量超过一定规模时，则形成了具有广泛性和公共性的集体（团体）利益损害。这与印度学者 Gitanjali Nain Gill 的利益侵害划分相似。其将个人或者由个人组成的团体诉讼与将社群视为一个整体而受到环境后果威胁的诉讼相区分。② 概言之，将环境问题区分个人私益损害组成集体（团体）利益损害和不可分割的环境公共利益损害。故主观损害虽然在数量上如果达到特定规模，由此形成的集体利益，从而具有公共性，但是此种公共利益是可分割的，不同于对环境本身损害的客观利益。因为前者的利益虽然具有公共性，但是个人私益损害组成集体（团体）利益损害具有分割性，损害的救济可以还原为私法中的个人私益的损害填补。而作为客观损害的环境损害则是公共性与整体主义的集合，利益对象指向人类整体，体现生态价值的服务功能所形成的利益客观秩序。

《环境损害鉴定评估推荐方法》（第Ⅱ版）（以下简称《环境损害鉴定评估》（第Ⅱ版））所定义的环境损害既包括对民事主体私益的损害，也包括对生态环境的公共利益损害。申言之，我国规范文件对环境损害的界定包括传统的人身财产私益损害和生态环境本身的损害，是生态环境损害的上位概念。

（三）生态环境损害

"生态环境损害"一词在不同的语境下存在不同的定义。一是指环境本身的损害。例如，生态环境损害是污染或破坏行为导致环境质量下降、环境服务功能损失和环境资源枯竭等。③ 二是指环境本身和民事权利受到侵害的概括。例如生态环境损害是"因污染环境或破坏生态导致生态系统功能性退化或可测量的损害，或造成他人人身损害

---

① 参见李琳《法国生态损害之民法构造及其启示——以损害概念之扩张为进路》，《法治研究》2020 年第 2 期。

② Gitanjali Nain Gil 认为印度绿色法庭审理实质性环境问题可分为三类：（1）除了个人或个人群体以外的整个社区都受到环境后果的影响或可能受到其影响的；（2）对环境破坏的严重性或财产是实质性的（3）对公共健康的损害可在很大程度上衡量。See Gitanjali Nain Gill, "Environmental Justice in India: the National Green Tribunal", *Transnational Environmental Law*, Vol. 5, Issue 1, April 2016, pp. 175-205；也参见 Jonathan Zasloff, "W（h）ither Environmental Justice?", *UCLA Law Review*, Vol. 66, February 2019, p. 183. 其中第二种"对环境破坏的严重性"是本书所研究的生态环境损害。

③ 柯坚：《环境法的生态实践理性原理》，中国社会科学出版社 2012 年版，第 218 页。

或财产损失"①。

《环境损害鉴定评估》（第Ⅱ版）第 4.5 条将"生态环境损害"细分为三种情形。第一，生态环境要素的物理、化学不利改变；第二，生态环境系统中生物要素的不利改变；第三，生态系统服务功能的破坏或损伤。我国《试点方案》以及《改革方案》采纳了前述规范性文件的定义。

生态环境损害与生态损害具有同一内涵，是对环境本身的损害，强调是对环境系统要素、功能的损害。学者同时也使用"生态损害"来指代"生态环境损害"。例如"生态损害（ecological damage），即对环境要素本身的侵害"②。即专属生态（环境）本身的损害，区别于人身、财产权利的损害。生态损害是指人为活动导致生态物理、化学、生物或生态服务功能的重大不利改变。③ 又如，生态损害因人类生产开发活动导致生态环境系统组成、结构和功能的受损。④ 美国对于生态环境损害界定为环境损害（environmental damage）、生态损害（ecological damage）或者自然资源损害（natural resource damages，NRD）。⑤ 因此，在概念内涵上，生态环境损害与生态损害并无本质上的差异。

综上所述，本书所研究的"生态环境损害"是指生态环境本身的损害，按照学界和我国规范文件，其是指因污染环境或破坏生态等人为原因造成环境要素、生物要素或生态环境服务功能的不利改变，而排除因自然地质灾害等自然原因导致的生态环境损害。

二　生态环境损害救济的指向

生态环境损害不直接针对他人的财产或人身等私人利益，但是生态环境损害行为可能同时造成私益与公益两种权益的损害，故生态环境损害涉及私益与公益的"复合"。⑥ 因此，学者总结认为：环境侵害是复杂的侵害

① 钟瑞栋、杨静：《美丽中国建设背景下民法典侵权责任编的完善》，《河南社会科学》2020 年第 2 期。

② 李昊：《论生态损害的侵权责任构造——以损害拟制条款为进路》，《南京大学学报》（哲学·人文科学·社会科学）2019 年第 1 期；刘静：《论生态损害救济的模式选择》，《中国法学》2019 年第 5 期。

③ 参见竺效《生态损害的社会化填补法理研究》，中国政法大学出版社 2007 年版，第 63 页。

④ 参见梅宏《生态损害预防的法理》，博士学位论文，中国海洋大学，2007 年，第 23 页。

⑤ 在美国，自然资源损害责任的典型案例是埃克森·瓦尔迪兹自然资源损害赔偿（Exxon Valdez natural resource damages settlement）。

⑥ 参见吕忠梅《"生态环境损害赔偿"的法律辨析》，《法学论坛》2017 年第 3 期。

形式，具有原因行为、损害后果及救济主体的二元性特征，从而使得环境侵害难以被传统任一法律部门所调整。① 同时，正是因为生态环境损害的私益与公益的二元性特征，导致了生态环境损害救济既涉及基于客观法秩序维护和公共利益保护的行政监管规制与救济，还涉及基于私主体法益损害纠纷产生的司法诉讼救济。然而，本书所研究的生态环境损害救济是对受损生态环境本身的救济，是对环境公共利益的维护与损害填补。故本书所称"生态环境损害救济"不指向因环境侵害导致的私主体民事权利的救济。

对救济受损生态环境，存在基于"损害担责"原则追究违法行为人的法律责任，以及基于"损害分担"原则将生态环境损害的巨额损失通过损失社会化分担来实现救济两种救济视角。"损害担责"原则下的损害救济是在追究侵权行为人法律责任的层面上探讨；而生态环境损害的社会化救济则是在追究行为人的法律责任之外，通过环境责任保险制度、环境保护基金或者财政模式对生态环境损害进行救济的手段。本书并非从生态环境损害社会化的角度探寻如何为生态环境损害提供补充性、兜底性的救济，而是强调追究环境污染者或者生态破坏者的法律责任以实现生态环境损害救济的目标，落实损害担责原则，避免"企业污染、政府买单"。故本书的研究是追究行为人的法律责任，属于"责任个体化"，强调"损失转移"，而非"损失分散"。②

在我国法律规范和政策规范中，基于"损害担责"原则，追究造成生态环境损害行为人的责任方式具体包括生态环境修复责任和生态环境损害赔偿责任。

（一）生态环境修复

《最高人民法院关于审理环境民事公益诉讼案件适用法律若干问题的解释》（以下简称《环境公益诉讼司法解释》）将生态环境修复作为"恢复原状"的一种具体形式，环境侵权中的"恢复原状"具体表现为生态修复、环境修复、生态环境修复、环境治理、环境恢复等。③ 换言之，

---

① 参见吕忠梅等《侵害与救济：环境友好型社会中的法治基础》，法律出版社 2012 年版，第 39 页。

② 参见贾爱玲《环境民法》，知识产权出版社 2019 年版，第 224 页。

③ 学者认为，实务界和理论界存在恢复和修复的混用，导致研究也存在混用的现象。参见胡卫《环境侵权中修复责任的适用研究》，法律出版社 2017 年版，第 65—66 页。

司法解释将生态环境修复作为传统民事责任中"恢复原状"的一种具体方式。学者指出：与传统侵权法律关系下的损害引发的"恢复原状"责任方式不同，生态环境修复责任是环境要素的动态治理与系统的修复。① 生态环境修复责任的救济对象是受损的生态环境本身，区别于环境私益侵权，具有明显的公共利益特征。② 生态环境修复责任维护的是生态环境利益，而生态环境利益属于典型的公众利益，不为特定私主体所单独享有，具有非排他性和公共性特征。生态环境修复是区别于恢复原状的责任类型或责任方式，是一种动态地、整体地、系统地将受损生态环境恢复到生态环境基线状态，而恢复原状是传统物权中对特定物的修复，体现为一种静态、个体、具象的修复。③ 生态环境修复责任在某种意义层面上体现"恢复原状"，但是又区别于恢复原状的责任形式，是生态环境法律关系中一种新的责任方式。

实践中，我国存在生态修复、环境修复、生态恢复、生态环境修复等概念进行混同使用。《环境损害鉴定评估》（第Ⅱ版）区分了环境修复和生态恢复。前者强调的是污染环境行为所导致的人体健康和生态风险恢复到可接受水平；④ 后者则指向生态系统服务功能的保证和恢复，即恢复生态环境的功能和保障环境质量⑤。对比《环境损害鉴定评估》（第Ⅱ版）的环境修复和生态恢复两个概念，该规范文件对修复和恢复两个概念赋予的意涵并不相同。修复的对象是环境，恢复的对象是生态，并且两者的目标并不一致。《环境损害鉴定评估》（第Ⅱ版）的环境修复强调因环境污染导致的生态环境损害的风险防控，以避免损害人体健康或其他权益的损害风险。生态恢复则强调对生态环境服务功能或物理、化学、生物等特征的恢复，是救济生态环境本身。

---

① 参见吕忠梅《"生态环境损害赔偿"的法律辨析》，《法学论坛》2017年第3期。
② 参见吕忠梅《"生态环境损害赔偿"的法律辨析》，《法学论坛》2017年第3期。
③ 参见吕忠梅、窦海阳《修复生态环境责任的实证解析》，《法学研究》2017年第3期；李挚萍《生态环境修复责任法律性质辨析》，《中国地质大学学报》（社会科学版）2018年第2期；刘超《环境修复审视下我国环境法律责任形式之利弊检讨——基于条文解析与判例研读》，《中国地质大学学报》（社会科学版）2016年第2期。
④ "环境修复"是指"生态环境损害发生后，为防止污染物扩散迁移、降低环境中污染物浓度，将环境污染导致的人体健康风险或生态风险降至可接受风险水平而开展的必要的、合理的行动或措施"，参见《环境损害鉴定评估》（第Ⅱ版）第4.10条。
⑤ "生态恢复"是指"生态环境损害发生后，为将生态环境的物理、化学或生物特性及其提供的生态系统服务恢复至基线状态，同时补偿期间损害而采取的各项必要的、合理的措施"，参见《环境损害鉴定评估》（第Ⅱ版）第4.11条。

因此，对于污染环境行为造成的生态环境损害的责任方式除了停止侵害还需要环境修复；而生态破坏行为导致的生态环境损害责任方式则是生态恢复。但是目前《民法典》等法律规范①和学界②使用的"生态环境修复"与《环境损害鉴定评估》（第Ⅱ版）的"生态恢复"具有同一意涵，故本书也统一适用生态环境修复一词。

（二）生态环境损害赔偿

生态环境损害救济包括消除危害、修复生态环境或赔偿损害，即污染环境或破坏生态行为可能产生生态环境损害时，应承担排除危害责任；对于已经造成损害的，则承担生态环境修复责任；对于无法修复的生态环境，则承担损害赔偿责任。③根据我国《民法典》第 1235 条规定，生态环境损害赔偿责任的赔偿范围有：永久性损失、期间损失、调查评估和鉴定费用、修复费用和应急处置费用。救济受损生态环境可以通过环保行政命令实现生态环境修复的基础上，通过司法诉讼要求责任人承担期间损失、永久性损害造成的损失、清除污染费用及防止损害扩大费用。④

《试点方案》和《改革方案》虽然使用"生态环境损害赔偿制度"的表述，但是"生态环境损害赔偿制度"实际包括生态环境修复和生态环境损害赔偿两种责任形式。生态环境损害赔偿与传统侵权法中的损害赔偿的含义并不相同。生态环境损害赔偿区别于传统民事法律关系中的损害赔偿责任。传统私法体系的损害赔偿是个人私益受损而主张的法益填补，而生态环境损害赔偿则是对公益受损的法益填补。⑤因为生态环境损害赔偿的目标是救济已经受到损害的环境要素、生物要素及其由此形成的生态系统功能所造成的损失，故该赔偿异于传统民事损害赔偿责任所体现的损害填补及金钱利益的私益保护，直接指向对环境公益的保护。

---

① 《民法典》第 1234 条；《最高人民法院关于审理生态环境损害赔偿案件的若干规定》第 11 条；《最高人民法院关于审理环境民事公益诉讼案件适用法律若干问题的解释》第 20 条。

② 参见李挚萍《行政命令型生态环境修复机制研究》，《法学评论》2020 年第 3 期；徐军、何敏《生态环境修复责任的法律困境与制度突破——以生态环境损害赔偿制度改革为视角》，《青海社会科学》2019 年第 6 期；胡静、崔梦钰《二元诉讼模式下生态环境修复责任履行的可行性研究》，《中国地质大学学报》（社会科学版）2019 年第 6 期。

③ 参见竺效《生态损害的社会化填补法理研究》，中国政法大学出版社 2007 年版，第 64 页。

④ 参见张宝《我国环境公益保护机制的分化与整合》，《湖南师范大学社会科学学报》2021 年第 2 期。

⑤ 参见叶勇飞《论环境民事公益诉讼》，《中国法学》2004 年第 5 期。

生态环境损害赔偿责任体现事后损害填补和损益衡平理念。生态环境损害赔偿责任是对受损生态环境的生态价值、经济价值的弥补，具有补偿性、救济性，不同于公法规范下行政罚款或者没收违法所得等行政财产罚强调对行为人的惩戒和惩罚，生态环境损害赔偿责任更加强调受损法益的补偿性和救济性。

综上所述，生态环境损害救济是针对受损生态环境本身的救济，是追究行为人因污染环境或者破坏生态导致生态环境损害的责任，具体通过生态环境修复和生态环境损害赔偿两种方式来实现救济生态环境损害的目标。根据《民法典》《改革方案》等规定，生态环境损害救济以修复优先为原则。即在受损生态环境能够修复的情况下，行为人应承担生态环境修复责任，同时承担期间损失的赔付。当环境无法修复时，行为人承担包括永久性损失、鉴定评估费和应急处置费等费用。

第二节　问题的提出：多元救济路径的交织与失序

一　行政执法隐退与一案多诉

在生态环境损害的法律关系中，不管是环境法学者还是民法学者都认为生态环境损害救济同时涉及多个法律部门调整。我国环保各单行法均规定环保行政机关对违法行为人造成的生态环境损害负有行政监督管理的职责，并通过采取环境修复行政命令及代履行制度来实现对生态环境损害的救济。同时，我国《民法典》为环境公益诉讼和生态环境损害赔偿诉讼提供实体法上的请求权基础。[①] 即《民法典》第 1234 条确立国家规定机关或法律规定的组织针对造成生态环境损害，损害公共利益的违法行为可以提起环境公益诉讼和生态环境损害赔偿诉讼。概言之，我国生态环境损害法律调整下存在行政救济和司法救济两种救济路径。但是因为行政救济路径和司法救济路径中缺乏完善的衔接规则，从而导致我国生态环境损害法律救济的失序困局。

（一）行政执法隐退

《生态环境部职能配置、内设机构和人员编制规定》规定了生态环境

[①] 参见竺效《民法典为环境公益损害救济提供实体法依据》，《光明日报》（理论版）2020年6月5日第11版。

部负有环境污染防治的监督管理、指导协调和监督生态保护修复工作的职责。根据《中共中央关于深化党和国家机构改革的决定》和各地的机构改革方案和机构改革实施方案，各地县级以上的生态环境机关的职责主要包括生态环境问题的统筹协调和监督管理、环境污染防治的监督管理、指导协调和监督生态保护修复工作等。此外，各地地方生态环境主管部门在其机构职能均强调"职能转变"①，要求机构依法履行法定的监管职责，严格执法以保障我国的生态文明建设。

　　然而，我国环境行政执法机关往往存在行政监管执法不力的情形。例如，最高人民法院公布的生态环境损害赔偿诉讼五个典型案例中，其中有三个案例违法行为持续 1 年以上，其中最长的违法行为长达 4.5 年。② 由此可见，不少学者也指出我国生态环境损害的问题一个重要原因在于环保行政机关的执法不力，③ 当环保行政执法得到落实时，无疑将大大降低生态环境损害发生的概率，也间接提高行政相对人的守法意识。但是正是由于基层执法队伍薄弱、地方政府保护主义等原因导致环保执法不力，从而让行政相对人产生侥幸心理而实施违法行为。而在中央对生态文明建设的重视和环保督察大背景下，因为生态环境损害赔偿制度的出台，使得行政机关偏好以原告角色来实现环境保护的目标，而非通过公法规范下的具有强制性的行政监管，从而导致监管职责与政府索赔权的矛盾。

　　《民法典》第 1234 条规定，行政机关"有权"请求行为人承担生态环境修复或生态环境损害赔偿责任。④ 该条规定是对《改革方案》和《最高人民法院关于审理生态环境损害赔偿案件的若干规定》（以下简称《若干规定》）中关于政府索赔制度的再次重申。即在生态环境损害发生后，

---

①　具体表述为：统一行使生态和城乡各类污染排放监管与行政执法职责，切实履行监管责任，全面落实大气、水、土壤污染防治行动计划，严格执行国家进口固体废物环境管理制度。构建政府为主导、企业为主体、社会组织和公众共同参与的生态环境治理体系，实行最严格的生态环境保护制度，严守生态保护红线和环境质量底线，坚决打好污染防治攻坚战。

②　在重庆市人民政府诉重庆藏金阁公司等案中，违法行为持续约 2 年；在贵州省人民政府诉贵阳开磷化肥公司案中，违法行为持续 4.5 年；在贵阳市生态环境局诉贵州六盘水双元铝业公司案中，违法行为持续 1 年多。

③　参见王树义《环境治理是国家治理的重要内容》，《法制与社会发展》2014 年第 5 期；廖建凯《生态损害救济中环保组织的错位与归位——以"中国绿发会诉中铝民事公益诉讼案"为切入点》，《求索》2017 年第 10 期。

④　《民法典》第 1234 条规定："国家规定的机关或者法律规定的组织有权请求侵权人在合理期限内承担修复责任。"

行政机关与赔偿义务人在磋商不成或磋商不能的情况下，可依法提起诉讼。①《民法典》第 1234 条规定特定主体针对造成生态环境损害的责任人，有权提起诉讼请求责任人承担修复责任。此处的"有权"有两种解释：一是公法职权，二是私法权利。针对公法职权的解释，国家规定的机关"有权"请求侵权人承担责任可以从公法职权的角度去理解，即这些机关享有法律或者规范性文件的法定职权。国家机关的公法职权是相对于侵权人而言的，享有法律或规范明确规定的职权，但是对于国家机关而言，这里的职权是法律或规范所确定的职责，具有强制性和法定性，不能随便放弃，否则将可能构成行政不作为。换言之，对于侵权人而言，特定的国家机关享有管辖权，但是对于机关自身而言，"有权"意味着法定的职责，并具有强制性而不以其意志转移。《民法典》第 1234 条规定的诉讼原告主体包括国家规定的机关和法律规定的组织。从语法上看，这里的机关和组织是并列关系，并且同一适用相同的谓语"有权"。然而，根据目前的法律规定，这里的组织是指《环境保护法》第 58 条和《环境公益诉讼司法解释》所规定的环保社会组织。显然，环保社会组织是私人团体，并不具有法律或其他规范授予的环境监管职权。故《民法典》第 1234 条的"有权"并非指代公法职权。

针对私法权利的解释，《民法典》第 1234 条的"有权"是从代理权或者代表权的角度进行理解。因为生态环境损害所侵犯的是生态环境本身的利益，是对其环境要素、生物要素或由此形成的生态环境系统功能的不利改变，具有明显的公共利益特质。有学者认为环境权中的公益权论者②存在一个基本理论预设："政府是环境公共利益的唯一代表"③；而人类权论者④的理论预设是："人们仅关心自己的利益，而非自己所属的某

---

① 《改革方案》规定："磋商未达成一致，赔偿权利人可依法提起诉讼。"此外，《若干规定》第 1 条规定："因与造成生态环境损害的自然人、法人或者其他组织经磋商未达成一致或者无法进行磋商的，可以作为原告提起生态环境损害赔偿诉讼。"

② 朱谦教授认为，环境权是环境危机的产物，它所保护的是公共利益，具有公益性，任何只具有自益性的私权都不可能属于环境权。同时认为，环境权旨在维持和改善环境公共利益。参见朱谦《对公民环境权私权化的思考》，《中国环境管理》2001 年第 4 期。

③ 王小钢：《以环境公共利益为保护目标的环境权利理论——从"环境损害"到"对环境本身的损害"》，《法制与社会发展》2011 年第 2 期。

④ 徐祥民认为，环境权只能是人类整体的权利，它无法具体化为公民个体的权利；如果公民主张环境权，那么这种权利所指向的义务主体只能是包括主张者自己在内的不确定的多数人，甚至是人类全体。换言之，公民环境权找不到与之相对的可以通过法律明确界定的义务承担者。参见徐祥民《对"公民环境权论"的几点疑问》，《中国法学》2004 年第 2 期。

个共同体的利益。"① 如果 "政府是环境公共利益的唯一代表人" 的预设成立的话，那么对于环境利益的损害即对环境本身的损害的救济只能由政府承担，而公民仅能发挥间接的辅助性主体功能，公民成为国家环境保护义务下反射性利益的被动接收者。另外，人类权论者忽略了公众对于诸如环境保护和社会福利等共同的利益具有同一的利益驱动，特别是在风险社会中，公众对于私人利益和公共利益的理解并非绝对二分。为此，这两种学说从环境权的角度不能很好地适用于《民法典》第 1234 条中 "有权" 的规范表达。因此，第 1234 条 "有权" 的理解应该从利益代表（理）人的角度来思考国家机关和社会组织作为诉讼原告主体的正当性。国家机关和法律规定的组织是基于生态环境损害的公共性和公益性，而基于公众的共同授权而享有提起生态环境损害公益诉讼的代（表）理权。

因此，《民法典》中的 "有权"、《改革方案》中的 "可" 和《若干规定》中 "可以" 的表述表明行政机关对是否提起生态环境损害赔偿诉讼具有选择权，这必然会导致政府索赔启动的任意性和不确定性。这些规定都赋予了负有监管职责的行政机关在面对生态环境损害事实时，可以根据自身行政裁量选择是否提起赔偿诉讼。

此时，问题在于同一行政机关在公法规范下存在法定的行政监管职责，而行政监管具有强制性和不可转移的特质。在《民法典》《改革方案》《若干规定》等规范中，"有权" "可" 和 "可以" 的表述表明政府对是否提起赔偿诉讼具有不确定性。由此导致行政机关可以通过监管执法或者司法诉讼同样实现救济受损生态环境的功能和目标。在实践中，我国行政机关针对行为人因污染环境或破坏生态造成生态环境损害，常常在处以行政处罚后，没有责令行为人清除污染、消除危险，更遑论通过行政代履行来进行环境修复治理。在此情况下，行政机关径自提起生态环境损害赔偿诉讼，从而导致行政机关在未穷尽行政救济下，将环境保护监管下的生态环境保护职责通过司法诉讼判决来落实。②

生态环境损害救济下行政执法的 "隐退" 与司法救济的 "冒进" 违背了权力分工协作原则。生态环境损害行政救济路径依托行政权进行环保行政监管，能够保证行政机关在日常监管执法过程中通过行政命令和行政代履行实

---

① 徐祥民：《对 "公民环境权论" 的几点疑问》，《中国法学》2004 年第 2 期。

② 参见张宝《环保局的原告资格之辨——云南首例环境公益诉讼案件评析》，《环境》2011 年第 5 期。

现及时、有效、专业地救济生态环境损害。行政监管执法不仅是宪法框架下国家环保义务的要求，更是行政机关履行行政职责的应有之义。① 规制国日渐依赖规则而非直接的科层控制，会导致在具体适用规则，但无法通过行政官僚命令等机制解决纠纷时，出现法院等司法机构在纠纷解决中的作用扩展。② 在实践中，对生态环境利益的损害救济，往往未穷尽行政救济手段情况下，存在行政权民事化的趋势，进而弱化了行政监管职责。

（二）同一损害事实的"一案多诉"

在生态环境损害救济实践中，除了存在行政执法"隐退"的问题之外，对于同一损害事实还存在"一案多诉"问题，并且"一案多诉"与行政执法"隐退"往往同时发生。以经典环境案例为分析对象，有利于更加直观地把握生态环境损害法律救济这一困境（如表 1-1 所示）。例如，2013 年，藏金阁公司与首旭公司签订协议，由首旭公司承担废水处理工作。2014 年 8月，藏金阁公司改造废水处理设备，但是其没有封闭埋于地下的暗管。自2014 年 9 月起，首旭公司故意利用暗管将未处理的重金属废水直接外排。2016 年 4 月和 5 月，环保执法人员发现前述通过暗管偷排含重金属废水的违法行为。2014 年 9 月至 2016 年 5 月，违法排放废水量共计 145624 吨，造成的生态环境损害为 1441.6776 万元。2017 年 3 月，重庆两江志愿服务发展中心提起环境民事公益诉讼，2017 年 6 月，重庆市人民政府就同一事实提起生态环境损害赔偿诉讼（以下简称"藏金阁案"）。③

在藏金阁案中，首旭公司的违法行为持续了 2 年 8 个月，而重庆市环境监察总队发现藏金阁公司将未经处理的重金属废水排入市政废水管网而进入长江，并对其处以行政罚款。但是环保行政机关并没有根据该情节要求违法行为人采取治理措施和消除污染。并且，基于同一污染环境导致的生态环境损害，环保社会组织和行政机关分别提起环境民事公益诉讼和生态环境损害赔偿诉讼，并由此形成了一案多诉的怪象。

前述藏金阁案中所展示出我国生态环境损害在行政执法不力的情况下，同时存在一案多诉的情况并非个案。例如，2013 年 9 月至 2014 年 5

---

① 参见陈海嵩《国家环境保护义务》，北京大学出版社 2015 年版，第 208—220 页。

② Majone, G. D., "From the Positive to the Regulatory State: Causes and Consequences of Changes in the Mode of Governance", *Journal of Public Policy*, Vol. 17, Issue 2, May 1997, p. 139. 转引自 [英] 罗伯特·鲍德温等编《牛津规制手册》，宋华琳等译，上海三联书店 2017 年版，第 73 页。

③ 参见〔2017〕渝 01 民初 773 号判决书。

月，德司达公司多次将公司生产过程中产生的废硫酸以低价处置费交由无废硫酸处置资质的王某处置。而后，王某随后又交给无处置资质的丁某。丁某将废硫酸倾倒至泰东河、新通扬运河水域，严重污染环境。[①] 2016 年 11 月，江苏省环保联合会提起环境民事公益诉讼，而 2017 年 1 月，江苏省人民政府就同一事实提起生态环境损害赔偿诉讼（以下简称"德司达案"）。在该案中，德司达公司在 2013—2014 年多次违法处理其生产过程中产生的废酸，并且违法处理行为断断续续持续了 9 个月，而行政机关对行为人的违法行为一直没有发现，更遑论通过行政手段实现损害救济。而社会环保组织和江苏省政府就同一污染环境造成生态环境损害分别提起环境民事公益诉讼和生态环境损害赔偿诉讼。

在藏金阁案和德司达案中行政机关都未穷尽其行政监管职责，而以赔偿权利人的身份通过司法诉讼来实现行政机关的环境保护监管目标。由此导致了行政执法"隐退"和一案多诉的怪象。不少学者指出我国环境问题频发的重要原因之一在于环保行政机关的执法不力。[②] 在法律授权下，行政机关因为可以通过司法诉讼实现环境保护的监管职责和生态环境保护目标，促进了行政机关执法的"隐退"。但是由于环保行政监管是行政机关的法定义务，从而产生行政机关不履行法定职责之嫌。此外，由于政府索赔诉讼和环境公益诉讼在诉讼启动时并无任何诉讼前置条件的限制，从而导致实践中出现基于同一生态环境损害事实存在多种诉讼，而一案多诉和救济无序化严重浪费我国司法资源。

表 1-1　　　　　　　　　　　一案多诉案例一览

案件名称	环境民事公益诉讼	生态环境损害赔偿诉讼	两诉处理情况
重庆市人民政府、重庆两江志愿发展中心诉藏金阁物业管理有限公司、首旭环保科技有限公司水污染案[③]	2017 年 3 月，重庆两江志愿服务发展中心提起环境民事公益诉讼，要求两被告连带承担生态环境损害赔偿费用及案件诉讼费用，并赔礼道歉	2017 年 6 月，重庆市人民政府就同一事实提起生态环境损害赔偿诉讼，要求两被告承担生态环境修复费用 1441.6776 万元，鉴定费用 30 万元	经各方当事人同一，2017 年 7 月，重庆第一中院将两个案件合并审理

---

①　参见〔2016〕苏 01 民初 1203 号判决书。

②　参见王树义《环境治理是国家治理的重要内容》，《法制与社会发展》2014 年第 5 期；廖建凯《生态损害救济中环保组织的错位与归位——以"中国绿发会诉中铝民事公益诉讼案"为切入点》，《求索》2017 年第 10 期。

③　重庆市第一中级人民法院民事判决书〔2017〕渝 01 民初 773 号判决书。

案件名称	环境民事公益诉讼	生态环境损害赔偿诉讼	两诉处理情况
江苏省人民政府、江苏省环保联合会诉德司达（南京）燃料公司废酸倾倒案	2016 年 11 月，江苏省环保联合会向南京中院提起环境民事公益诉讼，要求被告承担环境修复费用及诉讼费用，南京中院立案受理	2017 年 1 月，江苏省人民政府就同一事实提起生态环境损害赔偿诉讼，要求被告承担 2428.29 万元环境修复费用	南京中院将江苏省环保联合会和江苏省人民政府列为共同原告，对两个案件进行合并审理

综上所述，生态环境损害的法律救济中存在行政监管执法和司法诉讼救济两种模式，而我国在司法诉讼救济的启动上并未设定合理的诉讼启动条件和程序规则，由此出现了行政机关执法的"隐退"与司法机关在生态环境损害救济中的"冒进"现象。这不仅违背了国家权力分工协作，以及行政权与司法权的优化配置原则，而且对同一事实的一案多诉导致我国司法成本大增。

二　追究路径顺次混乱与无序

我国生态环境损害救济除了受到法律规范体系的调整外，还存在政策规范调整下生态环境损害赔偿磋商和生态环境保护督察两种路径，而这两种救济路径的依据是《改革方案》和《督察规定》。《改革方案》属于政策规范性文件，而《督察规定》属于党内法规。因为我国实践中存在地方党政机关环境保护工作落实不到位，怠于履行环保工作职责的问题，所以通过建立环保督察制度来实现对失职行为和严重生态环境问题的督察问责和整治处理。然而，在环保督察问责实践中，在督察机构对严重环境问题通过挂牌督办要求整治过程中，环保督察问责程序并未完成前，存在生态环境损害司法救济的介入。由此形成了环保督察与司法救济两种救济路径对违法主体责任追究机制的混乱交织，并在缺乏相应的衔接规则下导致不同的救济路径之间的失序。

（一）执法、司法与督察的交织失序

中国铝业股份有限公司兰州分公司（以下简称"兰铝公司"）将 2016 年前生产过程中产生的大修渣（废阴极炭块）未按照法律规定作为危险废物进行存储和处置，违法将大修渣堆存在山沟或将其与建筑垃圾、生活垃圾混合在工业垃圾场填埋。2017 年 9 月，环保社会组织在公众媒体对其曝光后，当地环保主管部门对兰铝公司处以 10 万元罚款，并责令依法处置大修渣。2017 年 12 月底，生态环境部对兰铝公司进行挂牌督办。2019 年 1 月，北京市丰台区源头爱好者环境研究所向甘肃矿区法院起诉兰铝公司，请求兰铝公司停止环境侵权、恢复原状、赔偿环境服务功能损失 1000 万元。[①] 2019 年 2 月，生态环境部在现场核查后，解除对兰铝公司的挂牌督办。[②] 2019 年 9 月，甘肃矿区法院对前述环境公益诉讼作出调解结案（以下简称"兰铝案"）。[③]

从兰铝案的事实发生过程可以看出，针对地方环保监管的执法不到位而产生严重的大修渣污染环境导致生态环境破坏，生态环境部对兰铝公司进行挂牌督办。即生态环境部对作为中央企业的兰铝公司进行环保督察，并通过挂牌督办来督促当地政府及相关部门依法监管，要求兰铝公司整改。此时，生态环境损害救济从环保督察转向行政监管执法来实现救济。但是在当地政府对兰铝公司进行监管执法和开展整治工作中，生态环境部进行核查验收之前，环保社会组织提起环境公益诉讼介入大修渣处置。在法院立案受理后不久，生态环境部对兰铝公司解除了挂牌督办。随后，法院基于生态环境部对兰铝公司作出撤销挂牌督办的决定，并且兰铝公司已经完成危险废物的处置，其投入资金近 5.7 亿元远超环保社会组织主张 1000 万元生态环境服务功能损失赔偿的诉讼请求，遂调解结案。

本案中的核心问题在于环保督察程序尚未结束，环保社会组织通过环保公益诉讼介入兰铝公司处置大修渣问题。即环境民事公益诉讼直接介入生态环境损害救济，充当环境监管者来实现环境公益。[④] 环保社会组织提起环境民事公益诉讼虽然一方面体现了社会公众对违法行为整改问题关切和监督，另一方面由于环境民事公益诉讼的介入，在一定程度上存在司法权替代监管执法和环保督察的嫌疑。由于环境民事公益诉讼启动并无诉前程序的限制，故民事救济机制能够独立于监管执法，并由此形成与其他生

---

① 参见甘肃省高级人民法院《2019 年全省法院十大案件》，http：//www.chinagscourt.gov.cn/Show/52848，2021 年 4 月 1 日。

② 参见生态环境部办公厅《关于解除对中国铝业股份有限公司兰州分公司大修渣环境问题挂牌督办的通知》，环办执法函〔2019〕161 号，http：//www.mee.gov.cn/××gk2018/××gk/××gk06/201902/t20190219_692778.html，2023 年 10 月 19 日。

③ 参见甘肃矿区法院〔2019〕甘 95 民初 6 号调解协议书。

④ 参见何江《论环境规制中的法院角色——从环境公益诉讼的模式选择说开去》，《北京理工大学学报》（社会科学版）2020 年第 1 期。

态环境损害救济机制并行的局面。① 申言之，实践中在环保督察中存在环保社会组织提起环境民事公益诉讼的司法介入，表现了我国在党内法规调整下的环保督察制度和法律调整下的司法救济存在衔接不畅和追责机制混乱失序的问题。

（二）环保督察规定与法律规定冲突

《督察规定》第 24 条第 3 款与《民事诉讼法》第 58 条第 2 款存在矛盾。环保督察是以《督察规定》作为制度依据，根据《中国共产党党内法规制定条例》（以下简称《党内法规条例》）第 4 条和第 5 条规定，《督察规定》属于政策规范中的党内法规。根据《督察规定》第 24 条第 3 款规定，对于督察过程中发现需要开展生态环境损害赔偿工作，则移送给赔偿权利人进行索赔追偿；需要提起环境公益诉讼的，移送给检察机关依法处理。故《督察规定》第 24 条第 3 款同时涉及环保督察与政府索赔诉讼和环境民事公益诉讼的衔接。

虽然我国《民事诉讼法》第 58 条确认了环保社会组织和检察机关环境公益诉讼的原告资格，即特定的机关和组织对因污染环境等侵害社会公共利益的行为可以提起公益诉讼，但是，《民事诉讼法》第 58 条第 2 款规定强调，检察机关在前款所规定的适格原告没有提起诉讼的前提下，"可以"提起民事公益诉讼。申言之，检察机关提起环境民事公益诉讼在诉讼原告序列中具有替补性、补充性的性质，并非提起环境民事公益诉讼原告的第一顺位。这与《督察规定》第 24 条第 3 款规定的需要提起环境公益诉讼的，直接规定移送检察机关提起公益诉讼存在矛盾。

综上所述，环保督察对生态环境问题要求责任主体整治处理，与司法救济中启动公益诉讼来实现生态环境损害救济相比，两者在调整目标和保护的利益上具有一致性。但是两种不同的制度所依据的规范性质和运作逻辑并不相同，缺乏相应的衔接机制和规则导致生态环境损害救济追责机制失序与混乱。此外，政策规范下的环保督察在督察过程中发现需要提起公益诉讼的，直接移送给检察机关的规定与法律规定的环境民事公益诉讼原告主体在顺位上存在矛盾，由此引起不同的诉讼主体针对同一生态环境损害事实而产生的权力（权利）救济的错位。

----

① 参见张宝《我国环境公益保护机制的分化与整合》，《湖南师范大学社会科学学报》2021 年第 2 期。

第三节　多元救济路径研究整体主义视角之确立

"学科分化推动了科学研究的深刻化和精细化，但是在消解人类认知一种盲区的同时，也创造了另一种可能的盲区，因为社会问题不会按某个单一学科的逻辑和意图呈现自己。"① 环境法横跨不同的部门法学，生态环境损害涉及公法和私法的调整。而法规范并非彼此无关地平行并存，其间有各种脉络关联，故在"解释规范时亦须考量规范的意义脉络、上下关系体系地位及其对该当规整的整个脉络之功能为何"②。因此，需要从整体性视角、以体系化解释的方法反思生态环境损害需要公法和私法的协同作用，充分发挥行政权与司法权在生态环境损害救济的优势，避免不同权力的劣势，同时通过设置两者的衔接制度来保证两者的高效协作，从而实现不同规范框架和权力配置的法律秩序统一和协调。

一　整体主义的内涵

整体主义的内涵需要区分在认识论层面还是在方法论层面进行讨论。整体主义认识论是在认知的总目标下求得整体知识系统的一致，而非破碎的、离散化的知识。即整体主义认识论下的科学知识是理论（理性）具有整体性、系统性，"经验、理性和逻辑相互作用和影响"，③ 而整体主义在方法论层面上强调认识事物应先从不同部分所组成的整体出发，而非着眼于构成事物整体的各个部分。整体主义方法论并不否认部分，而是强调不同部分之间、部分与整体之间的关系。例如，有学者认为："整体主义将事物整体作为解决问题的基本单位，强调事物之间的关联及其整体主义，主张从宏观层面上对事物进行把握，通过整体研究来揭示事物的全貌和演进规律，反对'只见树木、不见森林'的局部性思维。"④ 另有学者认为："还原主义和整体主义是研究复杂系统的两种相对的基本思想：还原主义将高层次还原为低层次、将整体还原为各组分加以研究，而整体主

---

① 刘剑文：《论领域法学：一种立足新兴交叉领域的法学研究范式》，《政法论丛》2016 年第 5 期。

② ［德］卡尔·拉伦茨：《法学方法论》，陈爱娥译，商务印书馆 2003 年版，第 316 页。

③ 王荣江：《奎因的整体知识论及其后果》，《自然辩证法研究》2007 年第 2 期。

④ 冯果：《整体主义视角下公司法的理念调适与体系重塑》，《中国法学》2021 年第 2 期。

义则强调研究高层次本身和整体的重要性。"① 换言之，整体主义方法论是以整体性的视角对事物进行整体把握，而非局限于部分，从而保证对事物认知的完整性和体系性。

从整体主义方法论出发，整体主义通过分析各要素之间的联系，将各要素作为整体来看待，可以避免碎片化。② 整体主义要求对各要素与整体之间的关系分析运用还原的方法，即将研究事物通过还原方法对整体进行解构，并聚焦到各个要素之间的联系，以及各要素与整体之间的联系。换言之，在通过还原方法对整体进行解构后，思考研究对象各要素之间的关系就是整体主义视角的运用。因此，本书是在方法论层面上运用整体主义的视角来分析研究对象，是通过还原方法将研究对象分解成各个体要素后所进行的整体思考，是把各要素放在具体实践背景下的宏观把握。

此外，整体主义视角对研究对象的综合考察，是系统分析研究方法的体现，是对不同子系统运作体系化的整体主义思考，并根据不同子系统的内在逻辑来实现不同子系统的功能顺序整合。整体视角也与系统视角存在关联，整体主义和系统化是秉持"结构—功能"的分析视角，将研究对象作为系统整体的一个内含结构，其中在整个体系内又分为不同的子系统，不同的子系统对应着不同的功能、逻辑和特征。在整体主义视角下的功能整序包含完善、调整不同子系统的运作和顺次层级。正如施塔姆勒所述，适用单个法条，最终是适用整个法律制度。③ 为此，不同规范体系的功能整序是对不同路径或子系统的调整秩序、适用顺序或救济次序的整理、调整、排序的思想方法和思维内容。所以，只有采用整体主义的视角来分析和解读生态环境损害的不同规范调整和救济路径，才能避免评价矛盾或目的性不一致的解释，从而提高整个规范秩序和救济路径协作的效率。

二 整体主义视角的运用

"整体主义方法论以其更加注重法律间的关系、强调历史文化传统对

---

① 方舟子：《还原主义和整体主义述评》，《自然辩证法研究》2000 年第 11 期。
② 参见邓小云《整体主义视域下黄河流域生态环境风险及其应对》，《东岳论丛》2020 年第 10 期。
③ Lepaulle, Harvard Law Review（1921/22），p. 853. 转引自 ［奥］恩斯特·A. 克莱默《法律方法论》，周万里译，法律出版社 2019 年版，第 56 页。

法律的影响、关注法律与政策的互动等优势，可以更好用于观察和思考环境法问题，并按照其关系思维、非线性思维、合作性思维方式提出应对之策。"① 我国生态环境损害救济路径现有研究聚焦在法律规范体系内部的公私法关系，或者行政权与司法权的互动关系，并未关切到实践中政策及相关制度的调整功能，因此现有研究存在碎片化和不周延之处。在我国生态环境损害救济存在法律规范和政策规范两种不同规范调整的情况下，对于生态环境损害救济路径的研究与思考应以问题为导向进行整体主义思考，避免局限在法律规范调整框架下的具体路径分析。从我国生态环境保护的现实出发，应将党内法规、党的政策和党的规范性文件所形成的政策规范调整纳入生态环境损害救济的规范体系考察范围。

　　生态环境损害救济涉及法律和政策二元规范体系的调整，同时两种规范下存在两种救济路径，因此，"二元规范调整" + "四种救济路径"② 形成了生态环境损害救济的一个整体。由于我国正在进行生态文明体制改革，生态环境损害救济除了受法律的调整外，生态环境损害赔偿磋商的规范依据是属于党的重要规范性文件的《改革方案》，而生态环境保护督察制度的规范依据是属于党内法规的《督察规定》，两者统摄在政策体系之内，是独立于法律规范的一种规范体系，前述两种救济路径并不能还原归纳到法律体系中。这也是通过整体主义的视角能够看到法律规范之外的政策规范体系，而将以政策为依据的赔偿磋商和环保督察纳入进来，从而形成区别于现有研究的"二元规范调整+四种救济路径"的生态环境损害救济结构。

　　生态环境损害救济在我国同时受到法律规范和政策规范两种不同性质的规范体系共同调整。在生态环境损害的政策救济下，其与法律救济存在调整目标的一致性和保护法益的一致性，由此产生协同救济的可能。然而，政策规范下的救济路径和法律规范下不同救济路径衔接机制不完善，由此不能为生态环境损害提供高效有序的救济。因此，需要从整体主义视角和体系化解释的方法反思生态环境损害需要法律规范和政策规范的协同作用，充分发挥两种规范体系在生态环境损害救济中的优势，避免彼此间的冲突矛盾，同时通过设置衔接制度来保证两者的高效协作，从而实现不

---

① 吕忠梅、窦海阳：《以"生态恢复论"重构环境侵权救济体系》，《中国社会科学》2020年第 2 期。

② 具体论述和分析详见第二章第三节到第五节内容。

同规范框架和权力配置的规范秩序统一和协调。

生态环境损害不同救济路径下的多元主体彼此互动关系与其行动的规范依据存在不同的运作逻辑,当彼此间的衔接不畅和定位不清时,产生如前文所述的不同救济路径适用混乱、多元救济路径交织失序的适用困境。传统法解释框架内,公法与私法是相互独立的。① 我国政党法治将政策规范调整纳入了生态环境损害救济的规范体系中,并且在政策规范下的环保督察组、赔偿权利人与法律规范下的行政机关和司法审判机关之间存在藕断丝连的关系。

生态环境损害不同救济路径下存在多元主体根据法律规范或者政策规范来救济生态环境损害。环境治理是多元主体为了保证环境质量、绿色发展在生态环境问题上的互动。我国立法与司法在环境公益保护和推进制度中过于强调问题导向,而忽视制度定位与衔接,故应从整体、系统角度来理顺不同路径的关系。②

为此,需要以整体主义视角作为指导、坚持以问题为导向和发挥不同规范功能作为目标来统筹思考生态环境损害的救济路径之间与调整规范之间的合理安排和适用衔接。明辨生态环境损害的法律救济和政策救济下不同救济路径的运作逻辑与内在机理,合理安排不同救济路径的适用先后次序、适用范围及完善衔接规则,使得生态环境损害的法律救济与政策救济发挥不同的功能和优势,以保障有效、全面地救济生态环境损害。

---

① 参见金自宁《公法/私法二元区分的反思》,北京大学出版社 2007 年版,第 25 页。
② 参见张宝《我国环境公益保护机制的分化与整合》,《湖南师范大学社会科学学报》2021 年第 2 期。

第二章

生态环境损害救济路径的理论之争与类型划分

　　环境法学作为一个新兴学科，是由于传统部门法不能解决日益严重的环境问题而产生。即使环境法因为环境问题而产生，但是并不意味着环境法就能够解决全部环境问题。在当今风险社会的背景下，环境问题的解决不是任一法律部门可以完全胜任，还需要不同部门法基于不同的规制方式和路径形成彼此之间的沟通、衔接和互补。我国实践表明，党内法规和国家立法是我国生态环境治理的特色，彼此相互补充和相互促进。因此，生态环境损害救济路径类型划分不能仅仅局限于现有法律框架，而且需要结合我国生态文明体制改革背景下政策规范对生态环境损害救济提供的规范依据和保障。

　　我国生态环境损害救济基于调整规范属性的不同，存在法律规范和政策规范二元规范调整。同时，在法律调整下存在行政救济和司法救济两种救济路径，而在政策调整下存在生态环境损害赔偿磋商和生态环境保护督察两种救济路径。

第一节　生态环境损害救济路径的理论之争

　　生态环境损害具有复杂性和系统性特征，不同规范在其发展过程中对生态环境损害救济衍生出不同的救济路径。学者认为，维护生态环境质量和保障公民环境权益可以从私法权利、国家义务、政府职责、个人义务和单位义务多个维度进行，从而形成一个独立而相互补充的公民环境权益保护体系。[①] 在我国法律规范体系中，追究生态环境损害的责任存在公法管

---

　　① 参见陈真亮《环境保护的国家义务研究》，法律出版社 2015 年版，第 007 页。

制、私法诉讼两种的法律路径，抑或主张生态环境损害公私法协同救济。但是前述三种分类均局限在生态环境损害救济的法律救济层面，并未结合我国生态环境治理实践中党的政策、党内法规和党的规范性文件所形成的政策规范进行体系化考虑。

一　公法救济说的提出与不足

环境法的发展缘起于民法、行政法和刑法等传统部门法学不能很好地应对和解决日益严重的环境污染和生态破坏等环境问题，为此，生态环境损害救济是环境法的必然要求，也是其基本要义。我国环保各单行法均规定环保行政机关可以责令违法行为人改正违法行为、恢复原状、限期采取治理措施、消除污染，从而救济受损生态环境，履行环境行政监管职责。故生态环境损害可以通过责令恢复原状、责令限期采取治理措施来纠正行为人的违法行为，通过生态环境修复行政命令以要求行为人承担修复生态环境责任。如果责任人不履行行政机关所作出的行政命令，行政机关可以通过行政代履行来保证行政命令的履行。

通常而言，学者主张通过环境法调整生态环境损害救济是基于公私法划分和调整利益的区别来论证环境法调整生态环境损害的正当性。虽然生态损害与传统损害都是因侵害行为造成了不利后果，但《侵权责任法》只能对私主体的民事权利侵权提供救济，而"生态损害不同于传统损害，其损害对象并非针对特定民事主体的权益，而是对生态环境本身造成了不利后果"[1]。故《侵权责任法》不能直接填补生态损害。环境公共利益的维护需要遵循公私法调整利益范围的界分，故环境法益的保护应在公法得以规定和提供相应的损害救济。[2]

学者认为，生态环境损害责任指向环境的公共利益，法益属性具有明显的公共利益特质，故认为生态环境损害的救济应该由环境法进行调整，将生态环境损害责任纳入《民法典》的调整范围将导致公、私法体系的混乱。[3] 虽然《民法典》下的侵权责任编遵循"绿色原则"，但

---

① 竺效：《反思松花江水污染事故行政罚款的法律尴尬——以生态损害填补责任制为视角》，《法学》2007 年第 3 期。

② 参见徐以祥、李兴宇《环境利益在民法分则中的规范展开与限度》，《中国地质大学学报》（社会科学版）2018 年第 6 期。

③ 参见孙佑海、王倩《民法典侵权责任编的绿色规制限度研究——"公私划分"视野下对生态环境损害责任纳入民法典的异见》，《甘肃政法学院学报》2019 年第 5 期。

这是以遵循侵权责任法的私益救济价值目标、不违背其结果责任性质、不否定其内在逻辑自洽性为边界；保障与救济纯粹环境公益只能通过公法机制得以实现。① 因此，"环境损害的防治由环境法来解决，而不是由侵权行为法来解决"②。故主张环境法救济生态环境损害的学者为保证我国《民法典》的逻辑的连贯性和体系科学性，认为我国《民法典》以私权私益保护为宗旨，保障和救济纯粹环境公益应通过公法机制来实现。③

此外，学界还从国家环境保护义务和行政机关的行政监管职责来论述生态环境损害公法救济的正当性。如有学者认为生态环境机关的监管职责是救济生态环境损害的要求，也是体现国家环境保护义务的需要。④ 环保行政执法是国家环境保护行政义务的具体执行，是宪法法律秩序下行政机关行使行政权的必要要求。为此，环保行政机关作为行政执法机关对生态环境损害的监管不仅是其履行行政监管职责的法定义务，也是其行使行政权的内在要求。同时，还有学者基于域外的法律实践，如欧盟的生态损害救济实践，主张我国生态环境损害救济应该以行政救济为主导，以修复为核心法律规范，并确立生态环境损害救济的适用范围、义务主体、补救措施等实体规范。⑤

综上所述，学者根据宪法规范之下国家环境保护义务，基于行政权下行政监管的强制性、法定性、专业性和稳定性特征，来论述和证成生态环境损害公法救济的合理性和正当性。虽然从环保行政机关监管执法特性与国家环境保护义务两种论述路径都可以证成生态环境损害救济的合理性，但是公法救济说并未慎思该种救济路径所存在的内在不足。例如，公法救济依赖行政执法的人力、物力和财力的合理配置，既需要以环保行政机关的执法队伍及其执法能力作为公法救济的基础，同时还需要保证环境保护行政机关在行政执法中避免行政规制的俘获，从而保证行政执法的公正性和效率性。此外，基于行政罚款数额的法定原则，行政机关对违法行为人

---

① 参见刘超《论"绿色原则"在民法典侵权责任编的制度展开》，《法律科学》2018 年第6 期。

② 徐祥民、邓一峰：《环境侵权与环境侵害——兼论环境法的使命》，《法学论坛》2006 年第 2 期。

③ 参见刘超《论"绿色原则"在民法典侵权责任编的制度展开》，《法律科学》2018 年第6 期。

④ 参见李挚萍《行政命令型生态环境修复机制研究》，《法学评论》2020 年第 3 期。

⑤ 参见康京涛《欧盟生态损害救济：理路、实效、困境及启示——以欧盟〈环境责任指令〉为中心》，《宁夏社会科学》2020 年第 1 期。

处以的行政罚款数额与巨额的生态环境损害之间存在鸿沟。换言之，行政机关处以的行政罚款并不具有损害利益的填补性质，故不能对受损生态环境实现损害填补的功能和效果。因此，公法规范下的行政救济并不能对受损生态环境提供全面救济。

二　私法救济说的缘起与缺点

生态环境损害私法救济是以我国《民法典》《民事诉讼法》等法律为依据，通过政府及其授权部门、机构提起生态环境损害赔偿诉讼，以及环境保护社会组织或检察机关提起的环境民事公益诉讼来救济生态环境损害。生态环境损害私法救济是基于环境民事公益诉讼和生态环境损害赔偿诉讼为核心所形成的以私法主导的生态损害救济体系。[①] 在早些年的研究中，学者认为传统民法思路下的环境侵权始终面临民法基本理念的束缚，且只能局限于民事权利救济，而无法对环境损害本身提供救济。[②] 这是学者从"环境侵权"到"环境侵害"思维的转变，认为侵权法律规范中因为恪守传统侵权责任的责任构成、举证责任分担、过错归责原则等要素，导致不论是因涉及环境要素的环境私益侵权，还是以生态环境损害为中介导致的生态环境公共利益诉讼，都在传统的侵权法律责任中无法实现全面而有效的救济。

主张生态环境损害私法救济说的学者通常是从公法规制的不足或者私法调整的合理性两个方面证成生态环境损害的私法救济。例如，生态环境损害公法救济存在行政监管机关的能力和动力不足，以及行政处罚措施无法填补生态环境损害的问题，为此，需要建立生态环境侵权制度来实现生态环境损害的私法救济。[③] 同时学者认为可以通过赋予生态环境主体资格的直接模式或者将生态环境作为客体的间接模式[④]为生态环境损害提供救济。[⑤] 此外，由于行政处罚的力度有限，单纯的公法救济的手段往

---

① 参见刘静《论生态损害救济的模式选择》，《中国法学》2019 年第 5 期。

② 参见吕忠梅、张宝《环境问题的侵权法应对及其限度——以〈侵权责任法〉第 65 条为视角》，《中南民族大学学报》（人文社会科学版）2011 年第 2 期。

③ 参见马腾《我国生态环境侵权责任制度之构建》，《法商研究》2018 年第 2 期。

④ 间接模式包括：一是对可以物权化的生态环境要素提供传统的侵权救济；二是因生态环境损害造成了私益损害，通过私益救济来间接实现生态环境损害救济。

⑤ 参见李承亮《侵权责任法视野中的生态损害》，《现代法学》2010 年第 1 期。

往难以满足生态修复的现实需求。① 因为行政执法不力或者行政规制俘获等原因，导致生态环境损害频繁发生。虽然生态环境保护在很大程度上依赖公法规制，但是公法规制受到行政机关人力和财力限制、行政机关的寻租等规制俘获可能以及行政机关"短视"单纯追逐经济效益等原因，故单纯依靠公法规制不足以维护生态环境利益，而需要借助民法等私法手段进行救济。②

此外，生态环境损害私法救济可以对受损的生态环境利益进行损害填补，来弥补生态环境损害公法救济的补偿性缺失。因为生态环境保护行政执法中的行政罚款不具有损益填补性质，强调对违法行为人的惩戒，故公法救济中的行政罚款不能对期间功能损害或永久性损失进行赔偿，从而导致受损生态环境的法益并不能为生态环境损害提供全面救济。例如，在腾格里沙漠环境污染事件中，企业因排放废水导致土壤污染和地下水污染，修复费用高达上亿元。但是行政处罚的数额受限，并不具有补偿性和救济性。正因为执法监管不力、行政罚款与污染环境或破坏生态导致的生态环境损害巨额损失的差距，经常出现企业污染、政府买单的问题，故为了扭转这一困局，我国通过环境民事公益诉讼和生态环境损害赔偿诉讼来弥补生态环境损害公法规制的不足。

同时，学者讨论如何将生态环境的公共利益（法益）纳入传统调整私主体个人私益的私法规范中，来展开生态环境损害私法救济的证成。例如，学者主张将侵权责任的"损害"概念进行扩大解释，将生态环境损害拟制为侵权责任的"损害"，来证成私法规范调整生态环境利益的正当性。私法对于生态环境损害赔偿的救济存在两种解释路径：其一是依托既有权利，通过扩大损害概念从责任范围上涵盖生态利益；其二是通过创设环境权或环境秩序权从责任成立上涵盖生态利益，而我国《改革方案》和《民法典草案》呈现出扩张损害概念的整合进路的趋势。③ 同理，将生态利益的侵害看作侵权法意义上的损害，参照《欧盟环境责任指令》将生态损害视为法律上的损害，规定只有公共机关可以

---

① 参见赵悦、刘尉《〈民法典·侵权责任编（草案）〉"一审稿"生态环境公益损害民事救济途径辨析》，《南京工业大学学报》（社会科学版）2019 年第 3 期。

② 参见曹明德、徐以祥《中国民法典化与生态保护》，《现代法学》2003 年第 4 期。

③ 参见冯洁语《公私法协动视野下生态环境损害赔偿的理论构成》，《法学研究》2020 年第 2 期。

要求行为人修复受损生态环境，或者承担因修复环境而产生的修复费用。① 概言之，民法学者通过扩大侵权责任要件中的"损害后果"概念来实现对生态环境损害的救济和使环境利益得以在私法规范中进行调整。

综上所述，学者从公法救济中行政监管救济不足和私法救济的损害填补原理来论证私法救济的合理性和必要性，并从如何将环境法益保护纳入私法规范保护范围进行展开。基于生态环境损害赔偿诉讼的损害填补特质和环境保护社会组织或检察机关提起环境民事公益诉讼的补充定位，生态环境损害私法救济确实存在合理性和必要性，但是学者在论述私法救济的合理性和必要性的同时，未能将行政监管强制性这一大前提作为基础，忽略或者缩小了私法救济的司法权事后救济特质，而放大了私法救济中的补充性和损害填补的功能，没有结合公法救济和私法救济各自的优劣势来进行辩证思考，故生态环境损害私法救济说在其证成过程中存在瑕疵。

三　公私法协同说缘由与评价

除了上文中提到对生态环境损害存在公法救济说和私法救济说的不同观点外，也有学者认为生态环境损害的公法和私法救济在救济模式和类型特征上存在差异，单一的救济路径不能实现对生态环境损害的全面救济。正如吕忠梅教授认为，生态法治体系是以生态理性的生态环境系统观为指导，解构和重构"主客体二元结构"和"公私法二元结构"的结构特征，建立以可持续发展观为基础的法治体系，并将"人—自然—人"纳入法律调整范畴。② 正是因为生态环境损害存在保护客体与主体的二元性，导致环境保护法律关系涉及公私法两种规范的调整，故有学者认为"生态环境损害赔偿是一个横跨私法、公法两个不同法域，以及民法和环境法两个法律部门的复杂的、新型的环境责任问题"。③

欧洲大陆环境法大多将环境保护视为国家任务，从宪法秩序框架角度

---

① 参见李昊《论生态损害的侵权责任构造——以损害拟制条款为进路》，《南京大学学报》（哲学·人文科学·社会科学）2019 年第 1 期；李昊《损害概念的变迁及类型建构——以民法典侵权责任编的编纂为视角》，《法学》2019 年第 2 期。

② 参见吕忠梅《中国生态法治建设的路线图》，《中国社会科学》2013 年第 5 期。

③ 柯坚：《环境法的生态实践理性原理》，中国社会科学出版社 2012 年版，第 218 页。

解读国家环境保护义务的规范意义，并在公法规范上建构相关制度。例如，德国通过《环境损害法》等公法规范来对生态损害进行救济；反之，美国强调民事程序对生态环境损害的救济。① 但是各国的环境政策相互影响和继受，由此英美法系国家通过公法模式进行环境规制，而欧陆法系国家就环境问题通过私法寻求救济。② 虽然各国救济生态环境损害的框架和路径有不同的偏重，但是这并不意味着生态环境损害的公法救济规范和私法救济规范完全独立。由于私法中的事后损害填补、司法的不告不理和诉讼时效限制的特征，③ 生态环境损害的预防与救济不能仅仅依靠事后救济的私法，还需要依赖公法进行事前预防和管控。

正如前文所述，生态环境损害的公法救济路径和私法救济路径均有不同特征，并且两种救济模式存在不同的优劣势，而单一的救济路径会导致救济效果欠缺或不全面。生态环境损害虽然可以通过行政命令及时有效地制止损害、防止损害的扩张，但是因为行政罚款等行政处罚无法对行为人所造成的环境法益损失提供补偿性救济，同时因为公法救济依赖行政监管执法能力和强度所形成的执法效果，只有在保障行政执法能力和效力的情况下，才能充分发挥公法救济路径的优势和优点。为此，有学者认为，"行政权优先"原则并不适用于生态环境损害的填补，仅仅依靠行政矫正无法对生态环境损害提供全面的救济。④ 同理，公法责任因为适用场域受限、生态环境服务功能损害填补困难、鉴定评估费等合理费用无法由公法责任涵盖，为此，学者建议针对生态损害救济宜采取一种公私混合责任体制，目的是建立"公法性质、私法操作"的公益保护请求权，在适用程序上首先由生态环境主管部门进行环境执法监管，仅在无法修复时通过政府索赔追究行为人的责任。⑤ 此时，生态环境行政机关的环境监管职责优先适用，督促违法行政相对人纠正违法行为，并对受到损害的生态环境进行修复。但是又因行政罚款等行政责任不

① 参见张宝《我国环境公益保护机制的分化与整合》，《湖南师范大学社会科学学报》2021 年第 2 期。

② 参见陈慈阳《环境法总论》，元照出版社 2003 年版，第 156 页。

③ 参见柯坚、朱虹《我国环境污染侵权责任的协调和拓展——以民法学与环境法学的沟通为视角》，《西安交通大学学报》（社会科学版）2011 年第 5 期。

④ 参见谢玲《生态损害行政矫正的概念厘定及功能界分》，《重庆大学学报》（社会科学版）2020 年第 5 期。

⑤ 参见张宝《生态环境损害政府索赔制度的性质与定位》，《现代法学》2020 年第 2 期。

具有补偿性，故通过生态环境损害赔偿诉讼就期间损失、永久性损失和因执法或诉讼而产生的相应的评估和鉴定费用要求造成生态环境损害的责任人赔付。

还有学者从域外法律规范视角，认为德国法对于生态损害的救济模式以公法为主、私法为补充来实现生态环境损害的全面救济。即主要通过在法律性质上属于公法的《环境损害法》对生态损害进行救济；而在民法路径方面，受害人可以根据《环境责任法》第 16 条来救济生态损害，但是民法救济作用取决于受害人的主动性，因此民法对于生态环境损害救济存在一定局限。① 换言之，生态环境损害的行政救济是宪法框架下国家环境保护义务的必然要求，而私法救济则取决于私主体所主张的诉讼请求来间接实现受损环境的保护和救济。故学者通过借鉴域外生态环境损害救济的框架架构，主张我国生态环境损害的救济应该采用以公法行政救济为主，私法救济为补充的救济模式。

虽然生态环境损害的公法救济说和私法救济说均就不同救济路径的合理性和正当性进行论述和证成，但是这两种学说聚焦于任一救济路径的作用和合理性。生态环境损害公法救济说或私法救济说并不意味着某一学说对另一学说的绝对排斥，而只是因为论述的需要将论述重点聚焦于特定路径或领域。例如有学者主张《民法典》侵权责任编应该贯彻"绿色原则"并"在完善现行环境侵权责任制度层面，应体系化丰富与拓展污染环境、破坏生态这两类环境侵权原因行为的类型及其对应制度效果，层次性扩大环境侵权的救济范围"，但是这并非完全否定了环境法的救济功能和意义，同时主张根据不同性质法律制度通过立法技术进行衔接。② 所以吕忠梅教授的课题组认为，《民法典》侵权责任编应层次性地扩大环境侵权的救济范围，增加与环境公益诉讼制度和生态损害赔偿制度的衔接机制。③

生态环境损害的复杂性、综合性等特征决定了其救济不能依靠单一救济模式，而需要复合的救济模式来保证救济的周延。④ 环境法属于横跨公法和私法两个领域的混合法，为此环境问题的解决需要依赖传统的公法行

① 参见马强伟《德国生态环境损害的救济体系以及启示》，《法治研究》2020 年第 2 期。

② 参见刘超《论"绿色原则"在民法典侵权责任编的制度展开》，《法律科学》2018 年第6 期。

③ 吕忠梅课题组：《"绿色原则"在民法典中的贯彻纲领》，《中国法学》2018 年第 1 期。

④ 参见王岚《论生态环境损害救济机制》，《社会科学》2018 年第 6 期。

政规制，也依赖私法中物权、侵权等民法基础的调适来对环境问题进行救济和规制。① 在不同救济路径的单一适用不能为生态环境损害赔偿提供全面救济的情况下，两种救济模式的协同是值得探索的模式。生态环境损害赔偿的公私法协同救济模式的适用并不是任意的，需要设置规则的顺位和衔接以保证两种模式的适用顺畅。

四　三种学说单一规范考察的局限

目前学界对于生态环境损害救路径研究中存在公法救济说、私法救济说和公私法协同说三种不同学说。生态环境损害的公法救济说、私法救济说是基于公法和私法的调整法律关系和保护法益的不同而形成不同的观点，而生态环境损害公私法协同说则考虑我国在法律规范不断完善下，体现了我国法律规范体系对生态环境损害的救济存在公法调整和私法调整的综合救济，即生态环境损害的公私法协同救济。

然而，前述三种生态环境损害救济学说均局限在我国法律规范体系框架范围之内，并在法律框架下基于不同法律规范属性进行类型化。前述三种学说均未对我国生态文明体制改革中涌现的党的政策、党内法规和党的规范性文件所形成的政策体系调整作用做出学理上的回应与分析。申言之，在公私法二分的视角下，生态环境损害的公法救济说、私法救济说和公私法协同救济说聚焦于我国法律规范体系中不同属性规范对生态环境损害救济的调整作用，但是未从整体、系统的视角来考量我国生态文明体制改革与国家治理体系和治理能力现代化背景，生态环境体制改革、生态环境损害赔偿制度背后所体现的政策规范和法律规范两种规范体系的共同调整和相互作用。

除了受法律救济调整外，生态环境损害救济也受到政策规范体系的救济。党的十八大以来，党中央统筹推进"五位一体"总体布局和协调推进"四个全面"战略布局。② 党中央陆续提出了生态文明建设任务、生态

---

① 参见柯坚、朱虹《我国环境污染侵权责任的协调和拓展——以民法学与环境法学的沟通为视角》，《西安交通大学学报》（社会科学版）2011 年第 5 期。同时柯坚教授认为，建构我国的生态环境损害赔偿责任制度，既涉及生态环境损害的事实问题，也涉及环境与资源保护的社会价值选择问题，需要民法与环境法之间的协同机制才能解决新型的生态环境赔偿问题。参见柯坚《环境法的生态实践理性原理》，中国社会科学出版社 2012 年版，第 225 页。

② 参见刘金龙《大力推进新时代生态文明建设》，《解放军报》2018 年 5 月 20 日第 1 版。

文明体制改革任务。① 党中央的一系列战略布局在促进我国生态环境法治建设的同时，也为我国生态环境法治建设提供了良好的发展机遇。② 中国特色社会主义的治理由党内法规制度、党的政策制度和法律制度体系构成。③ 随着我国国家环境治理体系及国家治理能力现代化的建设，我国生态环境政党法治体系形成了"政党法治—国家法治"二元结构，生态环境政党法治与国家法治具体包括党内法规、党的政策、党的规范性文件和法律规范制度。④ 换言之，在我国国家治理和生态环境治理中，党内法规和党的方针政策以及规范性文件对于救济我国生态环境损害产生了重要影响和具有积极意义，并且政策规范体系与法律规范体系共同构成了我国生态环境法治的规范体系。

尽管公私法协同救济说综合考量了公法和私法救济的特征和优缺点，但是其聚焦在法律规范框架范围下考察，并未将政策规范和法律法规在我国生态环境损害救济所形成的二元规范调整作为整体进行思考。中共中央办公厅和国务院办公厅在生态环境保护领域联合发文的文件属于重要的政策文件和政策规范性文件，其不仅仅对我国整个生态文明体制改革具有重要的指导意义，而且对生态环境损害救济及调整也产生了深刻影响。政策规范和法律规范二元规范体系的共同调整是我国环境治理的具体实践，因此有必要在此基础上反思我国现有生态环境损害救济路径类型化研究中单一法律规范考察的不足，并将生态环境损害救济实践中的政策规范纳入考察范围，在法律和政策二元规范调整视角下进行生态环境损害救济路径的类型划分。

第二节　法律与政策的二元划分及范围界定

一　法律与政策的二元划分

生态文明建设和环境治理需要不同的规范体系对不同的主体进行系统的调整，并对国家权力机关、社会主体行为进行合理规范，从而形成和谐

---

① 参见周生贤《主动适应新常态　构建生态文明建设和环境保护的四梁八柱》，《中国环境报》2014 年 12 月 3 日第 1 版。
② 参见刘毅《建设生态文明　彰显使命担当》，《人民日报》2017 年 10 月 14 日第 5 版。
③ 参见张文显《法治与国家治理现代化》，《中国法学》2014 年第 4 期。
④ 参见陈海嵩《生态环境政党法治的生成及其规范化》，《法学》2019 年第 5 期。

稳定的规范秩序。一个国家或者社会的治理依赖国家公民或者社会成员共同约定所形成的规范和规则体系。随着我国国家治理体系和治理能力现代化的不断提升，我国对于规范体系的精细化需求也不断加强。

（一）法律的规范作用

法律的目的和作用包括两个方面：其一是法律的工具价值，即通过制定具体的行为规则来实现法律秩序的稳定，从而为法律主体的行为提供指引、预测和评价的功能；其二是法律的伦理价值，即法律追求公平正义的实现，其不仅仅是社会主体的行为规范准则，也是指导社会主体实现美好生活的规则指引。① 概言之，法律的作用包括作为规范作用和指引作用，前者更加强调法律在实然层面对行为人行为的规范和调整，后者更强调法律在应然层面对正义公平等价值追求下规范制度和规则的合理安排。

根据不同规范制定主体和规范的效力范围，我国国家治理的规范体系可以细分为法律规范、党内法规、党的政策、国家政策、社会规范。② 这些不同的规范体系共同构成了我国不同主体行为所要遵守的规则，在行为人违反特定规则时受到相应的制裁或惩罚。法律是我国国家治理和社会治理的重要规范之一，是国家机关行使权力和履行职责的规范依据，也是社会主体进行日常行为的基本行为准则。构建法律制度能够为国家机关、组织、社会成员主体提供行为准则和依据，使得法律主体的行为遵循法律所设定一般原则和具体规则的指引与评判，从而形成和谐稳定的法律秩序。③

面对日益严重的生态环境损害问题，我国通过颁布或修订（正）《民法典》《环境保护法》《民事诉讼法》等法律为环保行政执法或者环境司法诉讼提供生态环境损害救济的法律依据和制度支撑。在行政执法方面，《环境保护法》、环境污染防治和自然资源保护各单行立法是政府及其相关部门监管执法的依据，即通过环保监管执法来救济受损的生态环境。同时，《环境保护法》、环境污染防治和自然资源保护各单行立法通过污染物排放标准的设定、污染物的排污许可、环境影响评价制度、环保行政日常监督检查、按日连续处罚制度等为社会主体、行政机关提供了行为准则

---

① 参见郭忠《法律规范特征的两面性——从法律目的实现的角度分析》，《浙江社会科学》2012 年第 6 期。

② 参见刘作翔《当代中国的规范体系：理论与制度结构》，《中国社会科学》2019 年第 7 期。

③ 参见 ［美］富勒《法律的道德性》，郑戈译，商务印书馆 2005 年版，第 171 页。

和执法规范依据。通过命令标准—行政许可—行政检查监督—行政制裁的"命令—控制"行政规制的"四阶构造"①来实现日常环境治理和监管，为预防和救济生态环境损害提供规制的依据。

在司法救济方面，我国《民法典》顺应了时代的需求，新增的第1234条和第1235条涉及"生态环境损害"的救济，为我国环境公益诉讼和生态环境损害赔偿诉讼提供了实体法依据。②《民事诉讼法》第58条确立了特定的机关和组织具有提起环境民事公益诉讼的原告资格。《环境保护法》第58条确立了社会组织针对环境污染和生态破坏导致社会公共利益损害提起诉讼的资格。申言之，法律规范为行政执法、环境公益诉讼和生态环境损害赔偿诉讼等司法诉讼救济提供了规范依据。

（二）政策的规范作用

中国共产党作为我国的执政党，我国社会的各项事务都坚持党的全面领导。党内法规、党的政策和党的规范性文件所形成的政策规范是执政党指导和开展工作的重要规范依据，是处理社会各项事务的重要准则。在执政党不断完善以党章为统领的政策规范体系的进程中，党内法规、政策规范性文件和党的政策为我国社会各大事务事项提供重要的规范依据和指导。

随着《党内法规条例》的颁布，我国政策规范逐步走向体系化和规范化。党的十八届四中全会通过《全面推进依法治国决定》，强调我国法治体系包括法律规范体系和党内法规体系。《环境治理体系意见》指出"健全环境治理法律法规政策体系"，其再次强调"政策"的规范指导作用。故由党内法规、党的政策和党的规范性文件所形成的政策规范在我国环境治理中具有重要规范意义和指导意义。政策规范体系对我国环境治理和生态环境损害救济发挥着更大的制度引领和资源整合优势，正如习近平总书记指出：党的领导展现我国集中力量办大事的政治优势，通过资源的整合与调动来大力建设我国生态文明。③换言之，我国的生态环境法治规范体系包括法律规范体系和政策规范体系的二元划分。

---

① 参见张宝《环境规制的法律构造》，北京大学出版社2018年版，第165页。
② 参见占善刚、陈哲《〈民法典〉实施背景下生态环境损害赔偿诉讼定位研究》，《干旱区资源与环境》2021年第3期。
③ 参见习近平《坚决打好污染防治攻坚战　推动生态文明建设迈上新台阶》，《人民日报》2018年5月20日第1版。

政策规范是宏观意义上我国法治体系的有机组成部分，由党内法规、党的政策和党的规范性文件所形成的党内法治是我国社会主义法治建设的一种重要类型。① 随着《党内法规条例》出台，我国执政党不断注重政策规范的体系化和规范化，并提高党内法规质量。党内法规体系是中国特色社会主义法治体系的子系统，与我国法律体系是相互平等的等位体系，对我国国家治理体系和治理能力现代化具有重要的规范意义。② 党内法规与国家法律在功能上各有所长并相互统一，成为我国社会主义法治体系的重要组成部分。③ 毫无疑问，党内法规体系是我国执政党管理党内事务、领导国家和社会事务的重要规范依据。

自党的十八大以来，在强调党对社会各项事务的全面领导下，党中央和国务院联合印发的党内法规或者由"两办"联合印发的系列规范性文件对生态环境保护工作的各项事宜和体制改革进行了重要的战略部署和整体布局。由此在党内法规外，形成了一系列表现形式多样、具有重要指导和规范意义的"政策群"和规范性文件。④ 例如，在生态文明体制改革下所制定的《改革方案》，对我国生态环境损害救济提供了纲领性的指导。

综上所述，我国规范体系中的法律规范和政策规范是我国国家治理和社会治理的两大重要规范类型，法律规范和政策规范具有明显的广泛性、规范性、保障性特征。执政党领导我国生态环境保护工作，以及国家机关具体开展生态环境保护工作都需要以政策规范和法律规范二元规范体系作为工作开展的依据，并且法律规范体系和政策规范体系对生态环境保护工作具有规范保障的作用。申言之，法律规范与政策规范的二元划分是基于我国国家治理的社会实践而做出的类型划分，二元规范体系对我国环境治理和生态环境损害的救济均具有重要的规范意义和指导价值。

二　法律与政策的范围界定

(一) 法律的范围

法不是一般的规范，而是一种社会规范，调整人们之间的社会关系和交

---

① 参见李广德、王晨光《党内权力监督法治化的法理论证》，《马克思主义与现实》2018 年第 1 期。

② 参见莫纪宏《党内法规体系建设重在实效》，《东方法学》2017 年第 4 期。

③ 参见李树忠《党内法规与国家法律关系的再阐释》，《中国法律评论》2017 年第 2 期。

④ 参见陈海嵩《生态环境政党法治的生成及其规范化》，《法学》2019 年第 5 期。

往行为。对于法的概念界定，需要区分"应然法"（law as it ought to be）和"实然法"（law as it is）。应然法（又称理想法）是根据自身特性而应达到某种理想状态的法，实然法是指现实中实际存在的、实际发生效力的、对人们行为产生作用的法。[①] 本书讨论的法律是在实然层面进行界定的，法律是指国家立法机关颁布的、具有法律效力的并且由国家强制力保障实施的规范。换言之，在法理解释上，这是实然层面的法律，其外延具有明确性。

根据我国《立法法》第 7 条和第 8 条规定，我国全国人大及其常委会行使国家立法权。我国"法律"是全国人大及其常委会颁布的，针对国家主权、国家机构组织及职权行使、犯罪与刑罚、税收、民事基本制度和司法制度等重要事项所进行的立法。为此，从形式法治来看，严格意义上的"法律"仅限于全国人大及其常委会颁布，国务院颁布的行政法规、地方人大颁布的地方性法规、民族自治的地方人大颁布的自治条例和单行条例均不属于《立法法》规定"法律"的范畴。申言之，本书所称的"法律"沿用《立法法》所界定的范围，仅指由全国人大及其常委会颁布的，对我国重要事项进行的立法。

（二）政策的范围

实践表明，国家环境政策对我国环保事业具有重要促进作用，并为我国生态环境保护工作的开展提供规范依据。但在党的十八大后，我国环境政策的制定过程发生了重大改变，强调党对社会各大事项和事务的领导，大量国家层面的政策文件不再由国务院单独制定，而是以党政机关"联合印发"形式进行颁布。[②] 党政机关的联合发文的形式有两种：第一，中共中央和国务院联合制定。例如《关于加快推进生态文明建设的意见》《总体方案》。第二，中共中央办公厅和国务院办公厅联合印发，并且这种以"两办"联合发文在实践中最为常见。例如《党政领导干部生态环境损害责任追究办法（试行）》《督察规定》《环境治理体系意见》等。中共中央和国务院或者"两办"联合发文体现了执政党对国家治理和社会治理各大事项的全面领导。

《党内法规条例》第 4 条和第 5 条规定，党内法规的名称为党章、准则、条例、规定、办法、规则、细则。从法理角度来看，这是描述性的形

式逻辑概念，与党内法规尚未发达的时代要求相适应。[①] 但是这并未解释党内法规的实质性内涵。如果严格遵循《党内法规条例》在名称上列举 7 种名称来判定是否属于党内法规，而否定了党的政策、党的规范性文件在国家治理各领域中发挥重要指导作用和规范作用，并将其排除在政策规范体系之外，明显与我国国家治理中政党法治的环境治理和生态文明体制改革的社会实践不符。

我国对"党内法规"的界定与党的制度建设实践之间存在张力，不能完全涵盖现实中党的规章制度。[②] 因此，严格根据《党内法规条例》界定党内法规的范围是从"形式法治"上来进行考虑，将具有重要规范意义的党的政策和政策规范性文件排除在外，与我国实践不符。而"实质法治"对政策规范的理解提供了不同的参照和界定。故对政策规范的范围界定不严格拘泥于《党内法规条例》所界定的"党内法规"，而应从"实质法治"视角来审视我国执政党在治国理政的过程中所形成的由党内法规、党的政策和党的规范性文件组成的政策规范体系。

所以，对于政策规范（政策）的界定应该从实证主义的思维进行考察，故需要判断特定规范的颁布主体和层级，并且结合规范的调整范围、规范效率、重要性，及其在我国社会各大事务中的指导和实践意义等多种因素进行判断和考量。申言之，政策规范体系（政策体系）是指我国执政党颁布的，在国家治理和社会治理中各大事务具有重要指导意义的规范总称。政策规范体系的范围既包括《党内法规条例》严格意义上的"党内法规"，同时也包括对我国国家治理和社会治理具有重要规范意义的党的政策、党的规范性文件。在生态环境保护领域，只要体现党加强生态文明建设和生态文明体制改革的重要指导规范、党的政策和党内法规均属政策的范畴。概言之，我国环境治理中的党内法规、党的政策和党的规范性文件共同构成了我国生态文明建设的政策体系。

第三节　生态环境损害法律救济的路径类型

我国生态环境损害法律救济下存在行政救济和司法救济的两种类型，

---

① 参见王耀海《党内法规的制度定位——马克思主义法学探索之四》，《东方法学》2017 年第 4 期。

② 参见王伟国《国家治理体系视角下党内法规研究的基础概念辨析》，《中国法学》2018 年第 2 期。

前者是以行政机关行使环境保护监管权来实现生态环境损害救济目标，后者是通过法院行使司法审判权审理环境公益损害案件来实现救济生态环境损害。"与民事诉讼机制、环境公益诉讼机制偏重生态环境损害发生后的法律补救和责任填补不同，环境行政法律救济机制贯穿于生态环境损害预防、控制和救济的全过程及其各个环节。"[1] 因此，对比两种救济路径的特征属性，需要梳理环保各单行法所形成的行政监管执法救济，并将其与环境民事公益诉讼、环境行政公益诉讼、生态环境损害赔偿诉讼和刑事附带民事公益诉讼所形成的司法救济路径进行比较。

一　生态环境损害的行政救济

环保行政命令、行政代履行和行政处罚等行政救济机制在学术研究上没有得到应有的重视，从而导致由行政命令等所形成的公法救济路径的生态环境损害救济功能被掩盖。在法理上，公法规范是行政机关进行行政监督管理的规范依据，而行政监管行为涉及对行政相对人事前、事中和事后的监管。生态环境损害是因污染环境或生态破坏行为导致的损害后果，具有"事后"和"相对确定"的特征。生态环境损害的行政救济是行政主管部门通过行政命令和行政强制等具体行政行为来纠正违法行为，要求违法行为人承担消除污染、恢复原状和修复受损生态环境，辅之以行政处罚对违法行为人进行惩戒的生态环境损害救济机制。

（一）基础措施：环境保护行政命令

我国实践中经常将行政命令和行政处罚混淆，[2] 行政法学研究常常忽视行政命令作为行政决定的一种，忽略行政命令具有独立的地位，并将其归入行政处罚的范畴，称之为"救济罚"。[3] 在大陆法系理论中，行政处罚是行政命令的"保障性措施"，但我国常将行政命令作为行政处罚的辅助手段。这不仅导致在行政执法实践中出现"重处罚、轻命令"的现象，而且导致了实务界和学术界对于行政命令和行政处罚的法律性质认知错位。具有补救功能的环保行政命令可以与行政处罚协同作用，共同发挥改

① 柯坚：《建立我国生态环境损害多元化法律救济机制——以康菲溢油污染事件为背景》，《甘肃政法学院学报》2012 年第 1 期。
② 参见胡静《我国环境行政命令实施的困境及出路》，《华中科技大学学报》（社会科学版）2021 年第 1 期。
③ 参见曹实《行政命令地位和功能之再认识》，《学术交流》2014 年第 12 期。

正违法行为，督促行政相对人履行法律义务的功能。① 根据环境保护行政命令内容的不同，在环境法领域可以区分为应急救济行政命令、纠正行为行政命令和修复治理行政命令。

1. 应急救济行政命令

应急救济行政命令针对突发的环境事故或者事件，由行政监管机关根据环境污染或者生态破坏的环境事故中污染物或者生态破坏行为的特质、污染物排放量、行为影响等因素，迅速采取应急治理措施，防止环境污染或生态破坏造成生态环境损害的扩大。应急救济行政命令具有显著的应急性和紧急性，这需要行政机关迅速启动应急管理机制，责令行为人及时采取应急措施以控制生态环境损害影响，并将影响控制在最小范围之内。《环境保护法》要求政府及相关部门和经营者根据我国突发事件应对法律法规，做好风险管控、预警方案、应急预案、应急措施和应急处置。② 环境污染防治各单行法明确企业经营者的环境污染风险预防和污染事故应急处置的义务。例如《中华人民共和国水污染防治法》（以下简称《水污染防治法》）要求企业做好应急处理方案、应急准备和定期演练，同时企业应采取措施防止因紧急救援而产生的废水或废液污染水体；③ 针对企业发生事故或者其他突发性事件，经营者应该及时采取应急措施，并向政府报送相关信息④。此外，《中华人民共和国海洋环境保护法》（以下简称《海洋环境保护法》）的应急救济体现在对溢油污染事故等海洋污染的应急计划与救治。⑤ 在自然资源保护单行立法规范中，基于自然资源可分割的特点，自然资源应急救济行政命令强调对自然资源本身的保护。例如《中华人民共和国森林法》（以下简称《森林法》）强调对森林火灾的应急预案和扑救。⑥《中华人民共和国野生动物保护法》（以下简称《野生动物保护法》）强调在突发环境污染事故和自然灾害下，对重点保护的野生动物进行应急救助，⑦ 以及野生动物疫源疫病的预测与预报，并制定

---

① 参见胡静《我国环境行政命令实施的困境及出路》，《华中科技大学学报》（社会科学版）2021 年第 1 期。

② 《环境保护法》第 47 条。

③ 《水污染防治法》第 77 条。

④ 《水污染防治法》第 78 条。

⑤ 《海洋环境保护法》第 28、70 条。

⑥ 《森林法》第 34 条。

⑦ 《野生动物保护法》第 15 条。

野生动物疫情应急预案①。

2. 纠正行为行政命令

纠正行为行政命令是通过行政机关作出责令改正的行政决定，以纠正相对人的违法行为、恢复行政管理秩序为目的行政命令。在生态环境保护法律规范中，生态环境行政机关作出责令改正行政命令的具体形式包括责令（限期）改正②、责令停止违法行为③、责令限期拆除④、责令停止开采⑤等。虽然纠正行为行政命令不能预防因环境污染或生态破坏已经造成的生态环境损害，但是通过纠正特定的违法行为，以防止生态环境损害的损害程度加剧与损害范围的扩大。行政机关责令行政相对人停止污染或者生态破坏行为，制止违法行为的持续性，从而实现纠正违法行为、防止损害扩大化的目的，同时也能够及时地恢复法律客观秩序。

在行政法学界，对于责令改正的法律属性存在行政处罚说⑥、行政命令说⑦和性质混合说⑧三种不同的学说。从立法规范分析来看，根据我国法律规范，责令改正常常与行政处罚一并适用，但是责令改正不是行政处罚。我国《中华人民共和国行政处罚法》（2021 年修订版）（以下简称《行政处罚法》）第 28 条规定"行政机关实施行政处罚时，应当责令当事人改正或者限期改正违法行为"。该条文也将责令改正或者限期改正违

---

① 《野生动物保护法》第 16 条。

② 参见《大气污染防治法》第 99—105、107—109 条等；《水污染防治法》第 81—83、86、89、92—93 条；《土壤污染防治法》第 86—89、91—95 条；《固体废物污染环境防治法》第 101—114 条；《森林法》第 72 条；《草原法》第 64、72 条；《矿产资源法》第 45 条；《土地管理法》第 75—76、82 条。

③ 参见《水污染防治法》第 85、90—91 条；《森林法》第 74、78 条；《草原法》第 57、66—70 条；《野生动物保护法》第 53、55 条；《土地管理法》第 68 条。

④ 参见《水污染防治法》第 65—66、84 条；《草原法》第 71 条；《土地管理法》第 83 条。

⑤ 参见《矿产资源法》第 39 条。

⑥ "在行政处分的形式中，有一类是恢复被侵害的权利秩序或为使侵害不再继续而对违法者采取的措施，我们称之为救济性处罚。"参见江必新等《行政程法概论》，北京师范大学出版社 1991 年版，第 214—215 页。责令改正体现行政机关对相对人的非难和谴责，从而影响相对人的名誉，故为申诫罚。参见冯军《行政处罚法新论》，中国检察出版社 2003 年版，第 119 页。

⑦ 行政主体命令相对人改正违反行政管理秩序行为的具体行政行为；虽然行政命令常常与行政处罚相联系，但是两者是独立的具体行政行为，二者不能替代且必须并步进行。参见胡建森《行政法学》，法律出版社 2003 年版，第 294 页。

⑧ 责令改正是行政处罚的附带后果，即除了需要制裁相对人外，还需要纠正违法行为并消除消极后果。参见殷勇《论责令改正行为的法律属性》，转引自李孝猛《责令改正的法律属性及其适用》，《法学》2005 年第 2 期。

法行为区别于行政处罚而连带适用。

从法理分析来看，责令改正是行政机关通过行政命令的方式要求相对人改正违反行政管理秩序的行为，目的是将违法行为恢复到合法状态，这仅仅要求相对人履行既定的法定义务，并非要求相对人履行额外的义务，不具有惩罚性。责令改正行为是为了结束违法行为及其危害状态，而行政处罚一般是为了实现责令改正的手段或者对相对人的惩戒和制裁。此外，责令改正并非行政强制措施，其与行政强制措施的作为行政决定的前期准备具有临时性的特点不同，① 责令改正具有终局性和处分性。故责令改正符合行政命令的内涵和外延特征，是行政命令的一种形式，其适用的前提是相对人违反了法律规定，行政机关监督管理行政相对人的一种行政管理措施。

3. 修复治理行政命令

环境修复治理行政命令在污染防治法中具体表现为"采取治理措施、消除污染""限期采取治理措施"等。例如《水污染防治法》针对向水体排放污染物或者在水体上进行可能污染水体作业，造成水污染或者造成水污染事故的，责令限期采取治理措施，消除污染。② 《中华人民共和国固体废物污染环境防治法》（以下简称《固废法》）第 118 条针对造成固体废物污染环境事故的，责令限期采取治理措施。《土壤污染防治法》规定土壤污染责任人承担修复责任，即该条确立了责任人概括性土壤修复责任和义务。③ 同时，该法规定土壤污染责任人应承担污染风险评估鉴定、风险管控、修复活动或后期管理所产生的费用。④ 此外，因为大气具有流动性的特点，法律规范中并未规定行为人对其造成大气污染事故采取治理措施。故《大气污染防治法》没有规定相应的治理或者修复责任，而仅仅规定生态环境主管机关对行政相对人进行处罚。⑤

在自然资源保护法律规范中，环境修复理念下的修复治理行政命令具体体现为县级以上的行政机关责令行政相对人限期恢复植被、恢复林业生

---

① 参见应松年《行政法学新论》，中国方正出版社 2004 年版，第 301 页。
② 《水污染防治法》第 85 条、第 90 条和第 94 条。
③ 《土壤污染防治法》第 45 条。
④ 《土壤污染防治法》第 46 条。
⑤ 《大气污染防治法》第 122 条。

产条件①、限期在原地或者异地补种林木②、采取补救措施。例如，在草原保护方面，因非法开垦草原或者在草原上进行采土、采砂、采石等活动的，或者在草原上开展经营性旅游活动，或者未按法律规定在草原驾驶机动车，或者临时占用草原，导致草原植被受到破坏的，行为人需要承担恢复植被责任。③ 在森林保护方面，因擅自改变林地用途的、违法进行开垦、采石、采砂、采土或者其他活动，造成林地毁坏的，由林业主管部门责令行政相对人限期恢复植被和林业生产条件；因盗伐或滥伐林木的，或者在幼林地砍柴、毁苗、放牧，或者违法进行开垦、采石、采砂、采土或者其他活动，造成林木毁坏的，由林业主管部门责令行政相对人限期在原地或者异地补种林木。④ 在海洋保护方面，针对造成珊瑚礁等海洋生态系统自然保护地破坏的，海洋环境监管部门责令采取补救措施。⑤《矿产资源法》规定因开采矿产资源造成耕地、草原、林地因采矿受到破坏的，行为人应当采取复垦利用、植树种草或者其他利用措施。⑥ 环境修复行政命令针对具体违法行为，体现生态环境修复的理念和要求，享有相应监管职权的行政机关可以依法追究违法行为人的行政责任，纠正违法行为，并要求其修复受损的生态环境，从而救济生态环境利益。

（二）保障措施：行政处罚与代履行

1. 行政处罚

在大陆法系国家和地区，行政处罚是行政命令的"保障性措施"。⑦ 行政处罚中的责令停产停业或关闭的行为罚，与司法诉讼中的停止侵害责任形式具有同等的功能作用，即均是禁止行为人继续进行污染环境或者破坏生态等违法行为，从而救济受损的生态环境利益。而暂扣或者吊销许可证或者执照则是通过取消违法行为人的主体资格，即行为人丧失排放污染物或者开采资源等其他可能影响生态环境的行为资格，从而实现了责令停止违法行为的效果。但是停产停业和暂扣或者吊销许可证或执照是对行政相对人的行政处罚，是超越了改正违法行为本身的额外处罚。责

---

① 《森林法》第73—74条。
② 《森林法》第76条。
③ 参见《草原法》第65—66、68—71条。
④ 参见《森林法》第73—74、76条。
⑤ 《海洋环境保护法》第96条。
⑥ 《矿产资源法》第32条。
⑦ 曹实：《行政命令地位和功能之再认识》，《学术交流》2014年第12期。

令停产停业或关闭的行为罚能够制止行为人的违法行为从而实现对违法行为的根本整治，具有终局性特征。责令停产停业或关闭与财产罚不同，该种处罚类型是针对违法行为人本身，从而实现违法行为的制止，进而防止污染或生态破坏的进一步扩张。

行政罚款是实践中违法行为人承担的最为常见的行政责任。行政罚款是行政处罚中的财产罚类别，是违法行为人交纳一定数额金钱和物品，使得其财产利益受到处罚的一种措施，是行政处罚最为常见的方式之一。行政罚款与刑事责任中的罚金不同，虽然两者均以惩戒违法行为为目的，具有明显的惩戒性和威慑性，但是后者由法院适用，属于司法性质的行为。行政罚款由负有监管职责的行政机关对违法行为人处以行政处罚，以惩戒和威慑行为人。

行政处罚是行政机关要求违法行为人在改正违法行为基础上，所进行的额外的惩戒和处罚，并通过增加其违法成本来防止违法行为的再次发生。换言之，行政处罚是一种辅助性、补充性行为，目的在于保障行政行为的顺利实现。① 申言之，行政处罚区别于改正违法行为本身的行政命令，具有超出违法行为本身的惩戒性和处罚性。

2. 行政代履行

根据《中华人民共和国行政强制法》（以下简称《行政强制法》）规定，行政强制分为行政强制措施和行政强制执行。前者是为了制止违法行为、预防损害发生或扩大、防止证据灭失等而对个人人身自由或相对人的财产采取暂时性措施；而后者是行政机关或者申请法院，对不履行行政机关决定的，采取强制性手段执行行政决定。我国《行政强制法》赋予行政机关在因违法行为造成环境污染或者生态破坏损害结果的，行政机关作出责令恢复原状、排除妨碍的行政命令后，当违法行为人拒不履行，并经过催告等法定程序后，行政机关可以代为履行。② 行政代履行是行政强制执行的一种间接执行方式，通过行政机关代为履行来实现行政决定的执行，代履行所产生的费用由责任人承担。

如上文所述，不论在环境污染防治法还是在自然资源保护法中均规定行政代履行制度。在环境污染法律规范中，行政机关所享有的行政强制执行体现在《水污染防治法》《土壤污染防治法》规定中。《水污染

---

① 曹实：《行政命令地位和功能之再认识》，《学术交流》2014 年第 12 期。

② 《行政强制法》第 50 条。

防治法》针对向水体排放污染物或者在水体上进行可能污染水体作业，造成水污染或者造成水污染事故的，由行政机关责令停止违法行为、限期采取治理措施，消除污染，逾期不采取治理措施的实行行政代履行。①《土壤污染防治法》存在行政机关因自行履行或者委托第三方代为履行而产生的费用由责任人承担的一般规定。具体表述为：土壤污染责任人承担因实施或者组织实施调查评估或修复等费用。② 此外，在法律责任部分，针对土壤污染责任未履行相应土壤污染状况调查、风险评估、风险管控、修复等活动，行政机关责令改正处以罚款；拒不改正的，行政机关委托第三方代为履行，所需费用由责任人承担。③ 虽然《固废法》第 118 条针对造成污染环境事故的情形中没有规定行政代履行。但是根据《行政强制法》关于行政强制执行的一般规定，法律规定的行政强制执行可以类推适用。

　　在自然资源和生态环境保护法律规范中，行政机关享有行政强制执行的规定体现在《森林法》《水土保持法》中。《森林法》规定行为人不履行恢复植被和林业生产条件或者补种林木的，林业行政机关可以组织代为履行，因为代履行而产生的费用由违法行为人承担，从而解决了违法行为人不履行生态恢复行政命令的问题。④《水土保持法》针对因违规倾倒砂、石、土、矸石、尾矿、废渣等，或者企业生产建设项目或者从事其他生产建设活动造成水土流失，行政机关在责令限期清理或限期治理后，行为人逾期不履行的，可以委托他人治理，所需费用由违法行为人承担。⑤

　　在行为人污染环境或者破坏生态行为造成生态环境损害时，行政机关责令违法行为人采取治理措施、消除污染、恢复植被和生产条件等环境修复行政命令。对违法行为人拒不改正、逾期不承担相应的行政责任或者不具备履行能力的，行政机关可以自行履行或者委托第三方代为履行。由此，针对违法行为造成生态环境损害，确立了"修复行政命令＋代履行"的公法应对机制。⑥ 为此，行政强制中的行政强制执行能够保

---

①　《水污染防治法》第 85、90、94 条。
②　《土壤污染防治法》第 46 条。
③　《土壤污染防治法》第 94 条。
④　《森林法》第 81 条。
⑤　《水土保持法》第 55、56 条。
⑥　参见张宝《生态环境损害政府索赔制度的性质与定位》，《现代法学》2020 年第 2 期。

证行政机关行政决定的执行，通过行政强制执行来实现对生态环境损害的救济。

综上所述，我国在环境污染防治和自然资源保护各单行立法中规定行政机关针对相对人不履行行政决定的，可以通过代履行来督促行政相对人履行法定的行政责任，采取强制性手段来保证行政命令决定得以执行。因此，行政强制执行是具有执行保障功能意义的制度类型，为公法路径下的生态环境损害行政命令救济提供制度保障。

二　生态环境损害的司法救济

在《民法典》颁布之后，《民法典》第 1234 条和第 1235 条中的"国家规定的机关或法律规定的组织"可以就生态环境损害提起诉讼。最高人民法院认为这两款规定将生态环境损害纳入民法调整，从而为环境民事公益诉讼奠定实体法基础。[①] 而学者认为，《民法典》侵权责任编为环境公益损害救济提供实体法依据。[②] 为此，我国形成以环境公益诉讼和生态环境损害赔偿诉讼为核心的司法救济路径。

（一）环境民事公益诉讼

面对"企业污染、群众受害、政府买单"的环境困局，我国构建了以《民法典》《环境保护法》《民事诉讼法》《环境公益诉讼司法解释》为规范依据的环境民事公益诉讼规范体系，规定环保社会组织或检察机关作为诉讼原告，可以向人民法院就损害环境公共利益的污染环境或破坏生态的行为提起环境民事公益诉讼，以弥补行政机关规制和救济生态环境损害的不足。《民法典》第 1234 条和第 1235 条分别规定"国家规定的机关或者法律规定的组织"可以就生态环境损害提起诉讼。《环境保护法》第58 条确立了社会组织针对环境污染和生态破坏导致社会公共利益损害提起诉讼的资格。《民事诉讼法》第 58 条确立了特定的机关和组织提起环境公益诉讼的原告诉讼资格。同时，该条第 2 款规定，检察机关可以在没有适格原告提起民事公益诉讼的前提下，可以提起民事公益诉讼。

对于环境民事公益诉讼，学界不少研究者聚焦于环保社会组织与检察

---

① 最高人民法院民法典贯彻实施工作领导小组主编：《中华人民共和国民法典侵权责任编理解与适用》，人民法院出版社 2020 年版，第 548 页。

② 环境公益损害救济包括生态环境损害赔偿诉讼和环境民事公益诉讼。参见竺效《民法典为环境公益损害救济提供实体法依据》，《光明日报》（理论版）2020 年 6 月 5 日第 11 版。

机关两种原告的区别和顺位衔接问题。① 学者认为，检察机关提起环境公益诉讼具有谦抑性和补充性特点。② 根据《最高人民法院、最高人民检察院关于检察公益诉讼案件适用法律若干问题的解释》（以下简称《检察公益诉讼司法解释》）第 2 条规定："人民检察院……发挥法律监督职能作用……督促适格主体依法行使公益诉权……"为此，检察机关在环境民事公益诉讼中应当作为补充的角色，督促环保社会组织提起环境民事公益诉讼。当没有环保社会组织提起诉讼时，检察机关在履行诉前程序后，可以提起环境民事公益诉讼。正如学者所言，对于环境民事公益诉讼，妥当处理公益诉权与行政权和社会监督权之间的关系。③ 概言之，在环境民事公益诉讼的原告序列中，检察机关具有替补性、补充性的性质，并非提起环境民事公益诉讼的第一顺位原告。

概言之，以《民法典》《环境保护法》《民事诉讼法》等形成环境民事公益诉讼的规范体系，并为环境民事公益诉讼提供法律依据。在环境民事公益诉讼适格原告中，环保社会组织具有优先性，即通过公益诉讼来弥补生态环境保护行政机关在维护生态环境利益的不足。而根据我国检察权的定位、法律和司法解释规范，检察机关定位于补充监督的角色，仅在环保社会组织缺位情况下进行补充起诉。

（二）环境行政公益诉讼

环境行政公益诉讼是检察机关督促行政机关履职的诉讼监督机制。环境行政公益诉讼是检察机关对行政机关怠于履行监管职责或者违法行使监管职权，向法院提起诉讼来督促行政机关履行监管职责或者纠正违法行为，从而通过监管环保行政执法行为来实现对生态环境损害的救济。环境行政公益诉讼的起诉目的在于维护社会公共利益，而并不直接产生公共利益效果。④ 换言之，环境行政公益诉讼并不直接指向生态环境损害本身的

---

① 参见江国华、张彬《中国环境民事公益诉讼的七个基本问题——从"某市环保联合会诉某化工公司环境污染案"说开去》，《政法论丛》2017 年第 2 期；余彦、马竞遥《环境公益诉讼起诉主体二元序位新论——基于对起诉主体序位主流观点的评判》，《社会科学家》2018 年第 4 期。

② 张明哲：《检察机关提起环境民事公益诉讼制度反思——以检察机关职能的特殊性为切入点》，《东南大学学报》（哲学社会科学版）2017 年第 1 期。

③ 参见李艳芳、吴凯杰《论检察机关在环境公益诉讼中的角色与定位——兼评最高人民检察院〈检察机关提起公益诉讼改革试点方案〉》，《中国人民大学学报》2016 年第 2 期。

④ 参见颜运秋、张金波、李明耀《环境行政公益诉讼的逻辑和归位》，《环境保护》2015 年第 1 期。

救济,而是通过督促行政机关履行环保监管职责或者纠正违法行为来达到救济目标。

《人民检察院提起公益诉讼试点工作实施办法》规定,当行政机关在生态环境保护领域怠于履行环保监管职责或者违法行使环保监管职权时,由于"公民、法人和其他社会组织由于没有直接利害关系",故没有适格的原告主体针对行政监管的乱作为和不作为提起行政公益诉讼。此时,检察机关基于法律监督的角色定位,可以向人民法院提起行政公益诉讼。同时,环境行政公益诉讼通过诉前程序的设置体现司法权对行政规制失灵的补救和监督,同时也为生态环境损害救济提供了第二道防线。① 申言之,环境行政公益诉讼的直接目的在于督促行政机关履行行政职责或者改正违法行为,发挥检察机关行使检察权来监督法律实施和督促行政机关严格执法的功能,但是其本质目标是实现社会公共利益。

检察机关通过对行政主体发出检察建议能够快速地纠正相关行政主体的违法行为或者不作为,避免了行政公益诉讼相对漫长的审理过程,而且节约了司法资源和成本,并提高了检察机关在法律实施监督和维护社会公共利益的工作效率。根据《行政诉讼法》第 25 条第 4 款和 2018 年出台的《检察公益诉讼司法解释》第 21 条规定,检察机关在履行工作职责中发现行政机关在生态环境资源领域存在怠于履行环保监管职责或者违反法律规定行使行政权的情况下,其应对负有行政监管职责的行政机关发出检察建议,督促其改正违法行为或者积极履行法定环保职责。诉前检察建议可以督促行政机关履行工作职责或者改正违法行为,能够节约司法资源,只有在行政机关不予答复并不改正行为时,检察机关向人民法院提起环境行政公益诉讼,监督行政机关严格执行法律,从而履行检察机关的法律监督职责,保证法律的实施。

根据《检察公益诉讼司法解释》第 21 条第 2 款规定,相关行政机关在收到检察机关作出的检察建议之日起的两个月内需要依法履行环保监管职责,并作出答复。而根据《检察机关提起公益诉讼改革试点方案》规定,检察机关经过诉前程序,当"国家和社会公共利益仍处于受侵害状态的",检察机关可以提起行政公益诉讼。换言之,该款规定表明行政公益诉讼的起诉标准是以社会公共利益是否持续受到侵害为判

---

① 参见吕梦醒《生态环境损害多元救济机制之衔接研究》,《比较法研究》2021 年第 1 期。

断标准，即结果主义的判断标准。但是在实践中，生态环境损害的救济和修复通常不能在短时间内完成，此时显然无法在短时间内完成救济生态环境损害、实现社会公共利益的救济。并由此引起检察机关提起环境行政公益诉讼的标准到底是以程序意义上的行为标准还是以实际救济的结果标准的争议。

（三）生态环境损害赔偿诉讼

与传统侵权法中的损害赔偿制度不相同，生态环境损害赔偿制度包括了修复责任和损害赔偿责任。① 生态环境损害赔偿制度设置的目标是救济已经受到损害的生态环境要素、生物要素及其由此形成的生态系统功能，故该制度是以生态修复为主，异于传统民事损害赔偿责任所体现的损害填补及金钱利益的赔付。因此，生态环境损害赔偿制度包括修复责任和赔偿责任的两种责任形式，并且坚持以修复优先。

根据《试点方案》规定，生态环境损害赔偿诉讼的适用范围是限于严重的生态环境损害情形，即针对较大级别以上环境事件、重点区域的环境污染或生态破坏事件，以及其他严重生态环境的事件。随着《改革方案》的颁布，我国于 2018 年开始在全国全面展开生态环境损害赔偿制度。在适用范围方面，《改革方案》增加授权各地根据情况确定具体适用情形。《改革方案》赋予省级政府或其指定相关部门或机构作为索赔权利人，以实现修复受损生态环境和弥补生态环境损害的目标。

《民法典》第 1234 条和第 1235 条分别规定"国家规定的机关或者法律规定的组织"可以就生态环境损害提起诉讼。为此，《民法典》进一步在侵权责任编为环境公益损害救济提供实体法依据。② 而最新修订的《固废法》第 122 条进一步确认了生态环境损害赔偿诉讼制度。此外，新修订的《森林法》第 68 条规定，对破坏森林资源造成生态环境损害的，相应的行政部门可以提起生态环境损害赔偿诉讼。故我国《民法典》《固废法》《森林法》等为生态环境损害赔偿制度提供法律支撑。

学界对于生态环境损害赔偿诉讼的性质存在三种学说：国益诉讼说、私益诉讼说和公益诉讼说。

第一，国家利益说认为，"生态环境损害赔偿诉讼既非公益诉讼，也

① 参见吕忠梅《"生态环境损害赔偿"的法律辨析》，《法学论坛》2017 年第 3 期。
② 环境公益损害救济包括生态环境损害赔偿诉讼和环境民事公益诉讼。参见竺效《民法典为环境公益损害救济提供实体法依据》，《光明日报》（理论版）2020 年 6 月 5 日第 11 版。

非普通的民事私益诉讼，而是国益诉讼"①。但是，首先，国家利益与公共利益难以准确界分，② 而且环境公共利益不属于国家利益。③ 同时，我国除了自然资源国家所有权外，还存在相当一部分自然资源属于集体所有，故国益诉讼说将大大限缩了生态环境损害赔偿诉讼的范围。④ 其次，生态环境利益通常以自然资源作为环境要素载体，但是因为大气污染导致的严重生态环境损害也是生态环境损害赔偿诉讼的适用范围，而大气作为环境要素，是每一位公民共同享有而非国家所有。因为公益与国益关系的模糊性，国益诉讼说存在客体不周延的困局，使得国益诉讼说未能为政府索赔诉讼提供准确的解释，未被学界所广泛认可。

第二，私益诉讼说认为，生态环境损害赔偿诉讼的诉讼基础是自然资源国家所有权。因为是平等主体间的诉讼，并且被告不能为环境行政机关，因此生态环境损害赔偿诉讼是民事公益诉讼类型。⑤ 但私益诉讼说认为，生态环境损害赔偿诉讼的赔偿权利人因其所享有或代表行使国家自然资源所有权的权益所享有的诉讼原告资格，这与私益诉讼并无二致。然而，如果仅仅因为赔偿权利人基于自然资源国家所有权的诉讼基础而推导出生态环境损害赔偿诉讼属于私益诉讼，这无疑偏离了该诉讼制度的救济生态环境公共利益的功能和目标。

第三，公益诉讼说认为，生态环境损害赔偿诉讼救济的法益是生态环境利益，具有明显的公共利益属性。⑥ 故生态环境损害赔偿诉讼毫无疑问不是私益诉讼。因为生态环境损害赔偿诉讼的原告主体限定在行政机关，是为了救济生态环境利益，区别于以环保社会组织或检察机关提起的环境

---

① 吕忠梅：《生态环境损害赔偿诉讼中的问题与对策》，吕忠梅教授在最高人民法院"创新环境司法理论加强生态文明建设司法保障研讨会"上的主旨发言记录，见中国法学会环境资源法学研究会，https://cserl.chinalaw.org.cn/portal/article/index/id/144/cid/25.html，2024 年 1 月 28 日。

② 参见史玉成《生态环境损害赔偿制度的学理反思与法律建构》，《中州学刊》2019 年第 10 期。

③ 参见彭中遥《生态环境损害赔偿诉讼的性质认定与制度完善》，《内蒙古社会科学》（汉文版）2019 年第 1 期。

④ 参见李浩《生态损害赔偿诉讼的本质及相关问题研究——以环境民事公益诉讼为视角的分析》，《行政法学研究》2019 年第 4 期。

⑤ 参见林莉红、邓嘉咏《论生态环境损害赔偿诉讼与环境民事公益诉讼之关系定位》，《南京工业大学学报》（社会科学版）2020 年第 1 期。

⑥ 参见梅宏、胡勇《论行政机关提起生态环境损害赔偿诉讼的正当性与可行性》，《重庆大学学报》（社会科学版）2017 年第 5 期。

民事公益诉讼的特别公益诉讼制度。

但不论学界对生态环境损害赔偿诉讼有何种认识，生态环境损害赔偿诉讼的制度本质是法律规范赋予行政主体针对行为人造成严重的生态环境损害的环境污染或者生态破坏的违法行为提起诉讼。为此，生态环境行政机关在法律规范授权下，可以通过索赔权来救济生态环境损害。

（四）刑事附带民事公益诉讼

2017 年，我国最高人民检察院出台《关于深入开展公益诉讼试点工作有关问题的意见》，该意见提出：在检察机关提起环境资源犯罪公诉，发现违法行为侵犯社会公共利益的，"符合提起民事公益诉讼条件的，可以探索一并提起刑事附带民事公益诉讼"。而后，"两高"出台《检察公益诉讼司法解释》第 20 条第 1 款规定，检察机关在对污染环境或破坏生态的犯罪行为提起刑事公诉时，可以向法院一并提起附带民事公益诉讼。《民法典》第 1234 条和第 1235 条分别规定"国家规定的机关或者法律规定的组织"可以就生态环境损害提起诉讼。为此，《民法典》进一步在侵权责任编为环境公益损害救济提供实体法依据。[①] 环境公益损害救济包括生态环境损害赔偿诉讼和环境民事公益诉讼，故刑事附带民事公益诉讼也包含在内。换言之，我国法律和司法解释为我国刑事附带民事公益诉讼制度提供了法律规范依据。

我国刑事附带民事公益诉讼相对于检察机关提起环境民事诉讼和环境行政诉讼经历了更为漫长的过程，但是我国刑事附带民事公益诉讼从试点到制度的正式确立经历了急速的发展。在司法实践中，在 2017 年《关于深入开展公益诉讼试点工作有关问题的意见》出台后，刑事附带民事公益诉讼占全国环境公益诉讼数量总体的 2.5%，展示了试点各地检察机关积极探索刑事附带民事公益诉讼。而在 2018 年"两高"出台《检察公益诉讼司法解释》后，当年刑事附带民事公益诉讼占全国环境公益诉讼案件数量的 77%，呈现该种诉讼类型在环境公益诉讼中的急速增长。[②] 据统计，2019 年刑事附带民事公益诉讼占比更是高达 80%。[③]

----

① 参见竺效《民法典为环境公益损害救济提供实体法依据》，《光明日报》（理论版）2020年 6 月 5 日第 11 版。

② 参见刘加良《刑事附带民事公益诉讼的困局与出路》，《政治与法律》2019 年第 10 期。

③ 参见张翔《关注治理效果：环境公益诉讼制度发展新动向》，《江西社会科学》2021 年第 1 期。

检察机关提起刑事附带民事公益诉讼不仅是检察机关履行其法律监督的职责，同时基于刑事附带民事公益诉讼案件中事实认定清楚、证据齐全等因素，检察机关在案件数量考核压力下，该种诉讼类型备受青睐。[①] 检察机关长期以来在业务上呈现出"重刑事、轻民事"的特点，所以检察机关在民事诉讼的参与和监督能力更为薄弱。[②] 检察机关在提起环境民事公益诉讼时存在调查取证困难，而其提起环境民事公益诉讼是作为法律规定的机关和社会组织的补充，检察机关提起环境民事公益诉讼相对被动。但是，由于检察机关熟悉传统刑事犯罪公诉制度，以及其调查取证的便利性，在业务案件数量考核情况下大大地提高了检察机关提起刑事附带民事诉讼的积极性。申言之，刑事附带民事公益诉讼是在检察机关履职过程中发现犯罪行为侵犯社会公共利益，该种诉讼类型因为调查取证的相对便利，从而成为检察机关提起公益诉讼的首选。[③]

根据前述司法实践的数据统计，我国刑事附带民事公益诉讼已经从试点诉讼类型成为正式诉讼类型，并且得到了急速发展，目前与其他环境公益诉讼相比，刑事附带民事公益诉讼具有绝对的占比优势。检察机关提起刑事附带民事公益诉讼，不仅是检察机关履行工作职责的要求，而且刑事附带民事公益诉讼可以追究犯罪行为人的责任，填补犯罪行为导致生态环境损害的法益损失，从而维护社会公共利益。

第四节　生态环境损害政策救济的路径类型

当代社会环境问题的复杂性和多样性，环境法往往置身于事实、规范和价值的交会地带，"内部观察"和"外部观察"的视域融通成为环境法学科的学科导向。[④] 生态环境损害的追责不仅需要反思法律救济下行政救济和司法救济两种传统追责路径进行"内部观察"，还需要反思我国生态环境损害救济实践中的《改革方案》《督察规定》等党内法规、党的政策和党的规

[①] 参见刘加良《刑事附带民事公益诉讼的困局与出路》，《政治与法律》2019 年第 10 期。

[②] 参见谢小剑《刑事附带民事公益诉讼：制度创新与实践突围——以 207 份裁判文书为样本》，《中国刑事法杂志》2019 年第 5 期。

[③] 参见谢小剑《刑事附带民事公益诉讼：制度创新与实践突围——以 207 份裁判文书为样本》，《中国刑事法杂志》2019 年第 5 期。

[④] 参见柯坚《事实、规范与价值之间：环境法的问题立场、学科导向与实践指向》，《南京工业大学学报》（社会科学版）2014 年第 1 期。

范性文件的所形成的政策规范体系。为此，需要对政策规范调整下的生态环境损害赔偿磋商制度和生态环境保护督察制度进行"外部观察"。

一　生态环境损害赔偿磋商

（一）赔偿磋商的缘起及政策依据

习近平总书记在党的十八届三中全会上明确提出："对造成生态环境损害的责任者严格实行赔偿制度。"为贯彻党中央的生态环境保护的要求，我国根据"两办"共同颁布的《试点方案》开展生态环境损害赔偿改革试点。随后"两办"联合制定《改革方案》，标志着生态环境损害赔偿制度结束改革试点阶段，并于 2018 年在全国全面展开。生态环境损害赔偿磋商制度，是指在生态环境损害赔偿诉讼之外，为赔偿权利人与赔偿义务人提供自愿而平等的沟通商谈机制，对生态环境损害的评估与量化、修复目标、方案以及期限等事项进行沟通协商，从而实现生态环境损害救济的一种制度。[①] 换言之，生态环境损害赔偿磋商改变了通过诉讼的单一路径的依赖，同时可以就生态环境修复责任和生态环境损害赔偿责任进行磋商，弥补了行政手段的不足。[②]

生态环境损害赔偿磋商的规范依据是《改革方案》，而《改革方案》不属于法律，而是党的政策规范性文件。在《试点方案》结束试点阶段后，生态环境损害赔偿磋商的规范依据从 2015 年"两办"联合印发的《试点方案》转变为 2017 年 12 月"两办"联合制定的《改革方案》。根据《党内法规条例》规定，[③]《改革方案》不是《党内法规条例》所定义的党内法规的具体形式，故属于党内的规范性文件。尽管最高人民法院颁布的《若干规定》重申《改革方案》的磋商规则和内容。对于达成磋商的，可以申请司法确认；[④] 当磋商不成时，可以提起赔偿诉讼[⑤]。但是需

---

① 参见李兴宇《生态环境损害赔偿磋商的性质辨识与制度塑造》，《中国地质大学学报》（社会科学版）2019 年第 4 期。

② 参见高吉喜、韩永伟《关于〈生态环境损害赔偿制度改革试点方案〉的思考与建议》，《环境保护》2016 年第 2 期。

③ 《党内法规条例》第 5 条规定：党内法规的名称为党章、准则、条例、规定、办法、规则、细则。

④ 《若干规定》第 20 条。在生态环境损害赔偿磋商申请司法确认的实践中，根据我国《中国环境资源审判（2019 年）》，在 2019 年中，我国生态环境损害赔偿磋商的司法确认案件共计28 件，审结 23 件。

⑤ 《若干规定》第 1 条。

要明确的是，生态环境损害赔偿的规范渊源是《改革方案》，是属于政策规范性文件，而非国家立法的范畴。

目前，我国法律上并未确定赔偿磋商制度。而《若干规定》是最高人民法院对于生态环境损害赔偿案件审判具体规则适用所做出的司法解释，而非《立法法》所规定的法律范围。根据《立法法》关于法律范围的界定，司法解释不属于法律范畴。退一步来说，生态环境损害赔偿磋商是省、市级政府及其授权部门或机构所进行的行为，而《若干规定》是专门针对法院审理生态环境损害赔偿诉讼所作的具体适用规范，并不能为行政机关所进行的生态环境损害赔偿磋商提供规范指导和依据，而仅限于法院系统内部案件审理的规范依据。概言之，生态环境损害赔偿磋商制度的规范依据是《改革方案》，在规范属性上属于政策规范性文件。

（二）赔偿磋商的内容及适用

与《试点方案》相比，《改革方案》规定生态环境损害赔偿磋商是政府索赔诉讼的诉前强制性程序。所以，对于因污染环境或破坏生态导致生态环境损害的，行政机关在提起生态环境损害赔偿诉讼前，必须与违法行为人进行生态环境损害赔偿磋商。只有当磋商不成的情况下，才能提起生态环境损害赔偿诉讼。申言之，生态环境损害赔偿磋商是政府索赔诉讼前置的、必经的诉前程序，赔偿权利人不能自由选择是否进行赔偿磋商。生态环境损害赔偿磋商制度是行政机关追究违法行为人生态环境损害责任的重要途径，其是行政机关提起生态环境损害赔偿诉讼的强制程序，通过损害赔偿磋商能够大大节约司法资源。同时，因为磋商的沟通协商性质能够强化违法行为人对磋商所达成协议的认可，从而弥补受损生态环境的法益损失，修复受损的生态环境。

生态环境损害赔偿制度强调生态环境修复优先，而生态环境损害赔偿磋商也同样遵循修复优先原则。《改革方案》规定："生态环境损害无法修复的，实施货币赔偿，用于替代修复。"

生态环境损害赔偿磋商虽然是在自愿、平等的原则下就生态环境损害赔偿事宜进行商谈，但是这并不意味着行政机关进行生态环境损害赔偿磋商存在任意性。生态环境损害赔偿磋商是行政机关在借用私法磋商手段来实现环境公共利益的维护和救济，协商行政模式并非可以随意而为之，行政机关就受损环境的修复治理进行磋商受到自由裁量权的行使约束。① 故赔偿磋商应该从行政赋权（协商裁量）和行政控权两方面进行。② 一方面强调赔偿磋商主体间的平等协商，而另一方面强调磋商立足于维护环境公益，故应防止行政裁量权的滥用。③

概言之，生态环境损害赔偿磋商的平等性、自愿性的特征是对于赔偿义务人而言的。对于赔偿权利人则强调磋商裁量权合理行使和行政处分权的限制，以防止权力滥用的问题。并且生态环境公共利益不是为行政机关所单独享有，其仅是社会公众的代表，故生态环境损害赔偿磋商是需要以维护社会公共利益为目的，在维护环境法益保护的基础上，就损害认定和评估、修复方案选择等方面进行平等沟通商谈。

二　生态环境保护督察

根据《督察规定》第 14 条规定，中央环保督察的督察对象包括省级党委和政府、国务院相关部门、中央国企及其他中央要求督察的单位。换言之，生态环境保护督察既可以通过督察地方党委和地方政府及其相关部门来落实生态环境保护工作，也可以直接督察国有企业等私主体，通过回归行政救济或司法救济路径来追究责任主体的责任，以纠正违法行为、修复受损生态环境和赔偿相应的损失。申言之，生态环境保护督察是分别从公权力机关下的生态环境保护工作和私主体生态环境保护义务两方面进行，从而实现生态环境损害的救济。

（一）环保督察的缘起及发展

党中央提出全面依法治国的政策方针，坚持和加强党对我国社会治理各大事项的领导，为此，国家治理和社会治理离不开政策规范的调整。在环境治理方面，我国以政策规范所形成的规范体系形成了生态环境的政党法治，并对我国生态环境损害救济产生重要影响。④ 其中生态环境保护督察制度是我国生态环境政党法治中针对传统行政监管的不足，应运而生的

---

① 郭海蓝、陈德敏：《生态环境损害赔偿磋商的法律性质思辨及展开》，《重庆大学学报》（社会科学版）2018 年第 4 期。

② 参见韩英夫、黄锡生《生态损害行政协商与司法救济的衔接困境与出路》，《中国地质大学学报》（社会科学版）2018 年第 1 期。

③ 参见于文轩、孙昭宇《生态环境损害赔偿磋商的属性界定与制度展开——以双阶理论为视角》，《中国地质大学学报》（社会科学版）2021 年第 2 期。

④ 参见陈海嵩《生态环境政党法治的生成及其规范化》，《法学》2019 年第 5 期。

生态环境损害救济路径。

2015年9月,《总体方案》规定对党政领导干部建立生态环境损害责任终身追究制,并实行一岗双责。2015年7月,《环境保护督察方案(试行)》的颁布标志着正式建立环境保护督察机制,对党政机关及其领导干部进行督察问责,以压实环保责任。同年8月,"两办"联合印发的《党政领导干部生态环境损害责任追究办法(试行)》将"党政同责"作为追究党政机关及其领导干部的生态环境损害责任,以压实生态环境保护工作。2019年6月,"两办"联合印发《督察规定》,标志着生态环境保护督察制度走向制度化与规范化。《督察规定》是我国生态环境保护领域的党内法规,通过以党内法规的形式来规范中央环保督察工作,体现了党中央和国务院重视加快生态文明建设和推进高质量发展的决心。2020年3月,中共中央办公厅和国务院办公厅联合印发的《环境治理体系意见》再次强调"深化生态环境保护督察",通过中央和省两级生态环境保护督察体制以解决突出生态环境问题、改善生态环境质量。环保督察制度作为环保督政问责体系重要内容,体现了在新时代下党中央和国务院对生态文明建设的决心。环保督察制度是对环境监管制度的拓展,[1] 为生态环境损害追责提供了新的追责路径方向,并能够督促行政追责和司法追责的实施。

我国生态环境保护督察经历了三个不同的发展阶段。在2014年之前,我国生态环境保护督查是"督企"的环境保护监管,即环保督查重点在于通过环境监察机构对企业生产行为的检查、督促企业遵守环保法律法规和通过挂牌督办[2]等形式来强化对企业的环保监督管理。2014年后,因为单一督查污染企业的环保行政监管并未解决地方政府基于地方保护主义和地方经济发展需求和考核评价压力,以牺牲生态环境利益来换取经济发展的问题,环保部基于环保督查制度单一"督企"的局限,通过颁布《综合督查工作暂行办法》将地方政府纳入督查范围,开展了以企业和政府为督查对象的环保综合督查。

尽管我国环保综合督查通过扩大督查范围,并强调地方政府在生态环

---

① 参见赵美珍、朱亚龙《论党内法规对环境法的拓展与突破》,《武汉理工大学学报》(社会科学版)2019年第2期。

② 环保部在2009年9月颁布《环境违法案件挂牌督办管理办法》,对重点的污染企业或者环境问题进行公开挂牌督办。

境工作的监管责任，以"环保问责风暴"的形式大大促进了生态环境问题的整治，但是由于环保综合督查忽略了政党在地方管理和领导的作用，并且运动式的追责模式无法治标治本。在《环境保护督察方案（试行）》颁布之后，环境保护督察将地方党委和政府纳入督察对象，标志着环保督察制度正式确立，强调环保工作的"党政同责"。由此形成的中央环保督察成为我国环境监管改革和生态环境治理的重要转折。随后，我国通过《督察规定》对中央环保督察进一步规范化和制度化。概言之，我国生态环境保护督察经历了从"督企"的环境监管、"督企+督政"的综合环保督查向"党政同责"的中央环保督察的发展。[①]

（二）环保督察的运作机制

我国"十四五"规划明确规定"完善中央生态环境保护督察制度"作为健全现代环境治理体系的内容之一。[②] 中央生态环境保护督察通过纵向科层压力传导的"督政"以倒逼地方党委和政府强化"督企"，从而形成"督政"促"督企"，并在督察过程中形成广泛的公众参与，进而督促地方政府履行环境保护监管职责。[③]

在中央政治理念强化生态文明建设时，尽管省级政府强化环境政策执行，但是市县级政府在财政分权背景下，依然存在地方经济发展和环境保护之间的张力。环境保护目标难以像经济发展那样在中央、地方以及社会之间形成高度的一致性。[④] 环保督察通过自上而下督办采集和自下而上公众动员式环境信息汲取机制来弥补中央对地方的信息差。[⑤] 面对高强度的政治压力，地方党委、政府领导干部往往选择一刀切的方式，"根据治理资源和任务难度的匹配程度进行政策工具的设计和选择"[⑥]。地方政府环

---

① 参见陈海嵩《环保督察制度法治化：定位、困境及其出路》，《法学评论》2017 年第3 期。

② 参见《中华人民共和国国民经济和社会发展第十四个五年规划和 2035 年远景目标纲要》第十一编第三十八章第五节。

③ 参见竺效《把握四个维度，推进生态环境治理现代化》，《中国环境监察》2021 年第11 期。

④ 研究表明，当中央环境转移支付不能足以从根本上扭转地方发展模式时，地方政府在执行环境政策时依然根据地方财政及经济等因素进行动态"调整"。参见任丙强《地方政府环境政策执行的激励机制研究：基于中央与地方关系的视角》，《中国行政管理》2018 年第 6 期。

⑤ 参见郑思尧、孟天广《环境治理的信息政治学：中央环保督察如何驱动公众参与？》，《经济社会体制比较》2021 年第 1 期。

⑥ 张国磊、曹志立、杜焱强：《中央环保督察、地方政府回应与环境治理取向》，《北京理工大学学报》（社会科学版）2020 年第 5 期。

境政策执行受到政治激励、晋升激励和财政激励三种激励机制的影响，当我国"任务制"的环境政策执行模式、生态环境保护纳入领导干部的综合目标责任制和环境保护目标责任制与干部绩效考核挂钩都强化了地方政府的环境治理和保护。① 当我国强调生态文明建设，建立政府领导干部环境保护离任审计，这直接导致了政治激励决定干部晋升的绩效考核指标和体系，即"五位一体"等政治大政方针和中央环保督察的政治动员，都会刺激地方政府因应中央在新时代下的工作重心。动员式的环境治理成为打破地方政府唯经济论的惯性思维，推动地方政府严格执行环境政策的契机和初始动力。②

　　中央生态环境保护督察制度的核心关键在于中央环保督察小组获得党中央和国务院的最高权威的授权，由此通过威权传导机制实现上级对下级的责任倒逼。然而，此种高压的威权传导机制并非在制度实施之初就能实现其预设效果。例如以 A 省为例，2016 年 11—12 月，中央环保督察小组对 A 省开展督察，但是直到 2018 年 8 月，A 省 B 市下的基层 C 区人民政府在中央环保督察"回头看"过程中才"动真格"。③ 即从中央环保督察组下沉至 A 省进行督察之初，尽管 A 省在组织行动、体制运作和分工安排上积极响应督察组的工作要求和目标，并且通过约谈政府、主管部门和企业的负责人以压实环境保护工作，C 区基层人民政府也感受到来自省委、省政府及督察小组的督察压力，但在实践中，C 区基层人民政府是在"回头看"的过程中通过"签承诺书和立军令状"才一定程度上扭转了之前"口头上重视、行动上轻视、工作上忽视"的现象。

　　由上可知，环保督察是通过政府组织调适来打破地方环境治理主体条块分割和固化问题，地方党委政府通过横向再组织化和纵向的跨层级督察传导形成组织调试的制度化，即在横向上组建党委书记和行政首长的"双组长制"领导小组、"边督边改"督导组和整改工作领导小组；在纵

---

　　① 其中政治任务是以非制度化的任务促使地方政府执行政策；干部绩效考核则以制度化形式进行；而财政激励制度基于经济增长和环境保护的张力对环境政策的执行具有一定的消极作用。参见任丙强《地方政府环境政策执行的激励机制研究：基于中央与地方关系的视角》，《中国行政管理》2018 年第 6 期。

　　② 参见任丙强《地方政府环境政策执行的激励机制研究：基于中央与地方关系的视角》，《中国行政管理》2018 年第 6 期。

　　③ 参见陈贵梧《中央生态环境保护督察何以有效？——一个"引导式共识"概念性框架》，《中国行政管理》2022 年第 5 期。

向上组建地方省级环保督察小组和"省—市—县（区）"领导小组纵向对接。① 但是如何应对地方党委和政府的应激性的运动式治理反应，以及如何让生态环境保护督察实现制度化和常态化成为解决问题的关键所在。锦标赛式的晋升考核导致地方政府在政策执行中对不同政策的优先顺序进行排序和选择，优先选择那种可以量化的"硬指标"，而忽视软指标政策。② 此种选择式应对环保督察并不能保证落实地方政府环境保护责任常态化。

中央环保督察制度的运作机制是通过威权传导以压实基层责任主体的环境保护责任。例如通过"督查、交办、检查、约谈、专项督察"的工作流程以督促基层各单位和街镇落实党政同责。地方政府通过将环保督察工作任务下沉到基层政府，将中央环保督察视为党中央和国务院推进生态文明建设的重要抓手，反映了"党中央、国务院将环境问题上升为党和国家的重大政治问题，将环境责任上升为政治责任，将环境治理任务上升为政治任务"。中央环保督察制度通过精神宣讲、会议动员、环保约谈和问责惩处四种机制形成"引导式共识"的建构，由此形成党中央、国务院与地方党委和政府的深层互动，压实地方的环境保护工作职责。③ 学者通过实证分析发现，中央环保督察的督察力度不断提高，问责对象更加精准，环保督察更加注重对因为决策制定及政策贯彻不力的情形进行问责。④ 研究指出，运动式中央环保督察作为一种政策干预，凭借获得中央最高权威的授权，作为一种强大的外在力量整顿和解决基层环境保护失职问题和工作割裂问题，从而长期改善环境绩效。⑤ 此外，学者通过双重差分模型发现被督察城市比未督察城市的绿色全要素生产率更高。⑥ 换言

---

① 张明皓：《环保督察驱动地方政府组织调适的作用机理与实践逻辑》，《中国行政管理》2022 年第 5 期。

② See Kevin J. O'Brien, Li Lianjiang, "Selective Policy Implementation in Rural China", *Comparative Politics*, Vol. 31, No. 2, January 1999, pp. 167–186.

③ 陈贵梧：《中央生态环境保护督察何以有效？——一个"引导式共识"概念性框架》，《中国行政管理》2022 年第 5 期。

④ 陈海嵩：《中央环保督察问责的制度绩效考察》，《求索》2022 年第 4 期。

⑤ See Kai Jia, Shaowei Chen, "Could Campaign-style Enforcement Improve Environmental Performance? Evidence from China's Central Environmental Protection Inspection", *Journal of Environmental Management*, Vol. 245, 1 September 2019, p. 282.

⑥ See Li, H., Zhou, M., Xia, Q., Hao, X., Wang, J., "Has Central Environmental Protection Inspection Promoted High-Quality Economic Development? —ACase Study from China", *Sustainability*, Vol. 14, September 2022, p. 11318.

之，在面对科层制所导致的部门利益固化和条块分割困局，国家需要通过"科层突破"到"科层再造"[1] 以打破封闭官僚体制的常规状态、束缚和惰性，[2] 从而保证运动型的环保督察实现环境问题的常态化治理。中央环保督察凭借高压传导和基层倒逼以实现环境保护工作目标，但是其本质依然属于动员治理嵌入运动式机制，[3] 由此存在压力施与的规律性衰减和动员响应的策略性或仪式化隐忧。[4]

第五节 生态环境损害多元协同救济说之证成

一 法律与政策的二元规范调整

前文所述生态环境损害救济中的三种学说（即公法救济说、私法救济说以及公私法协同救济说）均限定在法律规范体系对生态环境损害的救济，未立足于我国环境治理实践，分析我国目前实践中形成的以政策规范为依据的政党法治在生态环境治理和生态文明建设中的调整功能和规范价值。

长期以来，由于我国环境保护诸多领域缺乏相应的法律规范，导致环境问题的解决没有规范依据，[5] 而环境司法长期无法对环境公共利益提供有效保护。[6] 在全面依法治国和依规治党的背景下，党加强对各社会事项的全面领导。习近平总书记指出："党的政策是国家法律的先导和指引，是立法的依据和执法司法的重要指导。"[7] "两办"联合印发颁布《试点方案》《改革方案》来弥补生态环境损害赔偿制度的法律空白，为生态环

---

① 金晓雨、孔繁斌：《从运动到常规：地方政府环境治理的转型及其内在机理——以 A 市环保督察整改工作为例》，《江汉论坛》2022 年第 9 期。

② 参见周雪光《运动型治理机制：中国国家治理的制度逻辑再思考》，《开放时代》2012 年第 9 期。

③ 金晓雨、孔繁斌：《从运动到常规：地方政府环境治理的转型及其内在机理——以 A 市环保督察整改工作为例》，《江汉论坛》2022 年第 9 期。

④ 郭施宏：《中央环保督察的制度逻辑与延续——基于督察制度的比较研究》，《中国特色社会主义研究》2019 年第 5 期。

⑤ 参见汪劲主编《环保法治三十年：我们成功了吗？——中国环保法治蓝皮书（1979—2010）》，北京大学出版社 2011 年版，第 208 页。

⑥ 参见吕忠梅、张忠民、熊晓青《中国环境司法现状调查——以千份环境裁判文书为样本》，《法学》2011 年第 4 期。

⑦ 人民日报评论员：《围绕"两个关系"加强党的领导》，《人民日报》2014 年 1 月 10 日第 1 版。

境损害赔偿制度提供规范依据。在《环境治理体系意见》中，生态环境损害救济强调"依法"和"依规"追究生态环境损害的赔偿责任，重申了除法律规范外，以党内法规、党的政策和党的规范性文件组成的政策规范在生态环境损害救济的规范意义和指导意义。

2020 年 3 月，"两办"联合印发的《环境治理体系意见》再次强调"健全环境治理法律法规政策体系"和"对造成生态环境损害的，依法依规追究赔偿责任"。该意见强调"法律法规"和"政策"对我国环境治理的规范意义。前述"政策"的范围包括党的政策和规范性文件在环境治理中所形成的大政方针和政策规范。该意见规定"健全环境治理法律法规政策体系"，再次强调两种规范体系对我国环境治理体系和生态文明建设的规范功用，进一步重申我国环境治理体系的规范架构与组成部分。

在我国生态环境治理实践中，生态环境损害救济同时涉及政策规范和法律规范的二元规范调整，两种规范运行机制的不同，决定了生态环境损害多元协同救济同时具有政治和法律的双重属性与特征。我国政策规范是与国家法律规范相对应的一种规范体系，"国法与党规在性质上属于有限的一般与特殊关系"。① 生态环境损害同时受到两种不同规范体系的调整是我国生态文明体制改革、国家治理体系和治理能力现代化的中国实践样态，不同于生态环境损害单一法律救济模式。

二　行政/司法与磋商/督察四种救济路径

如前所述，我国生态环境损害救济存在法律和政策的二元规范调整。在法律规范调整下存在行政救济和司法救济两种路径。行政救济路径是以环保行政命令作为救济基础措施，以行政处罚和行政代履行作为救济保障性措施来实现受损生态环境的救济。而司法救济是通过生态环境损害赔偿诉讼、环境民事公益诉讼、环境行政公益诉讼和刑事附带民事公益诉讼四种诉讼类型来实现救济目标。

此外，在生态环境损害政策规范调整下存在生态环境损害赔偿磋商和生态环境保护督察两种救济路径。生态环境损害赔偿磋商制度是我国生态环境损害行政救济和司法救济之外的一种新型救济方式，通过赔偿权利人

---

① 杨小军:《国法与党规关系》,《法学杂志》2017 年第 8 期。

和赔偿义务人的磋商来实现对生态环境损害的救济。而生态环境保护督察并不直接追究违法行为人的责任，而是通过对突出生态环境问题和党政机关履职情况的督察整治，从而实现对生态环境损害的救济。

概言之，我国生态环境损害救济是"二元规范调整+四种救济路径"的多元协同救济。我国生态环境损害救济存在政策规范和法律规范的二元规范体系调整，同时政策规范和法律规范下分别存在两种不同的救济路径。其中政策规范下生态环境损害赔偿磋商和生态环境保护督察均是以我国执政党颁布的政策作为制度运作规范依据，而法律规范下的行政救济路径和司法救济路径是以全国人大颁布的法律作为救济路径运作规范依据。

因为生态环境损害救济受两种不同规范体系的共同调整，故涉及法律救济与政策规范救济两者协同。同时，在两种规范体系下分别存在不同救济路径，因此不同规范体系之间和不同救济路径之间存在交叉与协同。根据不同救济路径交叉关系，可以细分为生态环境损害行政救济与司法救济的协同①、环保督察与行政救济的协同②、环保督察与司法救济的协同③、生态环境损害赔偿磋商与行政救济的协同、生态环境损害赔偿磋商与司法救济的协同等等多种协同救济的具体形态。

对生态环境损害救济路径进行系统研究有利于同时把握政策规范和法律规范两种规范体系在我国生态环境损害救济中所呈现的特征与样态，并基于规范体系和救济路径的特征与运作逻辑来合理确定彼此间的定位，通过完善彼此间的衔接机制来发挥二元规范调整和四种救济路径对生态环境损害救济的功用，提高救济效率。

---

① 生态环境损害行政执法救济与司法诉讼救济的顺次定位与协同。
② 环保督察督促党政机关履行生态环境保护职责，通过行政监管执法手段实现生态环境损害的救济。
③ 环保督察在行政监管执法无法全面救济生态环境损害时，通过生态环境损害赔偿诉讼和环境公益诉讼制度来填补受损法益。

第三章

生态环境损害多元救济路径的
耦合因素及适用困境成因

我国生态环境损害"二元规范调整＋四种救济路径"的多元协同救济在调整目标、法益保护和责任方式存在重叠与耦合，从而使得两种规范下的四种救济路径存在交叉适用的可能。此外，政策与法律协调不足、行政权与司法权错位，以及多种救济路径衔接机制不完善导致了多元救济路径交织失序等问题。

第一节　生态环境损害多元救济路径的耦合因素

法律救济和政策救济下的生态环境损害四种路径存在调整目标一致性和法益保护同一性。同时，法律规范体系下的行政救济与司法救济，以及政策规范体系下的生态环境损害赔偿磋商均直接追究生态环境损害违法行为人的生态环境修复和生态环境损害赔偿责任，故二元规范调整下的这三种路径在责任方式上存在耦合。

一　调整目标的一致性

环境法以预防原则为基础理念之一，具体体现为防治环境污染或者其他公害以及生态破坏的减少和防止。环境法维护生态秩序、保障生态安全价值，遵循生态优先，协调人与自然的和谐。[①]《环境保护法》规定，我国以保护和改善环境、保障公众健康和建设生态文明作为立法目的，从而实现经济的可持续发展。不论环境法的立法目的如何表述，其本质是平衡

---

① 参见张式军《环境立法目的的批判、解析与重构》，《浙江学刊》2011 年第 5 期。

自然经济利用与生态利用。① 保护和改善环境作为环境保护法确立的法律秩序，该理念成为污染防治法、自然资源法以及生态保护法等单行法的核心内容。换言之，环境本身所蕴含的社会公共性和环境公共利益是环境法律规范的核心。生态环境损害仅指因环境污染或生态破坏造成的环境要素自身损害的生态价值损害，而排除了生态环境要素的经济价值。② 因此，生态环境损害的救济体现了对生态环境公共利益的保护，具有公益性和公共性。

（一）法律调整下救济路径的调整目标

我国环境污染防治和自然资源保护法律规范虽然在立法目的上存在细微差异，但是都指向生态环境公益的维护。环境污染防治法律规范立法目的是改善环境、防治污染、保障公众健康、建设生态文明和促进经济社会可持续发展。申言之，环境污染防治立法强调生态保护与经济发展、良好环境与公众健康的关系。而自然资源保护立法目的则突出表现为资源的保护与利用，即在满足人们日常生产、生活资料需求前提下，实现对自然资源的合理利用，从而实现可持续发展和生态文明目标。因此，在我国环境污染防治和自然资源保护法律规范下的立法目的存在差别，前者强调对污染物的防控与治理，从而实现良好的生态环境，并且保障公众健康；而后者则更加强调自然资源的经济价值和使用价值，但是在自然利用过程强调可持续发展理念，从而实现可持续发展和生态文明目标。

我国《民法典》为环境民事公益诉讼、生态环境损害赔偿诉讼提供了实体法基础。③《环境保护法》和《民事诉讼法》针对环境民事公益诉讼这一诉讼类型提供实体法规范依据。故我国《民法典》《环境保护法》《民事诉讼法》等法律形成了区别于行政救济的司法救济模式的规范体系。而司法救济路径的环境民事公益诉讼、刑事附带民事公益诉讼和生态环境损害赔偿诉讼等公益诉讼类型的调整对象均为因环境污染或者生态破

① 参见梁忠《界权论：关于环境法的另一种解释》，《中国地质大学学报》（社会科学版）2019 年第 2 期。
② 参见王莉、邹雄《生态环境损害公私法二元救济的规则安排》，《南京社会科学》2020 年第 6 期。
③ 参见竺效《民法典为环境公益损害救济提供实体法依据》，《光明日报》（理论版）2020 年 6 月 5 日第 11 版。

坏而导致的生态环境损害,[①] 诉讼制度的目标均是通过生态环境损害赔偿责任或生态环境修复责任来实现生态损害救济,从而推进生态文明建设。

需要特别指出的是,生态环境损害法律调整下的行政救济与司法救济的调整范围存在细微差别,但是都直接救济受损的生态环境。生态环境损害行政救济路径的调整对象比司法救济路径的范围更加宽广,既包含了单一自然资源要素损害或破坏,又包括并未致使严重的生态环境系统失衡、轻微的生态环境损害。生态环境损害司法救济路径则在生态环境损害赔偿诉讼中限于"严重"的损害情形。虽然环境民事公益诉讼制度并未明确要求生态环境损害的严重程度级别,但是根据《环境保护法》和《环境公益诉讼司法解释》中"社会公共利益""社会公共利益重大风险"等表述,可以反推出环境污染或生态破坏行为造成的损害已经达到严重程度,才符合造成损害社会公共利益的起诉条件。概言之,生态环境损害行政救济和司法救济在调整对象上存在重叠,但是行政救济路径的调整范围比司法救济路径更广,因为行政救济路径调整对象包括了不同程度的生态环境损害,而司法救济路径则限于损害严重的情形。

(二) 政策调整下救济路径的调整目标

政策规范调整下存在生态环境损害赔偿磋商制度和生态环境保护督察制度两种救济路径,而这两种救济路径虽然在追究责任和对象上存在差异,但是两种救济路径均具有救济生态环境损害、促进生态文明建设的同一目标。《总体方案》指出,严格实行生态环境损害赔偿制度和建立生态环境损害责任终身追究制,并通过环保督察制度进行党政领导干部终身追责。

生态环境损害赔偿磋商制度和生态环境保护督察制度是我国环境治理的重要制度内容,是党中央对我国生态文明体制改革的整体战略部署和具体制度建构的体现,从而为建设美丽中国提供保障。《改革方案》规定:"建立生态环境损害的修复和赔偿制度,加快推进生态文明建设。"《督察规定》规定:"压实生态环境保护责任。"生态环境损害赔偿磋商是行政机关作为赔偿权利人与赔偿义务人进行磋商来实现受损生态环境的修复或者赔偿来实现对生态环境损害的直接救济。这实际上蕴含着行政机关借助

---

① 参见浙江省湖州市中级人民法院与中国人民大学法学院联合课题组、李艳芳《生态环境损害赔偿诉讼的目的、比较优势与立法需求》,《法律适用》2020 年第 4 期。

行政管理职权来维护环境公益的根本目的。① 环保问责是以政策规范为基础，以生态环境保护督察为制度内容，通过环保督察组对党政机关及其领导干部的督察问责，从而高效地解决重大环境问题。② 生态环境保护督察以督察监督的方式来督促党政机关履行生态环境保护责任，并通过对突出生态环境问题的督察来间接实现生态环境损害的救济。

综上所述，生态环境损害的法律规范和政策规范均是我国生态环境损害救济规范的依据，而两种规范体系下的行政救济和司法救济，以及生态环境损害赔偿磋商和环保督察都为生态环境损害救济提供具体制度保障。这四种生态环境损害救济路径在调整目标上具有一致性，即救济环境污染或者生态破坏所造成的生态环境损害。尽管法律规范体系和政策规范体系形成相对较为独立的系统，但是在坚持和加强党对社会各大事项的全面领导下，我国强化了政策规范对生态文明建设的规范指导作用，并就生态环境损害问题，与法律规范共同建构生态环境损害救济制度。两种规范体系和四种救济路径都是对生态环境损害的责任人或生态环境损害责任的追究，通过追究相应主体的责任来实现救济生态环境损害和推进我国生态文明建设，从而实现建设美丽中国的目标。

二　法益保护的同一性

生态环境损害仅指因环境污染或生态破坏造成的环境要素自身损害的生态价值损害，而排除了生态环境要素的经济价值。③ 因此，生态环境损害法律救济与政策救济体现了对生态环境公共利益的保护，具有公益性和公共性。正如前文所述，我国法律规范中的环境污染防治和自然资源单行法律的立法目的存在细微的差异，但是两者均指向生态环境保护和生态文明建设。而司法救济的各种诉讼类型均直接针对生态环境损害违法行为人责任的追究，来修复受损生态环境和对其造成的损失进行赔偿。此外，政策规范体系下的损害赔偿磋商和环保督察也是救济受损生态环境和维护生态环境社会客观秩序和环境法益的保护，从而促进我国生态文明建设。

---

① 参见郭海蓝、陈德敏《生态环境损害赔偿磋商的法律性质思辨及展开》，《重庆大学学报》（社会科学版）2018 年第 4 期。

② 参见张梓太、程飞鸿《我们需要什么样的生态环境问责制度？——兼议生态环境损害赔偿中地方政府的两难困境》，《河北法学》2020 年第 4 期。

③ 参见王莉、邹雄《生态环境损害公私法二元救济的规则安排》，《南京社会科学》2020 年第 6 期。

（一）环境法益而非环境权的保护

早期有学者主张通过在私法中增加环境权的规定，从而能够间接地实现对生态环境损害的救济。环境权本身与财产权、人身权相同，均可作为侵权法所保护的权利。① 此时，生态环境利益属于环境权的保护范围。学者认为，环境侵权是侵权行为法的范畴概念，而侵权法只调整"人的利益损害"，而并不调整由环境行为造成环境消极影响而导致的"人类的利益"；对于"人类利益"的救济只能寻求其他法律。② 此观点直接指出了私法在调整诸如环境问题等公共利益的局限性。相反，公法调整的是国家与公权力机关、公权力机关和相对人之间的关系，公法规范强调对公共秩序的维护，从而保护社会公共利益。

《民法典》救济的是环境公共利益，而非环境权利。环境公共利益是指公众基于自然环境或对自然环境享有的利益，属于社会公共利益的一种。③ 环境公共利益虽然是以生态环境作为利益的载体，但是，从法律保护的目的性和社会实践来看，环境公共利益最终仍然可以归结于人的利益，当然这种利益并非为人类所单独享有。所以环境公共利益从最终的角度来看，属于人的利益，是环境内在价值转化为与人类的生产与发展密切相关的利益。④ 综观《民法典》整个法律文本，虽然《民法典》将生态环境损害纳入侵权责任编的调整范围，设立生态环境修复责任和生态环境损害赔偿责任来实现对生态环境法益的保护。然而，在法律规范意义上，《民法典》并未对生态环境法益上升为环境权利或者环境权，而体现的是对生态环境利益的认可。《民法典》第 1 条"保护民事主体的合法权益"的表述虽然强调的是民事主体的法益，但是正如前文所述，生态环境利益从最终的角度来看，与民事主体（人）的利益具有一定的重叠性，从而为私法规范保护具有公共利益特质的生态环境法益提供了法律基础。

（二）环境公益保护与客观秩序维护

公法规范和私法规范救济生态环境损害本质均属于对于生态环境所蕴

① 参见陈泉生《环境侵害及其救济》，《中国社会科学》1992 年第 4 期。
② 参见徐祥民《环境权论——人权发展历史分期的视角》，《中国社会科学》2004 年第 4 期；徐祥民、邓一峰《环境侵权与环境侵害——兼论环境法的使命》，《法学论坛》2006 年第 2 期。
③ 参见王树义《论生态文明建设与环境司法改革》，《中国法学》2014 年第 3 期。
④ 参见朱谦《环境公共利益的法律属性》，《学习与探索》2016 年第 2 期。

含的生态价值和秩序的维护。生态环境损害并不指向私法意义上的个人利益的损害，而是指向由人类作为一个整体所遭受的利益损害。① 然而公共利益的损害也间接影响到民事主体个人私益的享有。"公益它不是静态的、既定的数目，公益随着程序的进行逐渐发展"②，法律肯定了成为通说的公益理论。因此，生态环境损害体现的是因环境污染或生态破坏行为致使环境公共利益受损，这与公法规范赋予负有行政管理职责的行政机关制裁违法行为，从而维护法律秩序所产生的公益"反射"保护个人私益具有一致性。

在生态环境损害的司法救济路径中，环境民事公益诉讼针对损害社会公共利益或者具有损害社会公共利益重大风险的污染环境、破坏生态的行为③所造成的生态环境损害；而检察机关针对"破坏生态环境和资源保护的损害社会公共利益的行为"④ 提起环境民事公益诉讼，以"维护国家利益和社会公共利益"⑤。生态环境损害赔偿诉讼针对较大级别以上环境事件、重点区域的生态环境损害等。⑥ 因此，生态环境损害司法救济路径针对因环境污染或者生态破坏导致的生态环境损害行为，救济受损的生态环境，其所保护的利益指向生态环境利益。

生态环境损害赔偿磋商制度是追究违法行为责任人对受损生态环境的修复治理责任，并对造成的期间生态环境服务功能损失或永久性损失等进行赔偿。《改革方案》中明确生态环境损害赔偿制度是我国生态文明制度体系的重要组成部分，是追究违法行为人责任的具体方式之一，对生态环境损害责任人实行严格的赔偿制度。根据《督察规定》，生态环境保护督察是压实生态环境保护责任，通过督促党政机关落实法律法规和政策制度，来解决突出的生态环境问题。所以，生态环境保护督察虽然不直接追究生态环境损害违法行为人的责任，但是通过督察党政机关及其部门履行生态环境保护职责来间接实现对生态环境法益的保护，从而推进生态文明

---

① 参见吕忠梅《论环境侵权的二元性》，《人民法院报》2014 年 10 月 29 日第 8 版。

② "行政所欲实现的公益，是经由程序中被主张的多元利益以及私人利益所形塑出来的。" Häberle，öffentliches Interesse，S. 87 ff.，95. 转引自［德］施密特·阿斯曼《秩序理念下的行政法体系建构》，林明锵等译，北京大学出版社 2012 年版，第 143 页。

③ 《环境公益诉讼司法解释》第 1 条。

④ 《检察公益诉讼司法解释》第 13 条。

⑤ 《检察公益诉讼司法解释》第 2 条。

⑥ 《若干规定》第 1 条。

建设。

概言之，生态环境损害法律规范调整下的行政救济与司法救济，以及政策规范调整下的生态环境损害赔偿磋商和环保督察均指向对生态环境秩序和环境法益的保护。

三　责任方式的耦合性

生态环境损害法律调整下的行政救济路径和司法救济路径，以及政策调整下的生态环境损害赔偿磋商均是直接追究生态环境损害责任者的责任，即通过适用具体的责任方式来直接对受损生态环境进行修复治理或者填补受损法益。而生态环境保护督察是对党政机关的督察问责和突出环境问题的督察整治，通过回归适用法律救济路径来间接实现生态环境损害救济目标。

（一）行政救济的责任方式

在生态环境损害法律调整的行政救济路径中，行政主管部门通过行政命令来纠正违法行为，要求违法行为人消除污染、恢复原状和修复受损生态环境。行政机关要求行政违法者承担的行政责任，其性质属于补救性行政命令。当相对人不履行行政决定时，行政机关可以采取强制性手段来保证行政机关作出的纠正违法行为、生态环境修复治理等行政命令决定得以落实。因此，生态环境损害行政救济模式体现为补救性行政命令，生态环境损害责任人既承担消除污染、恢复植被或生产条件等修复治理的行政责任，也承担停止或改正违法行为等的纠正违法行为的行政责任。

在环境污染防治单行法律规范中，针对向水体排放污染物或者在水体上进行可能污染水体作业，造成水污染或者造成水污染事故的，由行政部门责令停止违法行为，并责令限期采取治理措施，消除污染。[①] 针对造成固体废物污染环境事故的，责令限期采取治理措施。[②] 在自然资源保护法律规范中，环境修复理念下的环境恢复行政命令具体体现为县级以上的行政机关责令行政相对人限期恢复植被、限期在原地或者异地补种林木、采取补救措施。前述规定均体现对受损生态环境的修复和治理。此外，环境保护各单行立法针对违规排放污染物质、未建设或运行污染防治设施、违

①《水污染防治法》第85、90、94条。
②《固废法》第118条。

规处置污染物质、不按法律规范要求履行环境影响评价或污染物排污许可手续行为等违法行为，规定有享有行政执法权的机关责令违法行为人"停止违法行为"① 或者"停止导致或者可能导致环境污染事故的作业"②。此外，在各单行污染防治法律规范中的"责令改正"或"责令限期改正"③ 与"停止违法行为"具有同样的规范功能，即针对违法行为的改正和纠正。

（二）司法救济的责任方式

在生态环境损害的司法救济路径中，环境民事公益诉讼、刑事附带民事公益诉讼和生态环境损害赔偿诉讼均是追究违法行为人的法律责任。其中既包括体现生态环境损害特征的生态环境修复责任和生态环境损害赔偿责任，也包括停止侵害、排除妨碍、消除危险等一般民事责任方式，来纠正环境污染或生态破坏的违法行为。

在司法权主导下的生态环境损害司法救济路径中，《民法典》第1234 条规定违反国家规定，造成生态环境损害的，在受损生态环境可以修复的情况下，需要承担生态环境修复责任，同时需要赔偿损害期间的生态功能损失费。对于不能修复的，责任人承担生态环境损害赔偿责任，具体包括永久性损失、鉴定评估或应急处置等费用。此外，《环境公益诉讼司法解释》第 19 条和《若干规定》第 11 条规定传统民事责任方式④可以适用于环境公益诉讼和生态环境损害赔偿诉讼。有学者将环境侵权中的民事责任分为三种类型：预防性责任（停止侵害、排除妨碍、消除危险）、赔偿性责任（惩罚性赔偿、补偿性赔偿）和恢复性责任（恢复原状、赔礼道歉）。⑤ 其中预防性责任与行政救济中的纠正违法行为行政命令具有同样的效果，即通过改正违法行为来实现对受损环境的救济。

---

① 《水污染防治法》第 85、90—91 条；《放射性污染防治法》第 50—54、56 条；《森林法》第 74、78 条；《草原法》第 66—70 条；《海洋环境保护法》第 102 条；《野生动物保护法》第 53、55 条。

② 《固废法》第 87 条。

③ 《水污染防治法》第 81—83、86、89 条；《土壤污染防治法》第 86—89、91—95 条；《固废法》第 102—114 条。

④ 具体包括修复生态环境、赔偿损失、停止侵害、排除妨碍、消除危险、赔礼道歉等民事责任。

⑤ 参见胡卫《环境侵权中修复责任的适用研究》，法律出版社 2017 年版，第 41—42 页。

目前生态环境损害司法救济通过适用传统民事责任中的停止侵害、排除妨碍、消除危险等责任方式来纠正违法行为。同时，在生态环境修复方面，环境民事公益诉讼和生态环境损害赔偿诉讼的责任方式均以坚持以生态环境修复优先为原则，损害赔偿为补充。即在受损生态环境能够修复的情况下，行为人应承担生态环境修复责任，同时承担期间损失的赔付。当环境无法修复时，行为人承担包括永久性损失、鉴定评估费和应急处置费等费用。

（三）赔偿磋商的责任方式

生态环境损害赔偿磋商作为生态环境损害赔偿制度的解决方式之一，行政机关作为赔偿权利人与赔偿义务人是针对损害事实认定、损害评估和量化、修复方案和期限等问题进行磋商。但是，赔偿义务人具体责任的履行还是要回归到生态环境修复和具体损失的赔偿。

在生态环境损害赔偿磋商实践中，行政机关作为赔偿权利人与违法行为人达成的磋商协议具体表现形式有两种：第一，金钱赔付。违法行为人承担修复费用、期间损失费用、评估鉴定费用、应急处置费用。通过支付相应的费用来实现对受损生态环境的修复和治理。第二，履行修复行为。违法行为人直接承担生态环境修复责任，包括自行履行或者委托第三方进行代履行。在生态环境部公布的生态环境损害赔偿磋商典型案例中，只有山东济南章丘区非法倾倒危险废弃物导致的突发环境污染事故采取了金钱赔偿的方式，其余九个案例均采取修复责任来实现对受损生态环境的救济。其中生态环境修复根据形式的不同可以细分为直接修复、替代修复等不同类型。由此可以看出，实践中生态环境损害赔偿磋商坚持生态环境修复优先的原则，只在受损生态环境不能修复情况下采取金钱赔付的方式。因此，生态环境损害赔偿磋商的责任方式包括为生态环境修复责任和生态环境损害赔偿责任，并且也是坚持生态环境修复优先的原则，以损害赔偿为补充。

综上所述，通过梳理生态环境损害行政救济路径、司法救济路径以及政策规范体系下的生态环境损害赔偿磋商制度的责任形式，可以发现前述救济路径对于造成或者可能造成生态环境损害的违法行为，法律课予的法律责任在形式上和功能目的上存在耦合。具体而言，行政救济模式下的停止违法行为、采取治理措施、消除污染、限期改正等行政责任，可以概括为"改正违法行为+修复生态环境"。而司法救济模式下的修复生态环境、停止侵害、排除妨碍、消除危险、损害赔偿的民事责任可以类型化为"预防型责任+修复生态环境责任+损害赔偿责任"。其中预防型责任是对停止侵害、排除妨碍、消除危险的概括，指向通过对违法行为的禁止和改正来预防未产生的生态环境损害。而生态环境损害赔偿磋商救济路径则要求优先修复受损生态环境，仅在受损生态环境无法修复时，通过金钱赔偿用于替代修复。申言之，虽然这些责任方式在文字表述存在差异，但是这些责任方式的功能目的均是救济受损生态环境本身，减少或防止生态环境损害，并对受损生态环境进行修复。所以前述生态环境损害救济路径的责任方式均指向生态环境公共利益，恢复受损生态环境到原有的基准线，并使得生态环境服务功能得以修复。

第二节 生态环境损害多元救济路径适用困境的成因

在法律规范体系中，行政机关在行政执法与索赔诉讼存在身份重叠的情况下，因为行政机关与司法机关的角色错位，导致了法律规范下存在执法隐退与一案多诉的怪象。此外，因为法律规范与政策规范之间的协调不足和多种救济路径下的衔接机制的不完善，导致了我国生态环境损害救济多种救济路径适用混乱与失序，缺乏相应的顺次层级制度安排使得损害救济成本的增加。

一 行政机关与司法机关角色错位

按照权力分立理论，立法权由最高权力机关行使，政府及其相应的部门行使行政权，法院对纠纷行使司法权进行居中裁判。由此形成的立法权、行政权和司法权彼此分工合作，从而实现对社会的有效治理。此外，我国在国家权力机关的设置架构上，通过设立检察机关负责实施法律的监督。在此理论下，行政机关负责履行法律规范所规定的监督管理职责，而法院作为法律裁判机构，依法审理当事人的纠纷案件并作出裁判，具有事后性和被动性。

生态环境损害赔偿诉讼实际上是政府及其行政部门以私法侵权制度来实现公法规制目标。如果按照学界通说的公私法划分标准，《民法典》第1234条的生态修复责任和第1235条的生态损害赔偿责任调整的是私主体和环境公益代表人之间的关系，并非纯粹私人主体的私法关系。学者认为，"公民和政府都是环境公共利益的代表"①。当公民可以作为环境公共利益的代表人，那么作为公益代表人的公民和行为人之间是私主体关系，这是通过私法关系来达成"预防和减少生态损害"的目标；当政府作为环境公益诉讼的代表人，那么政府和行为人之间是政府和私主体之间的公法关系，其本质是借用了私法的方式来达成生态环境保护的公法目标。故有学者认为，我国目前进行的生态环境损害赔偿制度呈现出"行政职权民事化、司法角色行政化"②的趋向。

（一）司法行政化的反思

在我国进行的司法改革背景下，不少学者著书立说反对司法的行政化。③但在司法改革背景下讨论的"司法行政化"不同于环境法学者所归纳的"司法角色行政化"④。前者是指因为我国行政干预司法审判问题背景下进行以司法去行政化为内容之一的司法改革；而后者是指在生态环境损害救济制度中，司法机关顺应我国生态文明体制改革，通过颁布司法解释和指导性案例来强化司法机关的生态环境保护功能，从而间接实现了本应由行政机关履行的生态环境保护监管职责和目标。《改革方案》作为"两办"颁布的规范性文件，并不属于《立法法》界定的法律，故生态环境损害赔偿制度属于社会公众对生态利益需求推动下中央生态环保政策的制度安排。最高人民法院作为我国最高审判机关，顺应生态环境损害赔偿制度的特点，颁布司法解释、典型案例、指导案例以强化司法机关在生态环境保护中的功能、发挥司法能动主义，形成了"司法角色行政化"的特点。面对权力之间的角色错位，学者主张：司法改革必须首先回到司法本质属性上来，遵循司法权的权力运作逻辑与规律。⑤

对于行政职权民事化，学界普遍持反对态度。首先，行政的专业性与

① 王小钢：《以环境公共利益为保护目标的环境权利理论——从"环境损害"到"对环境本身的损害"》，《法制与社会发展》2011 年第 2 期。

② 参见张宝《生态环境损害政府索赔权与监管权的适用关系辨析》，《法学论坛》2017 年第 3 期。

③ 参见耿玉基《超越权力分工：行政司法化的证成与规制》，《法制与社会发展》2015 年第 3 期。

④ 张宝：《生态环境损害政府索赔权与监管权的适用关系辨析》，《法学论坛》2017 年第 3 期。

⑤ 参见杨清望《司法权中央事权化：法理内涵与政法语境的混同》，《法制与社会发展》2015 年第 1 期。

效率更利于生态环境损害救济。① 学者从环境污染或生态破坏造成的生态环境损害后果影响范围广泛性、影响要素和因果关系的复杂性、救济的紧急性和技术性等原因，认为以生态环境部门等行政机关相较于法院等其他机关，具有技术和信息上的优势，在救济生态环境损害和修复受损生态环境上具有先天优势。其次，有学者从法律体系运行机制中行政权和司法权的属性和功能出发，认为行政机关作为赔偿权利人提起生态环境损害与其作为生态环境保护监管者的角色交错，由此形成了司法机制实现生态环境损害救济与行政监管的冲突。即政府享有索赔权使得生态环境损害救济场域衍生出两套机制类似、功能重叠的法律程序，进而导致行政权与司法权的错位。② 最后，生态环境损害赔偿诉讼为了救济生态环境利益，救济的法益具有公共性和公益性。其与环保社会组织或检察机关提起的环境公益诉讼在救济的法益和诉讼性质均有一致性。"环境民事公益诉讼中司法权介入环境公益保护，替代环境监管执法主体履行职责，会导致司法权与行政权错位。"③

（二）行政司法化的隐忧

行政机关提起生态环境赔偿诉讼，以及环保组织或者检察机关提起的环境民事公益诉讼具有选择性。前述具有诉讼资格的原告考虑自身的人力物力、技术支撑或地方保护等因素，会对特定环境污染或生态破坏导致的生态环境损害选择起诉与不起诉，此时受损的生态环境在选择性的制度模式下不一定能够得以救济。同时，因为生态环境损害赔偿诉讼和环境民事公益诉的事后性与谦抑性，司法诉讼不能保证及时救济受损的生态环境。另外，在未穷尽行政救济下，就径自采取诉讼途径救济生态环境损害，会削减行政相对人的程序性权利。在我国推行生态环境损害私法救济的趋势下，部分研究并未意识到生态环境损害的民事救济存在局限性。在生态环境损害救济中，如果在未穷尽行政救济的情况下直接采取私法诉讼路径，不仅使得行政机关存在行政不作为之嫌，而且"从程序正义的角度，环

---

① 参见［美］理查德·B. 斯图尔特《美国行政法的重构》沈岿译，商务印书馆 2002 年版，第 33 页。

② 参见王明远《论我国环境公益诉讼的发展方向——基于行政权与司法权关系理论的分析》，《中国法学》2016 年第 1 期。

③ 薄晓波：《三元模式归于二元模式——论环境公益救济诉讼体系之重构》，《中国地质大学学报》（社会科学版）2020 年第 4 期。

境法执法将会缺少可预期性，行政相对人依据行政法而享有的程序性权利会被削减甚至取消"①。

　　整体而言，针对生态环境损害的救济，生态环境损害赔偿诉讼使得环保行政机关可以通过司法诉讼追究违法行为人的环境修复或损害赔偿责任。换言之，环保行政机关可以通过司法诉讼路径来实现其公法规范下环境保护法定监管职责和生态环境保护的目标，由此出现了"行政权力民事化"。由于环境法的专业性，法院对于行政规则的审查权是受限制的，也即法院对于环境标准的判断余地不多，因而法院应该在尊重专业判断的前提下行使其审判权。② 司法机关通过颁布司法解释和典型案例来强化生态环境损害赔偿诉讼在实践中的适用，发挥司法机关的司法能动性来促进生态文明建设。虽然这样可以为我国生态环境损害提供多样的救济路径，但是该制度在未明确行政机关穷尽行政救济手段的前提下，行政机关可以直接适用司法救济路径，使得行政权与司法权的角色错位，这不利于各权力分工协作和法治社会的有序、良性运作。

二　国家立法与政策规范协调不足

　　党的十八大以来，我国党内法规体系化、规范化不断深化，通过"联合印发"的形式颁布重要的规范性文件，与法律规范体系共同为我国国家治理和社会治理提供规范依据。

　　然而，在生态环境损害救济实践中，因为政策规范与法律规范之间的协调衔接不足，导致了环保督察与司法诉讼两种救济路径的适用困境。例如《督察规定》第 24 条第 3 款规定，对于督察过程中发现需要开展生态环境损害赔偿工作，移送给赔偿权利人进行索赔追偿工作；需要提起环境公益诉讼的，移送给检察机关依法处理。但是根据《民事诉讼法》规定，环保社会组织和检察机关均享有环境民事公益诉讼的原告资格，③ 检察机关仅仅在前款适格原告没有提起民事公益诉讼前提下，可以提起民事公益诉讼。④ 正如学者所言，对于环境民事公益诉讼，应妥当处理公益诉权与

---

　　① 辛帅：《不可能的任务——环境损害民事救济的局限性》，中国政法大学出版社 2015 年版，第 144 页。

　　② 陈慈阳：《环境法总论》，元照出版社 2003 年版，第 312 页。

　　③ 《民事诉讼法》第 58 条第 1 款。

　　④ 《民事诉讼法》第 58 条第 2 款；《检察公益诉讼司法解释》第 2 条规定："人民检察院……发挥法律监督职能作用……督促适格主体依法行使公益诉权……"

行政权和社会监督权之间的关系。① 概言之，在环境民事公益诉讼的原告序列中，检察机关具有替补性、补充性的性质，并非提起环境民事公益诉讼原告的第一顺位。故《督察规定》第 24 条第 3 款规定移送检察机关提起公益诉讼与《民事诉讼法》第 58 条第 2 款规定检察机关在环境民事公益诉讼原告主体中处于递补地位存在矛盾。

政策规范和法律规范两种规范有着各自的话语体系，并且两种体系的独立性导致了规范上的不衔接。② 因为不同规范在特定领域形成了一个"体系"，具体制度的解释和运用需要关注不同规范之间的衔接与协调。③ 随着我国政策规范不断规范化和体系化，党内法规在生态环境保护领域构建新制度来弥补立法的不足。但是，生态环境损害两种规范体系缺乏良好的衔接协调，导致多种救济路径的交织与失序。这不仅降低了救济受损生态环境的效率，也增加了我国各种救济路径的运作成本，造成多种救济路径的不必要叠加。

政策规范在我国国家治理方面具有重要的规范意义和指导意义，并且在生态环境治理中，政策规范与法律规范共同形成了生态环境损害救济的规范体系。我国政策规范与国家法律规范体系存在协调不足的问题，导致生态环境损害救济二元规范调整下多种救济路径的功能重叠和适用失序。回应型法需要从社会事实出发来回应社会的真实需要。④ 党内法规与国家立法的协调既包括政策不能与宪法和法律冲突，也包括法律对政策的承接。⑤ 故在发挥党内法规与国家法律救济生态环境损害功用时，需要打破认识的疆界、注重重构和衔接两种规范体系，更好地发挥政策规范和法律规范在生态环境损害救济中的协同作用。

---

① 参见李艳芳、吴凯杰《论检察机关在环境公益诉讼中的角色与定位——兼评最高人民检察院〈检察机关提起公益诉讼改革试点方案〉》，《中国人民大学学报》2016 年第 2 期。

② 参见姬亚平、支菡箴《论党内法规与国家法律的协调和衔接》，《河北法学》2018 年第 1 期。

③ 参见［德］英格博格·普珀《法学思维小学堂》，蔡圣伟译，北京大学出版社 2011 年版，第 56 页。

④ Philippe Nonet, Philip Selznick, Robert A. Kagan, *Law and Society in Transition: Toward Responsive Law*, New York: Routledge, 2001, p.74.

⑤ 参见曹阳昭《新时代中国宪法政治秩序视阈下党规和国法的衔接与协调》，《河南社会科学》2019 年第 4 期。

三　多元救济路径衔接机制不完善

生态环境损害法律救济是一个系统的工程。根据权力配置的划分，其涉及行政权、司法权和检察监督权的共同作用。根据规范调整的不同，同时涉及政策规范和法律规范的二元调整，并且在这种二元规范体系下，存在不同救济路径，由此形成了我国生态环境损害多元救济的体系样态。但是在目前实践中，由于生态环境损害赔偿磋商、生态环境保护督察、生态环境损害行政救济和生态环境损害司法救济之间的衔接机制和规则不完善，导致不同的救济路径存在交叉和重叠，造成了生态环境损害救济多种制度资源的浪费，并降低了救济效率，增加了相应的救济成本。

（一）行政修复与诉讼修复协调不足

在实践中，我国生态环境损害救济存在行政机关基于行政监管主导修复与环境保护组织提起环境公益诉讼主张修复的矛盾，其涉及行政主导修复与司法主导修复之目标与利益的协调。① 由于环境民事公益诉讼启动并无诉前程序的限制，故民事救济机制能够独立于监管执法，并由此形成与其他生态环境损害救济机制并行的局面。② 例如在常州毒地案中，对于污染地块的救济涉及土地收储后的行政监管与环境公益诉讼之间的博弈与衔接问题。该案中，被告于 2010 年将污染地块交付给常州市新北区国土储备中心后，2011 年常州市新北区政府拟对污染地块进行商业住宅开发，并于 2014 年开展"异位—资源化利用+局部区域隔离"修复，但 2015 年年底因修复过程中产生二次污染侵权，常州市新北区政府于 2016 年转为采取"整体覆土封盖"的修复方案。后常州市新北区政府委托第三方机构编制污染地块长期防控技术方案，并组织开展分阶段修复和防控。环保组织则强调被告应基于污染者负担原则承担污染地块修复责任。

在该案中，污染地块所在地的人民政府正在组织开展污染地块的修复和防控工作，环保组织被法院两次驳回其要求被告承担污染地块修复责任的请求。③ 此案中，环保组织通过提起环境民事公益诉讼直接介入生态环

---

① 参见李挚萍《行政命令型生态环境修复机制研究》，《法学评论》2020 年第 3 期。
② 参见张宝《我国环境公益保护机制的分化与整合》，《湖南师范大学社会科学学报》2021 年第 2 期。
③ 参见江苏省高级人民法院〔2017〕苏民终 232 号民事判决书。

境损害救济，充当环境监管者来实现环境公益。[①] 同时，因为涉及不同的救济路径中不同主体的多重责任与利益关系的定位，[②] 在缺乏相应的衔接机制情况下导致不同主体主导的修复存在交叉重叠。因此在政府行政机关所进行的污染场地修复还没有结束前，环保组织通过提起环境民事公益诉讼来主张相关主体承担修复责任不仅无益于生态环境的修复，而且降低了生态环境修复的效率。正是因为目前我国法律规范中并未对环境民事诉讼的启动规定限制条件，故环保组织在提起环境民事公益诉讼时并不需要通过诉前通知程序来督促行政机关履行环保工作职责，同时环保组织也不具有提起环境行政公益诉讼的原告资格，故不能通过环保行政公益诉讼来督促行政机关履职。

（二）环保督察与公益诉讼衔接不畅

如前文兰铝案中，环保组织在环保督察程序并未完结的情况下，依据法律规定向法院提起环境民事公益诉讼，要求责任人停止侵权、恢复原状、赔偿环境服务功能损失。然而，环保组织提起环境公益诉讼的时间点是在生态环境部对兰铝公司正在挂牌督办的过程中，而且生态环境部对兰铝公司并未解除挂牌督办，这也就意味着环保督察程序并未结束。此时，当地党政机关基于生态环境部对兰铝公司挂牌督办，通过行政监管执法来督促兰铝公司将大修渣按照危险废物进行依法处置。在这一过程中，体现的是环保督察通过行政机关的监管执法监督责任人采取治理措施，以消除污染和修复受损环境，从而解决突出的生态环境问题，救济受损的环境法益。

环保督察是追究党政机关及其领导干部生态环境损害责任的追究机制，也是督促党政机关压实生态环境保护工作的职责。因此，环保督察需要在党政机关履行环境保护领导职责和监管职责情况下，对于相关问题进行核查验收后才算履行了完整的环保督察程序。

环保组织提起环境民事公益诉讼虽然体现了社会公众对违法行为整改问题的关切和监督，但是，由于环境民事公益诉讼的介入，一定程度上存在司法权替代监管执法和环保督察的嫌疑。即环境民事公益诉讼直接介入

---

① 参见何江《论环境规制中的法院角色——从环境公益诉讼的模式选择说开去》，《北京理工大学学报》（社会科学版）2020 年第 1 期。

② 参见李挚萍、冼艳《"常州毒地"修复案中多重责任与利益主体的关系定位》，《环境保护》2019 年第 13 期。

生态环境损害救济，充当环境监管者来实现环境公益。① 由于环境民事公益诉讼启动并无诉前程序的限制，故民事救济机制能够独立于监管执法，并由此形成与其他生态环境损害救济机制并行的局面。② 申言之，环保督察与司法介入的衔接不足导致我国多元救济路径存在混乱失序问题。

（三）环保督察与政府索赔衔接不畅

环保督察是通过对党政机关及其部门的环保工作情况进行督察来实现对生态环境损害的救济。地方党委对生态环境保护工作负有领导责任，贯彻落实中央环境保护政策，并将具体的环保实施工作交由地方政府及其相关部门予以落实。地方政府及其相关部门是地方生态环境保护行政监管执法的主体，对当地生态环境质量和环境保护工作负责。此时，生态环境督察问责的对象是党政机关，地方党委和政府及其相关部门均为中央环保督察的对象。

在地方党委和政府对生态环境损害事实存在过错时，如果地方政府基于生态环境损害赔偿制度积极起诉损害责任人后，其仍面临被督察问责的可能。反之，如果其选择消极不作为，即不对损害责任人提起生态环境损害赔偿诉讼，在环保督察问责高压态势下，也会因为怠于履行行政职责或者违法行使行政职权被督察问责，并且因为消极不履行职责而面临加重处理的风险。③ 为此，环保督察与地方政府提起索赔诉讼衔接不畅，当地方政府或部门自身存在违法行为或者失职时，其作为被督察对象是否进行索赔处于两难困境。

综上所述，不同救济路径主体的角色定位和利益主张存在张力，而不同救济机制的启动和实施需要衔接，以保证彼此之间的协同，共同为生态环境损害救济提供制度保障。但是，由于我国目前多种救济路径启动条件模糊、衔接机制不完善，多种救济路径交织与失序，从而增加了制度的运行成本，也降低了生态环境损害的救济效率。

---

① 参见何江《论环境规制中的法院角色——从环境公益诉讼的模式选择说开去》，《北京理工大学学报》（社会科学版）2020 年第 1 期。

② 参见张宝《我国环境公益保护机制的分化与整合》，《湖南师范大学社会科学学报》2021 年第 2 期。

③ 参见张梓太、程飞鸿《我们需要什么样的生态环境问责制度？——兼议生态环境损害赔偿中地方政府的两难困境》，《河北法学》2020 年第 4 期。

第四章

生态环境损害多元救济路径的
生成逻辑与衔接证成

我国生态环境救济是法律和政策两种规范共同调整的救济体系。法律规范调整存在行政救济和司法救济两种救济路径，而政策规范调整下存在生态环境损害赔偿磋商和生态环境保护督察两种路径。生态环境损害的二元规范共同调整和多种救济路径并存是我国国家治理现代化、环境治理多元主体共治的需要，而多种救济路径之间需要明确彼此间的分工，以保证彼此之间的协调和衔接。

第一节　生态环境损害多元救济路径的生成逻辑

一　国家治理体系现代化要求

党的十八届三中全会对我国各个领域与深化改革进行了宏观指导与整体部署，同时明确将"推进国家治理体系和治理能力现代化"作为改革的总目标。国家治理体系和治理能力现代化强调在坚持法治思想基础上，不断推进我国国家治理体系与提高治理能力，以适应目前我国深化改革的时代需求。[1] 国家治理体系和治理能力现代化是以党组织为主导的多元治理结构，从一元治理到多元治理的转变。[2] 国家治理体系和治理能力现代化是我国全新的国家治理理念，[3] 体现我国对社会结构和社会秩序发展规律的认识，是全面深化改革的必然要求。

---

① 参见公丕祥《习近平的法治与国家治理现代化思想》，《法商研究》2021 年第 2 期。
② 参见俞可平《国家治理的中国特色和普遍趋势》，《公共管理评论》2019 年第 3 期。
③ 参见俞可平《国家治理现代化的若干问题》（上），《福建日报》2014 年 6 月 8 日第 7 版。

我国生态环境保护实践表明，国家法律规范和政策规范功能互补、相互促进，成为我国环境法治规范体系的显著特点。生态文明建设和生态文明体制改革都需要党内法规和法律法规的协同调整，两者相互促进、互为补充，为我国国家治理和社会治理提供了重要的规范依据，对党政机关和社会主体的行为具有重要的指导意义。

"国家治理体系和治理能力是一个国家制度和制度执行能力的集中体现。"① 我国规范体系包括法律规范体系、党内法规规范体系和社会规范体系。② 其中法律规范体系和党内法规规范体系是我国国家治理和环境治理的重要规范依据，是故，我国生态环境损害救济离不开法律规范和政策规范的指导和调整。制度规范的现代化是国家治理体系和治理能力现代化的重要内容和表现之一。③ 在法律体系基本形成后，我国注重包括党内法规规范体系在内的中国特色社会主义法治体系的建设。特别是在《党内法规条例》制定后，中国共产党作为我国执政党更加注重政策规范的规范化和体系化。国家治理体系现代化要求我国不断完善以法律规范体系、党内法规体系为内容的法治规范体系。

党的十八大以来，我国环境政策制定从之前多由国务院单独颁布转变为由中共中央和国务院或者"两办"联合制定，强调党对社会各大事项和事务的全面领导，体现了新时代下国家治理和环境治理现代化特征。《总体方案》对我国生态文明体制改革提供了纲领性的指导和整体布局。在生态环境损害赔偿制度方面，从《试点方案》到《改革方案》的颁布印证了我国生态环境损害赔偿制度的不断深化和完善，是从总结试点工作经验中得出的规范成果，并在《民法典》中进一步巩固了我国生态环境损害赔偿制度的经验，为生态环境损害赔偿诉讼和环境公益诉讼提供了实体法依据。由此体现了我国政策规范性文件和法律规范的协调和良性互动，是我国国家治理体系现代化的成果，也是我国规范制度体系的现代化。

---

① 江国华：《习近平全面依法治国新理念新思想新战略的学理阐释》，《武汉大学学报》（哲学社会科学版）2021年第1期。

② 参见刘作翔《当代中国的规范体系：理论与制度结构》，《中国社会科学》2019年第7期。

③ 参见甄子昊、李耕坤、刘道远《国家治理现代化视阈下私法调整制度体系完善路径》，《海南大学学报》（人文社会科学版）2020年第4期。

"环境治理现代化是国家治理体系和治理能力现代化的题中之义。"① 生态环境损害救济是实现我国生态文明建设的重要内容和基本要求。环境治理现代化需要通过追究党政干部生态环境损害责任和违法行为人的责任来提升环境治理效能。这不仅需要依赖传统法律规范体系的指导，而且需要党内法规、党的政策和政策规范性文件所形成的政策规范体系的调整和指导。

二　多元主体共治的角色定位

传统的环境管制模式难以适应和妥善解决现代社会的环境问题，通过建立多元主体共同治理体系能够弥补政府管制单一维度的缺陷和不足。② 环境治理的多元共治在治理主体、主体间权力关系、治理规则、治理制度上呈现了多元化的特征。③ 换言之，环境治理多元主体共治的提出既是因为环境问题复杂性，又因为传统环境治理模式的不足而应运而生。④ 传统生态环境保护和环境治理中政府单一的行政执法监督和管理所体现的环境管制性治理模式，是一种线性的管理模式和治理方式。尽管行政机关的命令—控制型环境监管模式具有专业性和效率高的优势，但是行政机关也在央地事权划分、地方保护主义、地方利益追求等多种因素作用下而形成"规制俘获"⑤，从而导致行政规制失灵问题。

在现代法治国家中，不同国家通过建立多元的行政监督体系来应对政府在环境治理行政执法领域的规制失灵与监管不力问题。其中，在内部监督机制系统层面，可以通过上级对下级的监督、行政复议机制、地方政府环境治理责任和将生态环境保护治理纳入政府的行政考核评价体系等多种方式进行。同时也可以通过行政机关与被监管者达成合作协议来形成监管

---

① 吴贤静、林镁佳：《从"环境之制"到"环境之治"：中国环境治理现代化的法治保障》，《学习与实践》2020 年第 12 期。

② 参见刘超《海底可燃冰开发环境风险多元共治之论证与路径展开》，《中国人口·资源与环境》2017 年第 8 期。

③ 参见孟春阳、王世进《生态多元共治模式的法治依赖及其法律表达》，《重庆大学学报》（社会科学版）2019 年第 6 期。

④ 参见谭斌、王丛霞《多元共治的环境治理体系探析》，《宁夏社会科学》2017 年第 6 期。

⑤ 参见余光辉、陈亮《论我国环境执法机制的完善——从规制俘获的视角》，《法律科学》2010 年第 5 期。

者与被监管者的良性互动。① 在我国国家环境治理体制改革下，通过中央环保督察制度来实现对地方党政机关的督察，追究党政领导干部的生态环境损害责任。② 此外，在外部监督机制建构层面，传统行政的政府规制失灵可以通过法院诉讼的司法审判监督、检察机关的检察监督、社会公众的社会参与等多种方式进行补充和完善。③

党的十九大报告提出多元主体参与的环境治理体系，为我国生态环境治理和生态环境损害救济提供了多元共治的价值理念和政策指导。法院通过诉讼审判来形成对行政执法不足的补强。环保社会主体通过国家法律规定的"赋权"来监督行政主体依法行使环境保护监管权，弥补行政机关环保监管的不足，并实现对受损生态环境的救济。检察机关作为法律监督机关，通过行使检察权来监督环境执法以及诉讼来发挥维护环境公益的补充作用。党中央提出的环境治理的多元共治也标志着我国环境管理模式从"环境管理"到"环境治理"的转变。④

"善治"要求社会治理中权威应体现出"透明性、回应性、有效性和参与性"⑤。生态环境损害救济涉及多元主体的共同参与和不同的规范体系共同调整。环境保护的多元主体共治不仅是我国建设新时代生态治理体系的理念，也是我国生态文明建设和环境保护实践的现实需求。环境多元主体共治形成保障环境利益的规范秩序，多元主体架构实现社会治理主体的"赋权"与环境保护国家治理主体的"控权"。⑥ 生态环境损害救济是一个系统工程，涉及多元主体和不同机制间的分工、协作。⑦ 我国生态环境治理下的生态环境损害救济涉及政策和法律二元规范的调整，两种规范下存在行政机关、司法审判机关、检察机关、社会环保组织和中央环保督察机构等多元主体的共同参与和协同作用。

---

① 参见杜辉《环境私主体治理的运行逻辑及其法律规制》，《中国地质大学学报》（社会科学版）2017 年第 1 期。

② 参见陈海嵩《环保督察制度法治化：定位、困境及其出路》，《法学评论》2017 年第 3 期。

③ 参见章剑生《现代行政法总论》，法律出版社 2019 年版，第 310 页。

④ 参见朱晓勤、李天相《环境行政处罚裁量基准的多元共治路径探析》，《法学杂志》2019 年第 6 期。

⑤ 俞可平：《全球治理引论》，《马克思主义与现实》2002 年第 1 期。

⑥ 参见秦天宝《法治视野下环境多元共治的功能定位》，《环境与可持续发展》2019 年第 1 期。

⑦ 参见吕梦醒《生态环境损害多元救济机制之衔接研究》，《比较法研究》2021 年第 1 期。

生态环境损害救济是生态环境治理和生态文明建设的重要内容，故我国生态环境损害救济也涉及以党委形成的政治领导、以政府形成的行政执法监督、以法院形成的司法审判和以检察机关形成的法律监督和社会公众参与的多元主体共治格局。

三 法律秩序统一原理的遵循

"随着立法的精细化发展，数个法领域很可能都对同一行为作出了评价。"[1] 换言之，一个行为被多个不同的法律进行评价，则形成了法律评价的"竞合"，即一个行为涉及多个法律关系的适用。基于公私法的二元划分，我国生态环境损害法律救济形成了行政救济路径和司法救济路径，故同一污染环境或破坏生态事实导致的生态环境损害关涉公法规范和私法规范的适用与调整。这种法律关系的重叠和法律规范的交织使得同一行为不同法律适用的竞合。法律规范是调整社会关系、实现国家治理的手段，而不同的法律规范的法律效力位阶、惩罚力度与内容存在差异，一国法律规范基于该国的国家治理目标而形成了法律秩序的统一性。[2] 法秩序统一原理要求不同的规范面对同一法律事实具有统一而协调的根据。否则，不同法律规范面对同一法律事实作出不同的法律评价或者规范适用不清就会造成法秩序内部的逻辑混乱。

虽然法律秩序统一原理是针对法律规范体系内不同部门法的衔接，但是其所蕴含的规范统一原理同样适用于法律规范与政策规范之间的协调与衔接。我国生态环境损害救济是"二元规范调整+四种救济路径"的多元协同救济，决定了生态环境损害多元协同救济同时具有政策和法律的双重属性与特征。因此，为保证不同的规范体系能够为生态环境损害提供高效而全面的救济，涉及政策规范与法律规范的衔接，以及不同规范体系下的多种救济路径的协调与衔接。

生态环境损害的二元规范调整和生态环境侵权二元性特征导致了生态环境损害需要不同的部门法之间、法律规范与政策规范两个体系进行协同救济。多种法律规范的调整和适用关涉不同规范之间的统一与融贯，需以体系化的视角协调与统一生态环境损害的两种调整规范。生态环境侵害不直接针对他人的财产或人身等私人利益，但是生态环境侵害行为可能同时

---

① 简爱：《从刑民实体判断看交叉案件的诉讼处理机制》，《法学家》2020 年第 1 期。
② 参见刘艳红《法定犯与罪刑法定原则的坚守》，《中国刑事法杂志》2018 年第 6 期。

造成私益与公益两种权益的损害，故生态环境损害涉及私益与公益的"复合"。① 因此，学者总结环境侵害是复杂的侵害形式，具有原因行为（污染环境和破坏生态）、损害后果（私益和公益）及救济主体（受害人和"人类"）的二元性特征，从而被超越单一属性的法律或规范所容纳。② 此外，以党内法规、党的政策和党的规范性文件组成的政策规范对生态环境损害救济具有规范意义和指导意义。需要做好政策规范体系和法律规范体系的衔接与协调。

规范秩序统一要求规范的体系化与制度间的融贯性，即"统一"体现规范制定者对规则与规范所应达到的品质要求，而非规范本身所应然所应有的属性。③ 所以"统一"更多体现规范制定者在解释规范时所追求的目标，而非规范的实然品性。④ 申言之，生态环境损害的政策规范体系和法律规范体系在制度设计时应排除适用的矛盾，并保证两种制度适用的规范性与融贯性。

为此，生态环境损害在政策规范和法律规范共同调整下的多元救济路径需要合理安排与衔接，从而保证新增或修改的内容不仅需要符合特定目的与价值目标，而且需要和前面已有的内容相契合。⑤ 规范体系的融贯性按照程度的不同，可以细分为连贯性、体系融贯性与理念融贯性三个层次要求。⑥ 而环境法典编纂也涉及环境资源法内部法律规范的体系化、科学化与融贯性。⑦ 法律秩序统一原理是对不同法律规范理念与指导原则的衔接，但是其核心意涵在于概念及其规范所形成的规范秩序和规范体系的融贯性。生态环境损害救济涉及多元救济主体、制度和规范体系，因此，生态环境损害救济体系化涉及不同的规范体系，多种制度、救济主体之间的衔接与融贯。

---

① 参见吕忠梅《"生态环境损害赔偿"的法律辨析》，《法学论坛》2017 年第 3 期。

② 参见吕忠梅等《侵害与救济：环境友好型社会中的法治基础》，法律出版社 2012 年版，第 39 页。

③ 参见雷磊《融贯性与法律体系的建构——兼论当代中国法律体系的融贯化》，《法学家》2012 年第 2 期。

④ 参见［德］伯恩·魏德士《法理学》，丁小春、吴越译，法律出版社 2003 年版，第 121 页。

⑤ See Ronald Dworkin, *Law's Empire*, Cambridge, Mass. : Belknap Press, 1986, p. 225f.

⑥ 参见雷磊《融贯性与法律体系的建构——兼论当代中国法律体系的融贯化》，《法学家》2012 年第 2 期。

⑦ 参见周骁然《体系化与科学化：环境法法典化目的的二元塑造》，《法制与社会发展》2020 年第 6 期。

第二节　法律救济内部救济路径衔接的证成

生态环境损害法律救济根据权力性质的差异，可以细分为行政权和司法权在法律框架下对生态环境损害提供行政救济和司法救济。前者是负有行政监督管理职责的行政机关在生态环境保护领域范围内通过日常检查、行政处罚或者行政命令等行政执法行为对危害生态环境的违法行为科以行政法律责任，从而纠正行政违法行为，预防和救济生态环境损害。后者是享有司法审判职权的人民法院对行政机关提起的生态环境损害赔偿诉讼，以及环保组织和检察机关提起环境民事公益诉讼进行依法审判，通过判决违法行为主体承担生态环境修复责任或者生态环境损害赔偿责任，从而实现司法权救济生态环境损害的救济功能。

行政机关与司法审判机关是生态环境损害法律救济中的两大权力主体，两者在其相应的职权范围内对生态环境损害实现救济。然而，两者在我国权力配置、职权特征、运作效率和角色定位等方面存在差异。行政机关负有行政监督管理的法定职责，具有专业技术优先性、职权法定和强制性以及反应效率性等特征。而作为司法审判机关的人民法院面对生态环境损害赔偿诉讼和环境民事公益诉讼，是秉持不告不理的审判运作机理，因此司法诉讼的启动具有被动性和谦抑性。同时，尽管我国环境民事公益诉讼可以就"具有损害社会公共利益重大风险"实现预防性功能，[①] 但司法实践表明，我国绝大部分的生态环境损害赔偿诉讼和环境民事公益诉讼多呈现事后救济的特征。为此，应理顺生态环境损害法律救济下的行政权与司法权的关系和角色定位，合理安排两种权力所形成的救济路径的衔接机制。

一　行政权与司法权的优化配置

行政机关监管执法的高效性和专业性符合成本最小与效益最大化的配置原则和标准，而司法审判机关就环境案件进行审理，可以弥补行政机关规制的不足，同时也形成对公权行为的制衡与监督。换言之，生态环境损害公法救济是以行政权为基础的行政监管执法与规制，通过行政执法检查

---

① 参见刘梦瑶《预防性环境公益诉讼的理路与进路——以环境风险的规范阐释为中心》，《南京工业大学学报》（社会科学版）2021 年第 2 期。

来纠正违法行为和修复受损生态环境。而司法救济是以法院作为司法审判权行使主体，通过司法权的运用来实现对生态环境损害的救济。因此，生态环境损害的行政救济和司法救济实质上是行政权与司法权的衔接和优化配置。

（一）权力分工原则

生态环境损害的行政监管执法与生态环境损害赔偿诉讼以及环境民事公益诉讼具有目的一致性，即均是维护环境公共利益和保护生态环境的法益。前者以环境保护行政机关通过行政命令、行政处罚等执法手段来实现救济生态环境损害的目标，后者则通过私法规范下的侵权诉讼法律关系来要求违法行为人承担相应的生态环境修复责任和生态环境损害赔偿责任。生态环境损害的公法救济和私法救济分别属于两种不同的法律规范体系，为此，为了保证不同的法律制度能够为生态环境损害提供高效而周延的救济，法律制度设计涉及公法和私法的整合和衔接。为此，需要统筹协调行政权和司法权在救济生态环境损害中的权力配置，通过行政救济优先程序和司法救济的补充兜底定位来实现法秩序内在协调性和外在统一性。

根据权力分工理论，权力分工原则的核心功能在于强化不同权力机关之间的分工合作，明确不同权力机关的职责，以保证不同权力之间的协调与配合。在法治框架下，行政机关的行政监管一方面表现为对特定事务享有行政监管职权，另一方面则表现为对特定事务负有行政监管职责。故由此形成了行政监管职权和职责的"权责一致性"。以权力分工原则作为国家权力机关的基本原则，有利于保证国家决定的正确性和监督国家权力机关的权力行使。[①] 行政机关是行政监管权的实施主体，负责行政监管执法和执行法律，具有优先性与法定性。而人民法院是实施司法审判权的主体，依法审理不同主体提起的司法纠纷案件，对具体侵权损害或者违法行为纠纷进行审理，具有事后性与谦抑性。

国家权力配置虽然存在分工协调和分权制衡的预设与实践，但是权力之间并非完全独立，而是存在交叉的模糊地带。[②] 典型的行政权是以行政机关为主导进行行政监督管理的活动，通过行政命令、行政处罚或行政强

---

① 参见［德］施密特·阿斯曼《秩序理念下的行政法体系建构》，林明锵等译，北京大学出版社 2012 年版，第 170 页。

② 参见耿玉基《超越权力分工：行政司法化的证成与规制》，《法制与社会发展》2015 年第 3 期。

制等行为来实现规制目标。但是随着社会发展，传统单向度的行政监管并不能满足社会现实需要，为此行政机关就特定争议进行行政调解、行政复议，从而形成了行政司法化的特点。同理，典型的司法审判权是以法院为主导进行案件司法审判活动，通过裁决或判决来实现定分止争的功能，从而恢复社会秩序。但是，面对行政机关规制生态环境损害可能出现的规制俘获或者执法不力问题，我国司法机关通过发挥司法能动性和环境诉讼的专门化，通过诉讼制度的改革一定程度上承担了行政机关的监管职责，由此形成了"司法角色行政化"。[①] 综观法学理论和实践实务，行政权和司法权并非泾渭分明，而是相互交织，并不能因为两者的交织与重叠就简单而机械地否定上述情况违反了行政和司法之间的分工。但是在实践中，环保行政机关有时并未穷尽行政救济程序，而直接作为赔偿权利人通过司法诉讼途径来实现规制与救济的目标。故学者认为，立法者应重申权力分工与监督制约原则，制定涵盖生态损害法律责任规则的《民法典》生态环境侵权责任专章，以厘清司法和立法的边界。[②]

（二）权力分工优化

行政权与司法权两种权力在追究行为人生态环境损害的法律责任时呈现出不同的样态和功能特征。学者认为，从生态环境损害救济和维护环境利益角度来看，环境行政权体现为环境行政执法，而环境司法权体现为环境公益诉讼和生态环境损害赔偿诉讼，但是因为前者的内容和后者的责任方式存在重叠，所以需要衔接和协调环境行政权与环境司法权对生态环境损害的救济和利益的维护。[③] 司法是问题和纠纷解决的最后屏障，倘若将一切问题都通过司法解决，会导致权力错位。[④] 在我国不断深化改革的背景下，发挥司法诉讼机制对生态环境损害的救济功能，发挥司法救济的优势和避免其劣势，以及协调其与环境行政执法的关系成为迫切需要。

生态环境损害法律救济下的行政救济和司法救济反映了行政权与司法权在生态环境领域的救济功能与作用。公法规范是以行政权为基础的行政

---

① 参见张宝《生态环境损害政府索赔权与监管权的适用关系辨析》，《法学论坛》2017年第3期。

② 参见程玉《生态损害法律责任规则私法路径的完善》，《环境法评论》2020年第1期。

③ 参见张辉《环境行政权与司法权的协调与衔接——基于责任承担方式的视角》，《法学论坛》2019年第4期。

④ 胡卫：《环境侵权中修复责任的适用研究》，法律出版社2017年版，第152页。

监管执法与规制，通过日常行政执法检查或者群众举报来发现违法行为，行政机关通过对行为人发出纠正违法行为和修复治理的行政命令，以纠正违法行为和修复受损生态环境。在行政相对人不履行行政机关处以的行政责任时，行政机关可以通过行政处罚来督促行为人履行法律责任。同时，行政强制机制保障其行政命令得以执行。"法律的公共实施"原则旨在以行政机关作为第一判断主体来救济生态环境损害。而私法规范下是以司法权为基础，针对行为人污染环境或破坏生态等违法行为导致的生态环境损害，法院通过审理环境公益诉讼或者生态环境损害赔偿诉讼案件，要求行为责任人承担生态环境修复责任或者生态环境损害赔偿责任。

　　然而，行政权与司法权的优化配置并不是要求完全改变现有制度设置，重新回归到原有的权力分工形态。行政权与司法权的优化配置需要遵循分权制衡原则，即保证立法权、行政权、司法权等权力的相互制约和动态平衡，并且保持彼此分工协作，以形成平衡的宪法法律关系。国家权力架构下行政权与司法权的优化配置本质上涉及行政救济与司法救济两种路径下不同制度之间的衔接安排。换言之，需要考虑行政权和司法权在生态环境损害救济中的性质、优势及劣势，以整体主义视角来重新合理安排两者的顺位及衔接。

　　相对司法中立和被动的特点，行政机关在损害救济方面具有专业性、效率性等先天优势，为此，行政监管在救济生态环境损害方面具有优先性和合理性，而司法救济则是行政监管不足的监督和补充。司法的中立性和纠纷解决的程序性，有利于当事人和社会对裁判结果的认可度和接受度，并且减少改革的阻力和对抗性。[1] 但是，司法的作用不在于"冲锋陷阵"，而是对行政规制失灵的补充。[2] 比如美国，重视发挥司法权的定分止争功能，发挥公民诉讼和自然资源损害赔偿诉讼的作用，其司法权的行使也必须建立在尊重行政权的前提之下。并且，在程序法上，通过制定相应督促行政机关履职等程序性制度以穷尽行政救济，并将司法诉讼救济作为最终的损害救济途径，从而保证了司法权与行政权的动态平衡。行政权与司法权的衔接顺位和优化配置使得两种权力架构下的制度配置能够以最佳的"工具理性"来实现救济生态环境损害的同一目标。

---

① 参见高鸿钧《美国法全球化：典型例证与法理反思》，《中国法学》2011年第1期。
② 参见江国华《通过审判的社会治理——法院性质再审视》，《中州学刊》2012年第1期。

二　行政监管权的强制性与效率性

（一）国家环境保护义务要求

《宪法》第 26 条规定了"国家保护和改善生活环境和生态环境，防治污染和其他公害"。同时，《宪法》规定，国务院的职权包括领导和管理生态文明建设。《环境保护法》第 10 条规定，国务院环境保护主管部门负责监督管理全国环保工作；县级以上政府的环保部门负责监管其辖区内的环保工作。换言之，我国宪法和法律确立了国家环境保护义务，并且规定政府在环境治理中的政府环境责任，地方政府需要对其辖区内的环境质量负责。环保部门负责落实环保工作是其职责所在，环保部门应当主动规制企业的违法行为，而非成为公益诉讼的原告，否则就是失职。[1] 这体现了公法规范性下环境监管职责的法定性。

环境质量积极促进和消极防御的国家环境保护义务都依赖秩序法（ordnungsrechtlich）上的手段，例如直接禁止、行政许可和环境标准的遵守等。这种管制措施依赖政府事事具体指定，并以公权力为后盾，学者称为"命令—控制"（Commandand Control）的管制手段——秩序法上命令（Gebot）与禁止（Verbot）的手段。[2] 在宪法框架下，环境保护国家义务具体通过行政机关的行政执法来实施，这在行政法规范上表现为行政机关的监管职权和监管职责。德国联邦宪法法院指出："彼处被当作原则加以标准化之组织上及功能上之区分及权力分立，对于政治权力之分配以及权力拥有者之责任与控制特别具有贡献。"[3] 以权力分工协作为国家权力机关关系定位的基本原则，有利于国家决定的正确性和监督国家权力机关的权力行使。[4] 根据权力分工理论，权力分工原则的核心功能在于强化不同权力机关之间的分工合作，并且明确不同权力机关的职责。行政机关的行

---

① 参见江国华、张彬《中国环境民事公益诉讼的七个基本问题——从"某市环保联合会诉某化工公司环境污染案"说开去》，《政法论丛》2017 年第 2 期。
② Vgl. Kloepfer, Umweltrecht, § 4 Rdnr. 33ff. 转引自陈慈阳《环境法总论》，元照出版社 2003 年版，第 263 页。
③ BVerfGE 68, 1（86）；98, 218（251 f.）；See Heun, Staatshaushalt und Staatsleitung, S. 95 ff. 转引自［德］施密特·阿斯曼《秩序理念下的行政法体系建构》，林明锵等译，北京大学出版社 2012 年版，第 170 页。
④ 参见［德］施密特·阿斯曼《秩序理念下的行政法体系建构》，林明锵等译，北京大学出版社 2012 年版，第 170 页。

政监管对于行政相对人而言是特定事务的监管职权,在法治框架下,则表现为行政监管职责。故由此形成了行政监管职权和职责,即行政监管的"权责一致性"。

(二) 行政监管职责强制性

国家宪法和法律赋予行政机关的行政职权或职责具有法定性、强制性和不可处分性的特征。基于我国《宪法》确定的生态文明建设目标的"国家目标条款",生态环境行政机关享有对环境问题的监督和管理的职权,同时负有履行环境保护事务的监管职责。行政机关的生态环境保护工作是宪法框架下的国家环境保护义务,故生态环境损害救济应优先由生态环境行政部门针对责任人违法行为所导致的损害后果通过行政命令方式、行政处罚或行政强制来修复受损环境、纠正违法行为、防止污染或破坏范围和程度的扩大,从而履行其环境保护监督和管理的职责。

在传统权力分工理论下,社会系统处在一个确定性和可知性的前提下,立法权、行政权和司法权等各权力之间分工协作。在这种社会模式下,行政机关严格遵循立法机关的法律规定,而司法机关则根据立法机关的规范进行居中裁判。而在现代风险社会中,依赖立法机关制定完备的法律规范体系,而由行政机关执行则不具有现实的可能性。故在风险社会中,行政机关享有立法机关赋予其更多的自由裁量空间,由其根据现有科学认知和公众认知寻求利益的平衡。由此,在行政事务管理过程中应坚持"行政权优先",司法机关则应当根据法律规范针对行政机关具体的行政行为进行居中裁判,强调对行政机关行政行为合法性和程序性的审查。"行政优先权是指行政主体在行政法关系中或行政职权的行使中享有的先行处置、推定有效、社会助益等实质性权力。"① 概言之,行政机关根据法律赋予的职权对于现代风险社会下的社会事务进行监管,并且这种监管职权具有优先性和正当性,但是这种优先性是相对于司法机关的司法审判权而言的,其具体行使受到司法机关和社会公众的监督。

保护生态环境、维护公共利益始终是行政机关的首要职责,也是其履行国家环境保护义务的体现,为此应该避免司法能动主义下造成司法权和行政权的错位。在生态环境损害赔偿制度中,政府作为索赔主体的法理基

---

① 张淑芳:《行政优先权与法律优先之鉴别》,《政治与法律》2004 年第 1 期。

础或请求权基础并非自然资源国家所有权，而是环境监管职责。① 换言之，应该强化环保部门的监管职责履行，避免索赔权的滥用。因此，对于启动《民法典》第 1234 条国家规定的机关和法律规定的组织就生态环境损害提起公益诉讼应该穷尽我国公法规范下的行政监管和规制，只有当行政机关的公法管制救济不能的情况下，才可以通过司法诉讼模式为生态环境损害提供补充性救济。

（三）行政救济专业性与效率性

生态环境机关在生态系统认知、损害防控、生态损害鉴定评估方面都具备很强的专业能力和技术条件，并且资源调配和信息掌握的先天优势能让生态环境主管机关更好地实现对生态环境损害的救济。换言之，环保行政机关在生态环境损害的监管和救济方面具有专业性和效率性。同理，即使在生态环境损害诉讼中，法院对于生态环境损害的鉴定和评估也多依赖于行政机关的监测数据或鉴定机构提供的鉴定评估意见来量化生态环境损害的受害程度。为此，有学者称环保行政监管具有便捷高效和专业的特点，在生态环境损害救济中具有先天优势。② 在环境损害的民事救济中，因为对损害事实的鉴定评估作为诉讼的核心事实认定，在损害事实复杂的情况下，需要由具有资质的机构出具鉴定意见。同时因为诉讼的事后性而存在量化损害的困难，故实践中多采用虚拟治理成本的计算方法进行评估。③ 换言之，司法诉讼不仅程序繁复、耗时长，而且因为法院在环境损害认定上专业能力不足，导致司法诉讼制度与行政手段相比运作成本更高。

对于情节轻微、具有生态环境损害后果的行为，行政监管救济避免了司法诉讼繁杂和冗长的程序导致救济效率低下。例如，非因抢险救灾、牧民搬迁、科学研究等需要，在草原自驾越野车碾压草原并造成植被破坏的行为，法律赋予草原生态综合执法大队对司机处以行政罚款和恢复植被的行政处罚。④ 我国禁止机动车离开道路在草原上行驶，避免造

---

① 参见史玉成《生态环境损害赔偿制度的学理反思与法律建构》，《中州学刊》2019 年第 10 期。

② 参见柯坚《建立我国生态环境损害多元化法律救济机制——以康菲溢油污染事件为背景》，《甘肃政法学院学报》2012 年第 1 期。

③ 参见刘静《生态环境损害赔偿诉讼中的损害认定及量化》，《法学评论》2020 年第 4 期。

④ 参见《越野车碾压草原须依法严惩》，https：//www.chinacourt.org/article/detail/2019/08/id/4280107.shtml，2020 年 10 月 14 日。

成草原植被破坏。① 因抢险救灾和牧民搬迁不需要向行政主管部门报备；但是地质勘探、科学考察等活动需要报备。对于未经报备而且造成草原植被破坏的，由草原行政主管部门责令停止违法行为，限期恢复植被，可以并处罚款。②

因此，行政机关监督下的生态环境损害行政责任不仅基于其行政监管职责具有合理性和优先性，而且基于成本效益考量具有执法和救济的效率性。此外，生态环境损害行政救济在适用范围上比司法救济更广，包括轻微违法行为和严重损害环境利益行为。行政监管救济的前述特征使其成为生态环境损害救济的首要救济方式。

三　司法谦抑性与法益损害填补

在我国生态环境损害实践中，存在生态环境保护行政机关尚未穷尽行政救济的情况下，作为原告即赔偿权利人通过生态环境损害赔偿诉讼来纠正违法行为和要求行为人承担环境修复和损害赔偿责任，以实现环保行政监管目标的情况。而在环境公益诉讼的勃兴和环境司法专门化的大背景下，司法机关积极发挥了司法权保护生态环境的功能和作用，从而实现了本应由行政机关负责的环境保护目标。行政机关在环保行政监管中的退缩和司法机关在生态环境保护中的积极作为，呈现出"行政民事化、司法行政化"③ 的现象。由于生态环境损害的救济同时存在行政救济和司法救济的两种路径，而彼此之间的顺位并不明确，同时行政监管执法与司法诉讼两种制度衔接不畅，由此产生了权力的错位和司法资源的浪费。此外，我国法律规范未能精细化和体系化地进行生态环境损害赔偿诉讼与环境民事公益诉讼的衔接规范设计，导致了两者在理论与实践层面上的混乱局面。④ 生态环境损害的公法救济和私法救济的先后顺位的模糊不定和私法规范内部两种诉讼模式的交错影响了生态环境损害法律救济秩序的统一。

---

① 《草原法》第 55、70 条；《内蒙古自治区基本草原保护条例》第 16、34 条。

② 罚款的基准依据是草原被破坏前三年平均产值三倍以上九倍以下的罚款，参见《草原法》第 70 条。

③ 张宝：《生态环境损害政府索赔权与监管权的适用关系辨析》，《法学论坛》2017 年第 3 期。

④ 参见向往、秦鹏《生态环境损害赔偿诉讼与民事公益诉讼衔接规则的检讨与完善》，《重庆大学学报》（社会科学版）2021 年第 1 期。

（一）司法权谦抑性与救济事后性

法院在受理案件坚持"不告不理"的原则，体现司法审判的事后救济与谦抑特征。[①] 虽然在司法改革大背景下，不少学者分析我国生态环境保护领域通过发挥司法能动性，使得司法机关为生态环境保护提供保障。[②] 但是，司法的本质及其一般规律决定了审判权的被动性。

司法能动性是在司法审判过程中发挥职权主义下的能动，并非相对于行政执法救济的能动，两者是在不同层面对司法权的特征概括。[③] 因此，司法能动性是在案件受理后主动发挥法院保障生态环境保护的功能，通过诉求的释明、证据的主动调查、责任方式的灵活适用等创新，来发挥司法权在生态环境损害救济中的功用，但是始终未突破"不告不理"的司法审判谦抑性特征。换言之，生态环境损害司法救济依赖特定原告主体提起相关诉讼，当诉讼程序并未启动时，司法救济机制就不能发挥应有的救济功能和效果。而在公法规范中，生态环境保护行政机关负有环境保护监管职责，具有法律强制性，并不能放弃或转移。因此，环境保护行政机关必须通过行政命令等措施保证生态环境损害得以救济。

司法审判下的生态环境损害救济具有事后性特征。司法审判的事后性特征不仅仅是指生态环境损害的民事救济需要生态环境损害已经发生的事实性前提，而且强调在生态环境损害事实发生之后，从适格原告主体起诉到案件判决整个阶段，生态破损害并不能得以救济。[④] 不论生态环境损害赔偿诉讼还是环境民事公益诉讼，两种诉讼模式均要求因环境污染或者生态破坏导致了生态环境损害，即要求违法行为导致了损害后果的出现。在经营者存在违法行为，但是并未导致生态环境损害后果的情形下，法院不能像行政机关一样依据职权要求行为人停止违法行为。因为司法审判机关

---

① 参见蔡守秋《从我国环保部门处理环境民事纠纷的性质谈高效环境纠纷处理机制的建立》，《政法论坛》2003 年第 5 期。

② 参见郭武《论环境行政与环境司法联动的中国模式》，《法学评论》2017 年第 2 期；杨严炎《我国环境诉讼的模式选择与制度重构》，《当代法学》2015 年第 5 期；黄莎、李广兵《环保法庭的合法性和正当性论证——兼与刘超博士商榷》，《法学评论》2010 年第 5 期。

③ 参见江国华《走向能动的司法——审判权本质再审视》，《当代法学》2012 年第 3 期。

④ 尽管学界和实务界认为适用环境司法禁令制度在一定程度上能够实现司法权在判决前救济受损生态环境，但是环境司法禁令适用场景和功能与环保行政命令相似，因此环境司法禁令的适用空间和学理解释存在困难。故学者主张通过民行一体化来重构和完善环境司法禁令制度。参见杨凯《民行一体化：环境司法诉讼禁令制度的重构与完善》，《武汉大学学报》（哲学社会科学版）2019 年第 4 期。

遵守"不告不理"原则，故法院不会在相关原告起诉前，主动针对特定的行为进行司法审判来纠正违法行为或采取相应的环境治理措施。

同时，法院作为法律适用的居中裁判机构，不仅量化生态环境损害存在困难，[①] 而且因为履行生态环境修复责任具有技术性、周期性和复杂性等特征，生态环境损害赔偿诉讼下的司法判决在实践中存在执行困难的困局。实践中，法院判决生态环境损害责任人承担修复责任，并规定当生态环境损害责任人不承担修复责任时，需赔偿生态环境修复费用。然而，法院在判决修复或者执行判决均存在困难。首先，法院因为业务专业训练的局限，难以保证对生态修复科学性的精准把握。因为生态环境修复涉及单一或多种环境要素的考量，需要用生态学的系统观和环境科学的专业能力形成具有科学性的判断。故很多情况下，法院仅仅判决责任人承担修复责任，但是缺乏相应具有可操作性和明晰的修复方案。或者即使附上了详细的修复方案，但是由于法院自身能力限制和生态环境修复的复杂性和技术性原因，导致法院主导下的修复活动存在困难，并且不具有经济性。虽然生态环境损害责任人履行生态环境修复责任有两种方式，其一为自行修复，其二为委托他人修复，但是不论责任人自行履行或者委托他人履行都需要权力机关监督和管理生态环境修复的履行，以保证生态环境的修复效果，以期生态环境恢复到原有的环境质量基准或者相关生物要素的不利改变得以消除。然而，法院日常承担巨大的审判业务量，还因自身技术和人员配置的局限性导致监督责任人履行生态环境修复责任并不具有很高的效率。因此，"法院主导修复能力有限"[②]。

（二）弥补行政救济的补偿性缺失

生态环境法益是受法律保护的利益，其保护对象是生态环境本身，所保护的利益是水、大气、土壤等生态环境在"时间、空间和承载"三个尺度上的自然规律免遭破坏。[③] 学者将生态环境利益根据类型的不同，认

---

① 例如，在"泰州市环保联合会诉常隆化工等 6 家企事业环境公益诉讼案"（以下简称"泰州天价赔偿案"）中，原被告双方在一审、二审中对于损害赔偿数额的认定和修复费用计算方法的适用具有很大的争议。故有学者认为生态环境损害评估具有很强的专业性和技术性，为此生态环境损害量化关键在于依赖明确的规范指导予以确定。参见别涛《环境公益诉讼迈出一大步——专家评析江苏泰州"天价赔偿"案》，《人民日报》2015 年 1 月 24 日第 9 版。

② 刘静：《论生态损害救济的模式选择》，《中国法学》2019 年第 5 期。

③ 参见陈珊、利子平《生态环境法益探微》，《求索》2015 年第 5 期。

为环境公益分为环境类公共利益、资源类公共利益、生态类公共利益。① 在环境侵权中涉及环境公益和个人私益的损害，即不论在环境污染侵害还是在生态破坏侵害中，生态环境要素可以作为被侵害的对象，也可以作为中介要素，从而导致私人主体的人身或财产的私益损害和环境公共利益损害。② 而传统侵权责任中的金钱赔偿不能直接作用于受损的生态环境，金钱赔付还需要通过具体的生态环境修复活动进行救济。不同于普通财产经济价值可以分割，环境的生态价值是各环境要素所形成的生态环境提供，具有整体性。③ 为此，传统的损害赔偿责任可以直接针对可以分割的具体个人进行损害填补，但是环境公共利益的实现既需要通过修复责任来恢复受损生态环境原有的生态环境服务功能，还需要通过赔偿责任来对生态环境损害从受损到修复完成期间造成生态环境服务功能的损失或者永久性损失进行损害填补。

损害填补理念在生态环境损害救济的适用上体现为生态环境损害赔偿责任，即将生态环境损害拟制为侵权责任法所调整的范围，并用损害赔偿的责任方式来救济生态环境损害责任所造成的负外部性，要求责任人承担损害赔偿责任，以纠正"企业污染、政府买单"怪象，实现损害担责原则。因为侵权责任中的金钱赔偿在于弥补法益价值的差额，从而保障受害人的价值利益，④ 故对生态环境期间损害导致的损失或者永久性损害导致的损失所进行的赔偿并非传统侵权责任的损害赔偿，指向环境公益的救济，具有公共性和公益性。

行政机关对行政相对人处以的罚款数额极为有限，不能弥补因为环境污染或者生态破坏行为导致的生态系统或环境要素的巨额损害，即行政罚款并不具有补偿性和损害填补特征。⑤ 换言之，生态环境损害公法救济中的行政责任因"重处罚、轻赔偿"的特征使得公法救济路径无法为生态环境损害提供全面救济。而"行政责任的安排重处罚轻赔偿的重要原因

---

① 参见秦天宝、黄成《类型化视野下环境公益诉讼案件范围之纵深拓展》，《中国应用法学》2020 年第 4 期。

② 参见张宝、张敏纯《环境侵权的微观与宏观——以〈侵权责任法〉为样本》，《中国地质大学学报》（社会科学版）2010 年第 3 期。

③ 参见焦艳鹏《自然资源的多元价值与国家所有的法律实现——对宪法第 9 条的体系性解读》，《法制与社会发展》2017 年第 1 期。

④ 参见吕忠梅《"生态环境损害赔偿"的法律辨析》，《法学论坛》2017 年第 3 期。

⑤ 参见刘长兴《论行政罚款的补偿性——基于环境违法事件的视角》，《行政法学研究》2020 年第 2 期。

是对环境损害赔偿责任的民事化理解倾向"①。侵权法中的损害赔偿是针对"法益价值差额"的损害填补，②生态环境损害赔偿责任则是将损害填补理念运用到生态环境损害领域，对期间损害、永久性损害等进行赔偿以填补受损的环境法益。

以《民法典》为代表的私法规范救济生态环境损害，确立生态环境损害赔偿体现的是对受损的法益进行损害填补。生态环境损害赔偿责任是针对《民法典》第 1235 条的总体概括，即针对永久性生态环境损害的赔偿、从损害到修复完成的期间导致生态服务功能损失的赔偿以及基于诉讼而产生的生态环境损害调查或评估等费用。生态损害赔偿责任是针对污染或破坏行为造成生态损害，因特定环境已经无法通过人为的干预进行生态修复，或者虽然可以修复但是需要针对期间损害导致的损失进行赔付，行为人需要对其所造成的受损生态环境所具备的生态服务功能③、美学价值等生态价值的丧失，以及因诉讼而产生的合理费用进行损害赔偿。

公私法的划分注重界定公共领域和私人领域的界限，从而保证国家机关履行法定的职责，而私人权利的行使不受公权力机关的不法干预。公法规范下的法益是通过行政监管制度和对相对人的规制来维护客观法秩序，而司法救济下的生态环境损害赔偿责任则强调通过侵权责任救济受损的法益以恢复其"圆满"的状态。生态环境损害存在永久性损失，或者虽然生态环境损害可以修复，但是存在从损害到修复完成期间的期间损失，即永久性损失和期间损失指涉特定的生态利益，因而需要通过具有损害填补性质的司法诉讼，来弥补生态环境损害行政救济中的损益补偿功能的缺失。

---

① 辛帅:《不可能的任务——环境损害民事救济的局限性》，中国政法大学出版社 2015 年版，第 126 页。

② 参见吕忠梅《"生态环境损害赔偿"的法律辨析》，《法学论坛》2017 年第 3 期。

③ 法国《环境法典》将生态功能（fonction écologique）分为：（1）维持商品生产的动力；（2）生态系统服务，确保维持环境良好的物理、化学状态。法国有些学者称为"支持服务"（services de support）或"中间生态服务"（services écosystémiques intermédiaires）。在法国法律体系中，生态系统服务是生态功能之一，是生态功能的下位概念。See Ministère de l'environnement, de l'énergie et de la mer en charge des relations internationales sur le climat: Cadre conceptuEl, L'évaluation française des écosytèmes et des services écosystémiéques（EFESEM），Foudationpour la Researche Sur La Biodiversité，Avril 2017, p. 17. 我国学者通常将生态系统服务表述为生态系统服务功能。参见黄文怡、赵雯璐、蔡明刚《海洋溢油污染的生态系统服务功能损失及评估方法》，《中国人口·资源与环境》2013 年第 S2 期。

第三节 政策救济与法律救济衔接的证成

生态环境损害法律救济涉及行政权与司法权的关系，以行政权为基础的行政救济更加强调环境行政机关的行政执法与监管作用，而以司法权为基础的司法救济更加强调司法机关和公众的督促作用和事后损害救济。而生态环境损害政策救济中的生态环境损害赔偿磋商是行政机关落实环保工作的方式之一，是环保监管执法的延伸。生态环境保护督察不直接追究造成生态环境损害行为人的责任，而是作为外部监督机制，监督党政机关的环保工作和突出生态环境问题，并具体适用行政执法或司法诉讼来最终实现救济生态环境损害的目标。

一 赔偿磋商是行政监管执法的延伸

生态环境损害赔偿磋商是以政策为制度依据，是除了生态环境损害行政救济和司法救济之外，直接追究造成生态环境损害的责任者的损害救济路径。赔偿磋商是我国生态环境损害赔偿制度的内容之一，是生态环境损害赔偿诉讼的前置程序，通过作为赔偿权利人的行政机关与赔偿义务人就损害事实认定、修复责任和赔偿责任承担等事宜进行磋商。当达成磋商协议后，行政机关监督磋商协议的履行，从而实现救济受损生态环境。

（一）赔偿磋商性质理论之争

对于生态损害赔偿制度中的赔偿磋商制度的性质，学界存在民事行为说、行政行为说和公私混合说三种学说。

其一，在民事行为说中，学者通过对"赔偿"的法律性质界定，认为赔偿磋商是运用私法磋商规则和损害赔偿理念来维护环境公益。损害赔偿是民事责任的方式之一，异于行政处罚的惩罚性，具有损害填补的功能，故生态环境损害赔偿磋商是民事行为。[1] 此外，学者认为，生态环境损害赔偿制度是以环境利益理论为基础，行政机关为救济生态损害所进行的民事行为。行政主体在行政磋商程序中并非从行政管理的角度进行工作，并且磋商弥补了行政处罚的不足，能填补生态环境公共利益所遭受的

---

① 参见程雨燕《生态环境损害赔偿磋商制度构想》，《北方法学》2017 年第 5 期。

损失。①

其二，在行政行为说中，学者认为民事行为说混淆了目的与工具手段的关系，不能揭示行政权在整个生态环境损害赔偿磋商制度过程中的主导作用和规制作用，并且损害赔偿制度指向对环境公益的救济，具有公益性和公共性。② 此外，基于协商行政理论，赔偿磋商是行政主体运用司法磋商谈判规则和损害填补理念来实现救济受损生态环境，但是其本质仍是行政权行使。③

其三，在公私混合说中，学者认为行政行为说与民事行为说都无法周延地解释生态环境损害赔偿磋商运作的机理，故借鉴德国双阶理论，认为赔偿磋商是"行政机关—行政相对人"的行政法律关系和"赔偿权利人—赔偿义务人"的民事法律关系的叠加和运用，所以具有公法行为与私法行为属性叠加的特点，体现了一种"以私助公"的机理。④

虽然生态环境损害赔偿磋商借用私法磋商规则，但是平等性、自愿性的特征是对于赔偿义务人而言的。即生态环境损害赔偿磋商需要遵循合法、平等自愿原则，不能基于行政机关的角色而违背责任人的意志。⑤ 但是，对于赔偿权利人而言，则强调磋商程序的强制性、行政裁量权的合理行使和行政处分权的限制，以防止权力滥用，保护环境公共利益。故生态环境损害赔偿磋商虽然借助了自愿、平等性质的磋商规则，但是这种自愿、平等的属性是对行为责任人而言的。而行政机关在整个生态环境损害赔偿磋商中都占据主导地位。

（二）赔偿磋商的阶段解构

生态环境损害赔偿行政磋商是行政机关与违法行为人进行平等商谈沟通的过程，对行政机关的定性需要区分行政主体在赔偿磋商过程中不同阶

---

① 参见李兴宇《生态环境损害赔偿磋商的性质辨识与制度塑造》，《中国地质大学学报》（社会科学版）2019 年第 4 期。

② 参见郭海蓝、陈德敏《生态环境损害赔偿磋商的法律性质思辨及展开》，《重庆大学学报》（社会科学版）2018 年第 4 期。

③ 参见黄锡生、韩英夫《生态损害赔偿磋商制度的解释论分析》，《政法论丛》2017 年第 1 期。

④ 参见于文轩、孙昭宇《生态环境损害赔偿磋商的属性界定与制度展开——以双阶理论为视角》，《中国地质大学学报》（社会科学版）2021 年第 2 期；刘莉、胡攀《生态环境损害赔偿磋商制度的双阶构造解释论》，《甘肃政法学院学报》2019 年第 1 期。

⑤ 参见陈小平《生态环境损害赔偿磋商：试点创新与制度完善——以全国首例生态环境损害赔偿磋商案为视角》，《环境保护》2018 年第 8 期。

段的特质与定位。生态环境损害赔偿磋商根据内容的不同，可以细分为：磋商前期准备阶段、磋商会议阶段和磋商协议执行阶段。[①] 换言之，界定生态环境损害赔偿磋商的属性不能将该制度作为一个整体直接进行界定，而是对赔偿磋商制度的不同阶段进行解构，具体考察每个阶段的特征和运作逻辑，综合界定生态环境损害赔偿磋商的法律属性。

生态环境损害赔偿磋商的前期准备和后期执行都是行政主体公权力主导履行环保职责和维护环境公益的具体行政行为。具体体现为，行政机关对生态环境损害的评估、鉴定、调查均是行政执法和规制的体现，是以行政权为基础的行政行为。故有学者认为，生态环境损害赔偿磋商的前期准备阶段中的生态环境损害鉴定评估，是行政权主导下的行政行为，应纳入行政规制范畴，在产生纠纷和争议时，适用行政复议或行政诉讼的方式来解决赔偿磋商前期准备阶段的争议。[②] 虽然在磋商会议阶段，行政主体并非以行政执法者的身份与违法行为人进行沟通商谈，但是磋商的自愿性、平等性是对于赔偿义务人而言的。对于赔偿权利人则强调磋商程序的强制性、行政裁量权的合理行使和行政处分权的限制，以防止权力滥用，保护环境公共利益。此外，在磋商协议执行阶段，行政机关需要监督赔偿磋商协议中生态环境修复行为的实施，并对修复效果进行验收等，体现了环保行政机关监管职权的行使和环保监管职责的履行。

概言之，磋商过程中的行政公权主导、磋商协议履行的行政监督验收，以及赔偿磋商目的的环境法益公益性，决定了尽管赔偿磋商外观上是平等磋商机制的运用，但是内容仍为实现行政之目的，[③] 生态环境损害赔偿磋商性质实质依然是行政机关以公益代表人身份，借用民事磋商机制救济生态环境损害。

（三）磋商强制性与公权主导

生态环境损害赔偿磋商制度是行政机关行使政府索赔权、提起赔偿诉讼的必经程序，磋商程序强制性体现为赔偿磋商是赔偿权利人的法定职责，是行政机关生态环境保护职责的具体履行。生态环境损害赔偿磋商是

---

① 参见郭海蓝、陈德敏《生态环境损害赔偿磋商的法律性质思辨及展开》，《重庆大学学报》（社会科学版）2018 年第 4 期。

② 参见文轩、孙昭宇《生态环境损害赔偿磋商的属性界定与制度展开——以双阶理论为视角》，《中国地质大学学报》（社会科学版）2021 年第 2 期。

③ 参见张梓太、李晨光《生态环境损害政府索赔的路径选择》，《社会科学辑刊》2018 年第 3 期。

指在行为人因环境污染或生态破坏造成严重的生态环境损害时，由行政机关在提起生态环境损害赔偿诉讼前，基于"损害担责"原则要求行为人对其造成的损害后果承担生态环境修复责任和生态环境损害赔偿责任。①《若干规定》规定，生态环境损害赔偿诉讼的起诉条件包括"经磋商未达成一致或者无法进行磋商的"，换言之，生态环保机关与行为人进行行政磋商是生态环境损害赔偿诉讼的前置程序。

　　虽然生态环境损害赔偿磋商体现一种平等、自愿商谈的特征，但是赔偿磋商的本质依然是履行行政职责和实现行政管理目的。现代行政具有复杂性，赔偿磋商作为协商行政执法是和谐执法的体现，是行政机关借助磋商与填补机制来实现环境公益的目的，并以此来履行环境监管职责。② 协商性行政执法改变了原有行政监督管理中的"命令—控制"模式，而采用商谈、劝诫等多元方式来实现执法目的。③ 我国《环境保护法》等多部法律规定了政府的环境监管职责，是国家环境保护义务的要求，是行政机关法定的、强制的工作职责。为此，生态环境损害赔偿行政磋商制度是行政主体为了填补受损环境法益、修复受损生态环境，而与赔偿义务人进行的磋商，但是行政机关不能自主决定是否启动磋商程序。

　　概言之，生态环境损害赔偿磋商制度是作为赔偿权利人的行政机关根据属于政策规范的《改革方案》，与赔偿义务人就生态环境损害救济的修复和赔偿事宜进行磋商，是具有外部性影响的具体行政行为。生态环境损害赔偿权利人在磋商上不能"意思自治"，而需要以公共利益、维护国家利益为目标，这在本质上是公权力运用而非私权利的行使，决定了赔偿磋商的内核是公法。④ 生态环境损害赔偿磋商是行政机关在生态环境保护领域进行监管执法的延伸，"磋商"的表述是具有私法意涵的外衣，而维护环境公益是履行行政职责，并体现了行政主导的特征。⑤ 生态环境损害赔

　　① 《改革方案》规定了生态环境损害赔偿制度"主动磋商"原则，即要求生态环境损害发生后，赔偿权利人在开展生态环境损害调查评估和编制修复方案后，主动与赔偿义务人磋商。

　　② 参见韩英夫、黄锡生《生态损害行政协商与司法救济的衔接困境与出路》，《中国地质大学学报》（社会科学版）2018 年第 1 期；康京涛《生态环境损害赔偿磋商的法律性质及规范构造》，《兰州学刊》2019 年第 4 期。

　　③ 参见卢剑峰《试论协商性行政执法》，《政治与法律》2010 年第 4 期。

　　④ 参见刘长兴《生态环境损害赔偿诉讼的制度定位与规范表达》，《环境法评论》2020 年第 1 期。

　　⑤ 参见于文轩、孙昭宇《生态环境损害赔偿磋商的属性界定与制度展开——以双阶理论为视角》，《中国地质大学学报》（社会科学版）2021 年第 2 期。

偿磋商的行政行为属性具体表现为作为赔偿权利人的行政主体所进行的磋商程序是明文规定的强制性程序，是行政机关履行环保监管职责的要求，体现了公权力对生态损害的救济。在赔偿磋商达成协议后，行政机关对生态环境修复活动的监督也体现了生态环境损害赔偿磋商具有明显的公权力行使特征。

二　督察是法律救济失灵的监督机制

在"法律至上"实证主义层面，行政机关可以通过科层制的监管，依据法治规范和程序规范实现对特定事务的有效监督和管理。换言之，对于生态环境损害的救济，在法律规范体系较为完善的基础上，通过严格的行政监管执法，环境问题能够通过行政监管执法救济路径得以有效解决。各级政府及其环保部门通过行使环保监管职权对行政相对人进行日常的检查监督执法，通过对违法行为的纠正和惩戒来实现生态环境损害的预防和救济，从而履行公法规范中的环境保护监管职责和宪法框架下的国家环境保护义务。然而，实践表明，环境监管执法的内在局限和复杂的社会现实情境导致了行政监管执法的不力和规制俘获。[①] 从而导致了生态环境损害未能通过科层制下的环境保护监管执法来实现有效救济。

（一）科层制下环保监察的规制失灵

我国于 1982 年在国务院下成立国家环保局，标志着我国环境保护部门的独立。1989 年《环境保护法》第 7 条赋予了我国环境保护部门的"统一监督管理"的行政监管职权。但是由于多种因素，导致环境监管机构存在不稳定的困境，并在多次机构改革中险被裁撤。[②] 后在 2002 年，国家环保总局通过的《关于统一规范环境监察机构名称的通知》对我国环境保护监察机构的名称和设置进行规范化，并统一称为"环境监察机构"，来实现我国环保监察制度的规范化和稳定性。然而，科层制下的环保部门和环境监察机构存在"中央—地方关系"和"委托—代理关系"下的运作困境，不能实现生态环境损害的有效救济。在央地关系下，我国环境保护遵循属地管理，科层制下的环保部门是所在地方政府的职能部

---

① 参见凌斌《科层法治的实践悖论：行政执法化批判》，《开放时代》2011 年第 12 期；陈海嵩《绿色发展中的环境法实施问题：基于 PX 事件的微观分析》，《中国法学》2016 年第 1 期。

② 参见王灿发《论我国环境管理体制立法存在的问题及其完善途径》，《政法论坛》2003 年第 4 期。

门，受到地方政府的领导和管理。而"我国地方政府是多任务目标组织体"①，环境保护工作一直不是当地政府考核评价的主要考核因素，故在地方政府追求经济发展和地方保护主义等共同作用下，有些地方政府基于成本效益分析来选择性地履行职责，②从而导致环保监管未能通过"严格执法、规范执法、完善执法"来实现我国生态环境保护的需求。此外，在委托代理关系中，环境保护工作在目标任务上通过科层制来逐级分配，上级环保部门将环保业务委托给下级环保部门。虽然上级环保部门对下级环保部门存在业务指导，但是环保部门是政府的职责部门之一，其"人财物"等关键核心利益由环保部门所在的人民政府决定，而非上级环境部门决定。同时由于上下级部门之间所处的位置不同，导致彼此间的信息不对称从而导致环境保护业务落空或存在博弈空间。③故传统环保监管下的环保行政执法存在执法疲软和不力的问题，从而影响了生态环境损害救济的实效。

（二）环保综合督查的建立与不足

地方政府在执行环境保护法律规范和落实环保政策中，由于科层制下央地关系所形成的属地管理而产生的地方利益，以及上下级环境部门的只有业务指导而非直接领导的委托代理关系，在地方保护主义和地方政府经济考核等多种因素的驱动下，使得科层制下的环境监管在督查违法行为人时产生"力不从心"和监管不力的状态。为了解决科层制下环境监管中对"督企"的监管不力，环境保护部通过印发《综合督查工作暂行办法》来实现对地方政府的督查，从而突破环境监管中只强调对行政相对人的监督，转向"督企"和"督政"的环保综合督查。环保综合督查通过对地方政府和违法行为人的综合督查来弥补传统环境保护监管的不足和缺陷。在督查任务上，环保综合督查采用高度灵活的方式，采用提出整改建议、督促整改落实方式来督促环保执法机关履行工作职责。并强调环保综合督查不取代和改变地方政府及其环保部门的环境保护监管工作，并不直接查

————————

①　陈海嵩：《我国环境监管转型的制度逻辑——以环境法实施为中心的考察》，《法商研究》2019 年第 5 期。

②　参见郁建兴、高翔《地方发展型政府的行为逻辑及制度基础》，《中国社会科学》2012 年第 5 期。

③　参见陈海嵩《我国环境监管转型的制度逻辑——以环境法实施为中心的考察》，《法商研究》2019 年第 5 期。

办违法案件。① 换言之，通过督查企业和督查地方政府在一定程度上弥补了科层制下环境监管的不足和局限。

环保综合督查虽然通过扩大督查范围和不定期的环境治理运动"风暴"来落实地方政府环境保护职责和监督违法行为人，然而，环保综合督查存在内在的缺陷和不足。首先，环境保护部通过借用上级的行政权威来实现对地市级政府及其环境保护部门的"督政"问责，通过省级政府对地市级政府及其部门的行政威权压力，实现对下级环境保护工作的问责。② 并且在督查对象上，环保综合督查缺乏对省级政府和各级党委的督查问责，忽视了党在我国国家治理和社会治理的重要领导作用。其次，在督查机制上，环保综合督查是通过运动式的治理方式来试图改变科层制下环保监管的不足，但是运动式的督查方式导致督查效果不稳定。概言之，环保综合督查虽然在督查对象从单一"督企"到"督企"和"督政"并重，但是存在缺乏对党委、省级政府的督查和运动式治理等不足，导致督察效果不佳。

（三）"党政同责"下的环保督察

环保督察正是基于环保综合督查制度不足而进行制度的修正和完善。环保综合督查存在督查对象限于企业和地方政府，以及运动式治理的局限，从而导致综合环保督查并未能够从根本上解决科层制下环境保护监管的不足。中央环保督察是通过由党中央和国家机构形成的督察组织机构对地方党政领导干部环保职责履行，重点区域、领域、重点行业突出环境问题的高压问责和监督机制，具有威权责任倒逼的性质和特征。《督察规定》第 28 条规定，中央环保督察对不履行或者不正确履行职责而造成生态环境损害的地方和单位党政领导干部加强督察问责，根据情形不同，加强追究党政领导干部的纪律责任和法律责任。

我国是中国共产党领导下的社会主义国家，强调中国共产党作为我国执政党对国家社会各大事务的全面领导，因此执政党是我国国家治理和社会治理的重要主体和关键要素之一。③ 环境治理现代化是我国国家治理现代化的必然要求，为实现环境治理的目标和进行生态文明建设，需要通过

---

① 参见《综合督查工作暂行办法》。

② 参见陈海嵩《我国环境监管转型的制度逻辑——以环境法实施为中心的考察》，《法商研究》2019 年第 5 期。

③ 参见陈海嵩《中国环境法治中的政党、国家与社会》，《法学研究》2018 年第 3 期。

责任和追责机制提升法律制度执行力和有效性。① 党中央和国务院通过对综合环保督查制度进行"再科层化"的改良来避免运动式治理的不足，并将地方党委及其部门纳入督察对象来加强地方党委对地方政府生态环境保护工作的领导和督促。

此外，督察主体通过获得党中央和国务院最高权威的授权来克服综合环保督查中环保部通过对上级行政机关的威权"借力"来对地市级政府进行督查，而不能对省级政府进行督查的致命内在缺陷。② 因为这种行政威权的借力必须建立在上级行政机关对下级行政机关的明显科层分化的情况下才能有效运作，而综合环保督查中单独依赖中央部委（环保部）局限于对地市级政府及部门的督查，即"省（部）对厅级"的督查，而缺乏对"省级政府"这一主体的监督。中央环保督察在督察体系安排上具有科层制的特征，通过获得最高政治权威的授权，在中央和省级开展督察工作形成"科层化"，以克服运动型治理方式的不足与局限，从而为我国环境监管体制改革提供了重要的实践经验。③

综上所述，我国环保督察是对我国传统科层制下的环境执法监察中执法效果欠缺和对环保部通过借助上级行政威权开展运动式的综合环保督查的局限进行制度改良的实践成果，是我国环境监管发展和转型的制度产物。环保督察通过扩展督察对象，将地方政府和地方党委纳入督察范围，强调执政党在我国国家治理和社会治理的关键作用，通过党中央和国务院最高权威的授权来要求省（部）级以下党政机关及其领导干部"党政同责""一岗双责"。④

环保督察并非仅仅是我国生态环境监察机构监管不力和环保综合督查不足的产物，也是我国执政党对我国环境治理事业的领导和制度优化的产物。生态环境保护督察"兼具环境治理的短期目标与长期目标"，通过整

① 参见吴贤静、林镁佳《从"环境之制"到"环境之治"：中国环境治理现代化的法治保障》，《学习与实践》2020年第12期。
② 参见陈海嵩《我国环境监管转型的制度逻辑——以环境法实施为中心的考察》，《法商研究》2019年第5期。
③ 陈海嵩：《我国环境监管转型的制度逻辑——以环境法实施为中心的考察》，《法商研究》2019年第5期。
④ 参见常纪文、王鑫《由督企、督政到督地方党委：环境监督模式转变的历史逻辑》，《环境保护》2016年第7期。

合治理体系内部的资源以快速解决突出环境问题、压实环保工作。①

三 督察后回归适用行政与司法路径

环保督察是生态环境损害的间接救济方式和路径，环保督察不直接追究行为人的责任，而是通过督察问责来督促行政执法，并在行政执法不能提供全面救济的情况下，适用司法救济来弥补行政监管救济的不足。

环保督察是整个环境治理秩序的补充和优化，是通过政治高压传导来督促地方党委和政府及其部门强化生态文明建设和履行生态环境保护的工作职责。即通过追究党委和政府履行职责情况来强化地方党委和政府重视生态环境保护工作与督促其履行相应的环保职责。当行政执法不能全面救济生态环境损害时，通过适用司法救济路径弥补行政救济的不足，从而实现生态环境损害救济目标。

（一）督促行政执法进行救济

环保督察的性质与司法追责路径中检察机关提起环境行政公益诉讼的性质具有同等性，即均监督和督促行政主体履行环保工作职责，从而救济受损生态环境。根据《督察规定》第 14 条规定，中央环保督察的督察对象包括省级党委和政府、国务院相关部门、中央国企及其他中央要求督察的单位。而地方省级生态环境保护督察的对象则包括市（自治州）党委和政府②、省政府有关部门以及省管国有企业等单位。所以，生态环境保护督察通过对党政机关及其领导干部进行党政同责、一岗双责的督察问责，以威权问责倒逼机制来压实党政机关生态环境保护责任，督促党政机关履行环境保护职责。

然而，突出的生态环境问题的具体解决需要法律救济下的行政救济路径和司法救济路径，通过追究违法行为人的责任以救济受损的生态环境。"环境监管制度及其运行状况是决定环境法实施效能的重要因素。"③ 所以，环保督察重点在于督促相应的机关履行环保职责，并不替代地方政府

---

① 参见陈海嵩《我国环境监管转型的制度逻辑——以环境法实施为中心的考察》，《法商研究》2019 年第 5 期。

② 同时可以下沉至有关县（市、区）党委和政府及其有关部门。参见《贵州省生态环境保护督察实施办法》第 14 条。

③ 陈海嵩：《我国环境监管转型的制度逻辑——以环境法实施为中心的考察》，《法商研究》2019 年第 5 期。

及其环保部门的生态环境保护行政监管工作，故生态环境保护督察不针对具体案件的承办。换言之，生态环境保护督察是生态环境损害救济的间接途径，其直接的作用在于督促地方党委及其相关部门落实生态环境保护责任，督促其履行相应的环保工作职责，从而间接实现对生态环境损害的救济。

生态环境保护督察可以针对突出的或者群众反映强烈的生态环境问题，督促相应的政府及其相关部门通过行政执法来实现救济受损的生态环境。"严格责任环境观强调对环境保护不力甚至破坏环境的行为应追究严格责任。"[1] 申言之，救济受损生态环境不能仅仅通过对地方政府及其相关部门的督察问责来直接实现，还需要借助具体的环保行政执法追究违法行为人的法律责任，才能最终恢复客观法律秩序。例如，中央生态环境保护督察组可以通过挂牌督办来督促特定生态环境问题的整治和处理。根据《环境违法案件挂牌督办管理办法》规定，环境保护部针对严重环境污染案件或者具有社会重大影响的环境违法案件，通过挂牌督办的形式，公开督促省级环保部门积极整顿和治理，并接受社会监督，形成上级部门和社会公众双重监督压力。

同理，根据《生态环境部约谈办法》规定，约谈是生态环境部对未依法履职或履职不力的地方政府及部门，或违反法律规定的企业负责人，指出问题、提出建议的一种行政措施。[2] 生态环境部对"约谈"界定为"行政措施"，说明行政约谈既是环保督察中对行政主体履职监督的延伸，也是对违法行为人进行行政执法的具体表现。通过对违法行为人的检查、约谈等方式来要求其改正违法行为，修复生态环境，以维护环境公益，救济受损生态环境损害。

（二）适用司法路径进行救济

部分生态环境问题仅依赖行政救济手段无法实现对受损生态环境的全面救济，生态环境保护督察可以通过适用司法救济中的生态环境损害赔偿诉讼和环境民事公益诉讼来实现对受损环境利益的填补。针对在环保督察过程中发现的生态环境损害线索，环保组织和检察机关可依法提起环境民事公益诉讼，或者检察机关可以据此提起环境行政公益诉讼以督促负有环

---

[1]　张震：《中国宪法的环境观及其规范表达》，《中国法学》2018 年第 4 期。
[2]　参见《生态环境部约谈办法》第 2 条。

保职责的行政机关依法履行环保工作职责。环保督察与生态环境损害司法救济路径形成制度合力，充分发挥公益诉讼的监督和救济作用，依法追究违法行为人的生态环境损害责任。

《督察规定》规定，对于督察过程中发现需要开展生态环境损害赔偿工作，则移送给赔偿权利人进行索赔追偿工作；需要提起环境公益诉讼的，移送给检察机关依法处理。依据《改革方案》，生态环境损害赔偿制度可以细分为赔偿磋商和赔偿诉讼两种进路。根据前文所述，生态环境损害赔偿磋商制度的规范依据是《改革方案》，属于政策规范性文件。而生态环境损害赔偿诉讼规范依据是国家法律，属于法律救济。申言之，《督察规定》第 24 条第 3 款同时涉及了政策救济内部的衔接，即环保督察与生态环境损害赔偿磋商的衔接；以及政策救济与法律救济的外部衔接。其中政策救济与法律救济的外部衔接可以细分为环保督察与生态环境损害赔偿诉讼的衔接，以及环保督察与检察机关提起环境民事公益诉讼的衔接。所以，当行政监管执法不能实现对生态环境损害的全面救济时，还涉及法律调整下司法救济路径的衔接，通过生态环境修复责任和生态环境损害赔偿责任来实现生态环境损害的救济。

概言之，环保督察并不直接救济具体受损的环境法益，而是督促地方党委及其相关部门落实生态环境保护责任，督促其履行相应的环保工作职责。生态环境损害法律救济下的行政救济路径是通过环保行政命令等制度来纠正违法行为和修复受损生态环境。当在行政执法不能为受损生态环境提供全面救济时，则需要通过政府索赔或者公益诉讼来对受损环境法益实现损害填补。因此，环保督察是生态环境损害救济的间接方式和路径，在督察问责后，通过回归适用行政执法和司法救济两种救济路径来实现对生态环境损害的救济。

第五章

生态环境损害多元救济路径的解释论分析

我国法律规范体系对生态环境损害的救济包括以行政权为核心的公法救济和以司法权为核心的私法救济。行政机关基于法定环境保护监管职责和法律授权规定在这两种救济模式中呈现出不同角色样态。具有明显公法特征的环境法在救济生态环境损害中体现为客观法秩序价值的保护，而作为私法典型代表的民法则将生态环境利益作为民法所保护的利益，对受损生态环境利益进行损害利益填补。但是两种救济路径存在的启动主体的重叠、权力机关角色定位的错位等导致了生态环境损害公私法救济适用的耦合与困局。

生态环境损害法律救济下公法救济和私法救济代表了公私法对公共利益救济路径的差异。行政机关以行政法律规范作为预防和救济生态环境损害的规范依据，而生态环境损害赔偿诉讼和环境民事公益诉讼则借用民法侵权原理为受损生态环境提供"差额"法益填补和一定程度上的预防。换言之，生态环境损害的公法救济与私法救济分别代表规制法和侵权法对同一具有社会公共利益的生态环境法益的保护，但是两者达成目标的手段存在差异，即公私法在不同的价值理念下对生态环境损害事前、事中和事后所使用的调整工具不同。

与此同时，我国政策规范下的生态环境损害赔偿磋商是赔偿权利人与赔偿义务人进行平等磋商的诉讼前置程序。此时行政机关作为受损生态环境的代理人，而非行政监督管理机构与赔偿义务人进行磋商，具有民事磋商的性质。此外，生态环境损害赔偿磋商处于政策制度法制化阶段，即逐步在国家法律中确立生态环境损害赔偿磋商制度，保证磋商制度的常态化与法治化。此外，生态环境保护督察对生态环境损害救济既包括通过督察国有企业以纠正违法行为的直接救济，也包括通过督察地方党委、政府压实地方环境保护工作的间接救济。

第一节　《民法典》生态环境损害条款的规范解释

《民法典》规定的生态环境损害责任可以细分为生态环境修复责任和生态环境损害赔偿责任。生态环境修复责任因修复对象的公益性和公共性，体现出公法客观法秩序的属性，而生态环境损害赔偿责任体现了私法法益救济下的损害填补理念。生态环境损害的私法救济路径以司法权为基础，通过法院运用司法审判权审理行政机关、检察机关和社会组织等不同的主体提起环境诉讼来实现包括纠正违法行为、环境修复治理和损害赔偿责任在内的生态环境损害整体而全面的救济。

一　民法救济生态环境损害的逻辑理路

（一）"环境侵害"概念下的生态环境损害

法学界对生态环境损害存在两种不同的解释路径，但是都强调生态环境损害本身。第一种是将生态环境损害界定为既包括生态环境本身的损害，也包括对个人权利的侵害。例如曹明德教授认为生态损害分为财产损失、人身损害、精神损害以及生态权益的损害。[①] 第二种是将生态环境损害界定为纯粹的生态环境损害。例如，柯坚认为："生态环境损害是指人为环境污染行为而造成的环境质量下降、自然生态功能退化以及自然资源衰竭的环境不良变化。"[②] 马强伟认为："从对'环境'造成的不利变化视角来界定，环境损害可以定义为，因人类行为对空气、水和土壤等环境要素造成了物理、化学和生物性质的负面影响，使其功能受到永久性干扰，且不能通过生态自我修复恢复原状的事实。"[③] 陈红梅认为："生态损害是一种新的损害类型，它是生态环境本身的损害，体现出人的环境利益和环境自身价值尤其是生态价值的同时减损。"[④] 然而，不论是何种解释路径，都将对生态环境本身的损害纳入其中，同时强调对生态环境功能的

[①]　参见曹明德《生态法新探》，人民出版社 2007 年版，第 342 页。

[②]　柯坚：《环境法的生态实践理性原理》，中国社会科学出版社 2012 年版，第 218 页。

[③]　Vgl. Wagner, Kollektives Umwelthaftungsrecht auf genossenschaftlicher Grundlage, S. 18. 转引自马强伟《德国生态环境损害的救济体系以及启示》，《法治研究》2020 年第 2 期。

[④]　陈红梅：《生态损害的私法救济》，《中州学刊》2013 年第 1 期。

减损。

侵权责任理论体系与环境侵害理论体系并不相同。例如，"环境侵权"以传统民事权利为救济对象，因此，"环境侵权"所侵害的法律利益指向因环境污染或生态破坏所导致的人身权利和财产权利损害。① 换言之，"环境侵权"是因环境污染或生态破坏行为导致自然人、法人或其他组织的私益损害。在我国宪法和法律中没有明文规定环境权或者公民环境权时，"环境侵权"当然不能涵括环境权，而仅仅指向传统民法体系中受到保护的公民生命健康权等人身权和财产权等民事权利。相反，在环境侵害理论体系中，"环境侵害"比"环境侵权"的内涵更为丰富，其指因人为活动致使生活环境和生态环境遭受污染或破坏，从而侵害他人或相当多数居民的生活权益、环境权益及其他权益的法律事实，② 即既包括人的损害，也包括环境的损害。③ 在"环境侵害"概念体系中，侵害行为和侵害结果之间存在生态环境损害作为中间的媒介，其作用机理是"侵害行为—生态环境损害—人身/财产损害"。即无论环境污染行为还是生态破坏行为，必然造成对环境本身的损害，也就是生态环境损害；但在此链条中，对人的损害则非必然结果。④ 同时需要明确的是，在前述作用机理逻辑链中的"生态环境损害"并不是《改革方案》《民法典》等规范所规定的要求达到"严重"⑤ 程度，而仅仅强调因污染物排放或生态破坏行为导致生态环境作为中间媒介受到不同程度的损害。概言之，环境侵害概念能够体现环境问题诸多侵害行为（环境污染与生态破坏）、损害后果（私益与公益）的二元性特征。⑥ 因此，环境侵害概念突出了"生态环境损害"虽然作为已经为法学界达成共识并且认为是值得采取法律措施和手段进行救济的法律利益，但是我国法律规范中并未将生态环境法律利益确

---

① 参见张宝《环境侵权的解释论》，中国政法大学出版社 2015 年版，第 26 页。
② 参见陈泉生、周辉《论环境侵害与环境法理论的发展》，《东南学术》2007 年第 3 期。
③ 参见徐祥民、邓一峰《环境侵权与环境侵害——兼论环境法的使命》，《法学论坛》2006 年第 2 期。
④ 参见吕忠梅、张宝《环境问题的侵权法应对及其限度——以〈侵权责任法〉第 65 条为视角》，《中南民族大学学报》（人文社会科学版）2011 年第 2 期。
⑤ 《改革方案》规定生态环境损害赔偿制度适用的范围是：（1）发生较大及以上突发环境事件的；（2）在国家和省级主体功能区规划中划定的重点生态功能区、禁止开发区发生环境污染、生态破坏事件的；（3）发生其他严重影响生态环境后果的。因此生态环境损害赔偿制度的适用要求生态环境损害达到"严重"程度。
⑥ 参见吕忠梅、张宝《环境问题的侵权法应对及其限度——以〈侵权责任法〉第 65 条为视角》，《中南民族大学学报》（人文社会科学版）2011 年第 2 期。

立为一种法定的权利，同时我国也没有规定公民环境权，所以环境侵害概念横跨了调整生态环境损害的公法规范和调整人身权利与财产权利的私法规范，为生态环境利益提供相应的法律保障。

（二）侵权责任体系扩展：扩大"损害"概念

将作为公共利益的生态环境损害纳入以调整平等主体间的民法体系中，需要重新审视环境公共利益如何与私主体法律利益形成逻辑自洽的衔接。民法学者聚焦损害赔偿和恢复原状等民事责任方式对生态环境损害的救济，即通过对"恢复原状"等传统民事侵权责任方式进行法律解释来转化为生态环境修复责任、生态环境损害赔偿责任等，以实现对生态环境损害救济。为此，民法学者主张通过扩大侵权责任理论中的"损害"概念，[①] 或将生态环境损害拟制为侵权责任理论中的"损害"[②] 来实现生态环境损害私法救济的理论逻辑自洽性，提供可行性方案。正如我国《民法典》第 1234 条和第 1235 条针对生态环境损害分别规定了生态环境损害修复责任和生态环境损害赔偿责任。

尽管《改革方案》和《民法典》呈现采取扩大"损害"概念的整合进路，在构成环境侵权前提下，在责任范围内涵盖对生态损害的救济。然而，民法学者视角下生态环境损害救济观点并未突破私法框架视角，并且对《民法典》对于"国家规定的机关"的制度适用空间，以及何以与公法救济形成制度协力做出整体性思考。民法学者认为可以通过扩大"恢复原状"的责任方式来实现生态环境修复，并且通过"赔偿损失"来实现对永久性损害、期间损害、清污费用、防止危险扩大等费用的赔付。例如，在财产损害与非财产损害的二分体系下，鉴于生态损害主要是通过支出费用的方式进行环境修复得以弥补，其属于财产损害应无疑问，因此可以纳入侵权法的损害概念。[③] 然而，尽管《民法典》确立了生态环境修复

---

① 参见冯洁语《公私法协动视野下生态环境损害赔偿的理论构成》，《法学研究》2020 年第 2 期。

② 具体而言，学者认为"将政府或有关主管机关因生态损害而遭受的不利负担视为侵权责任法中的损害，在行为人造成生态损害时，政府或有关主管机关可向法院诉请行为人承担环境污染责任"。参见李昊《论生态损害的侵权责任构造——以损害拟制条款为进路》，《南京大学学报》（哲学·人文科学·社会科学）2019 年第 1 期；李昊《损害概念的变迁及类型建构——以民法典侵权责任编的编纂为视角》，《法学》2019 年第 2 期。

③ 参见李昊《论生态损害的侵权责任构造——以损害拟制条款为进路》，《南京大学学报》（哲学·人文科学·社会科学）2019 年第 1 期。

责任，但是问题焦点是如何合理定位私法救济生态环境损害的作用，以及保证公私法救济顺畅衔接。而且必须明确的是，针对生态环境损害救济，优先适用生态环境修复，而非支付赔偿费用是保证实现法律救济目标的重点。

二　生态环境损害救济的多元共治主体

（一）赔偿诉讼和公益诉讼的规范整合

《民法典》第 1234 条和第 1235 条分别规定"国家规定的机关和法律规定的组织"可以针对"违反国家规定造成生态环境损害"的侵权人要求其承担生态环境损害修复责任和赔偿责任。该条文中的"国家规定的机关"既包括《改革方案》中的"省级、市地级政府及其指定的部门或机构"，也包括《民事诉讼法》第 58 条规定的"人民检察院"。

生态环境损害赔偿制度虽然在一定程度上也是国家生态环境行政机关履行其国家环境保护义务和职责的体现，但是最大的特点在于行政机关通过弱化其行政监督管理职责，而通过诉讼原告身份来追究环境污染者或生态破坏者的法律责任。正因为政府出现监管不力，在前期行政执法过程中未能及时制止和纠正污染环境或破坏生态的违法行为，导致生态环境损害结果的发生，从而需要通过磋商或生态环境赔偿诉讼来弥补自身监管不力之后果，故"政府主张生态环境损害赔偿之行为（包括开展赔偿磋商和提起生态环境损害赔偿诉讼）并不属于政府行使环境监管行政权之范畴"①。

生态环境损害赔偿诉讼的请求权基础并非环境监管职责或自然资源国家所有权，而是基于代表信托理论，这与环境民事公益诉讼在诉讼构造上并无显著差异。② 而有学者主张政府作为生态环境损害赔偿制度索赔主体的法理基础或请求权基础并非自然资源国家所有权，而是环境监管职责。③ 也有学者将生态环境损害赔偿诉讼直接归纳为"公法性质、私法操

---

① 朱谦、谌杨：《"生态环境损害赔偿诉讼优先论"之思辨——兼论与环境民事公益诉讼的顺位问题》，《学术论坛》2020 年第 5 期。

② 参见薄晓波《三元模式归于二元模式——论环境公益救济诉讼体系之重构》，《中国地质大学学报》（社会科学版）2020 年第 4 期。

③ 参见史玉成《生态环境损害赔偿制度的学理反思与法律建构》，《中州学刊》2019 年第 10 期。

作"①，故学界对于生态环境损害赔偿的请求权基础及诉讼性质的认识不同，从而影响其与环境民事公益诉讼的关系和衔接。然而不论哪一种学说和认识，均认为生态环境损害赔偿诉讼是为了救济受损生态环境本身，目的是维护生态环境质量和保障公众环境权益。概言之，两种诉讼类型在诉讼的调整范围和功能性质等核心领域并无二致，两种诉讼类型最大的区别在于原告范围的差异性。而《民法典》和司法解释等规范性文件并未明确行政机关在生态环境损害赔偿诉讼中的角色定位，故导致了行政机关环境执法权与诉讼索赔权的矛盾。

我国主张通过民事救济对环境损害提供救济受到了环境法界公私融合论的影响，对公私融合论的认同成为环境法学界的共识，由此对融合论的错误理解成为环境损害民事救济的土壤。② 但是学者认为生态环境损害的救济应该通过行政机关的行政监管手段进行，若单一依赖环境民事公益诉讼救济存在隔靴搔痒之嫌，因此环境民事公益诉讼的民事诉讼救济是公法救济不力的补充，并应强化环境行政公益诉讼督促行政监管执法来促进对生态环境损害的救济。③ 但是，生态环境损害赔偿诉讼因性质定位不清加深了其与环境民事公益诉讼的关系的模糊性。学界对于生态环境损害赔偿诉讼的性质存在不同的认识。例如，有学者认为，行政机关基于《民事诉讼法》第 58 条的规定，根据"法定诉权担当"向环境污染或者生态破坏责任人提起索赔，故生态环境损害赔偿诉讼本质上是特殊的环境民事公益诉讼。④ 相反，有学者认为生态环境损害赔偿诉讼不是公益诉讼，而是实现损害担责、弥补制度缺失、履行法定工作职责的需要。⑤

此外，生态环境损害赔偿诉讼和环境民事公益诉讼存在不同的审理次序实践。例如，在山东省生态环境厅就山东金诚重油化工有限公司、山东

---

① 张宝：《生态环境损害政府索赔制度的性质与定位》，《现代法学》2020 年第 2 期。

② 参见辛帅《不可能的任务——环境损害民事救济的局限性》，中国政法大学出版社 2015 年版，第 5 页。

③ 参见辛帅《不可能的任务——环境损害民事救济的局限性》，中国政法大学出版社 2015 年版，第 118—137 页。

④ 参见潘牧天《生态环境损害赔偿诉讼与环境民事公益诉讼的诉权冲突与有效衔接》，《法学论坛》2020 年第 6 期。

⑤ 参见吕忠梅《生态环境损害赔偿诉讼中的问题与对策》，吕忠梅教授在最高人民法院"创新环境司法理论加强生态文明建设司法保障研讨会"上的主旨发言记录，见中国法学会环境资源法学研究会，https://cserl.chinalaw.org.cn/portal/article/index/id/144/cid/25.html，2024 年 1 月 28 日。

弘聚新能源有限公司提起生态环境损害赔偿后，法院先中止环境保护组织提起的环境民事公益诉讼，待生态环境损害赔偿诉讼审理完毕后，就环境公益诉讼中前面裁判未涵盖的请求进行审理，来对两种诉讼类型的衔接进行探索。① 而在重庆市政府诉重庆藏金阁物业公司、重庆首旭环保科技公司水污染责任纠纷案中，法院直接将政府提起的生态环境损害赔偿诉讼和环保社会组织提起的环境民事公益诉讼进行合并审理。② 实践中各地法院对于生态环境损害赔偿诉讼和环境民事公益诉讼案件审理优先次序及处理的不同反映了其对两种诉讼的性质认识模糊导致了对两种诉讼类型关系处理存在差异。

　　生态环境损害赔偿诉讼和环境民事公益诉讼在调整对象、功能目的、适用范围和责任方式上存在相同和重叠。（见表 5-1）根据《民法典》《改革方案》《若干规定》，针对重大的生态环境损害，行政机关若与生态环境损害责任人磋商不成，可以提起生态环境损害赔偿之诉。与此同时，根据《环境保护法》《民事诉讼法》《环境公益诉讼司法解释》，环保社会组织或检察机关可以针对造成重大社会公共利益损害的环境污染或生态破坏行为提起环境民事公益诉讼。然而，生态损害赔偿诉讼与环境民事公益诉讼的调整对象均为造成生态环境损害的污染环境或者生态破坏行为，针对社会公共利益损害提起诉讼，因此，不论是生态环境损害赔偿诉讼还是环境民事公益诉讼的目的均为维护社会公共利益和生态环境质量，从而保证公共健康和生态环境系统功能。生态环境损害赔偿诉讼的适用范围是严重的突发环境事件、重点和特定区域发生的环境污染、生态破坏事件，或者其他产生影响生态环境后果的情形；而环境民事公益诉讼的适用范围是因污染环境或破坏生态损害社会公共利益，或者具有损害社会公共利益重大风险的行为。根据我国法律和司法解释等规范性文件的规定，这两种诉讼类型均适用生态环境修复、生态环境赔偿、排除妨碍、消除危险等责任形式。为此，学者称环境民事公益诉讼与生态环境损害赔偿诉讼在适用范围、诉讼原因以及诉讼功能方面存在重复之嫌。③ 正是因为两种诉讼在适用范围、调整对象、责任方式以及诉讼功能等多个方面的重叠，从而导

---

① 参见〔2017〕鲁 01 民初 1467 号判决书。
② 参见〔2017〕渝 01 民初 773 号民事判决书。
③ 参见周勇飞、高利红《多元程序进路下环境公共利益司法体系的整合与型构》，《郑州大学学报》（哲学社会科学版）2020 年第 5 期。

致两种诉讼的适用和衔接的困难。

表5-1　　　　　生态环境损害赔偿诉讼与环境民事公益诉讼比较

诉讼	调整对象	适用范围	诉讼目的	责任方式	原告范围
生态环境损害赔偿诉讼	污染环境或破坏生态导致的生态环境损害	较大以上突发环境事件；重点生态功能区、禁止开发区发生的环境污染、生态破坏事件；其他严重影响生态环境后果的情形	严格保护生态环境，依法追究损害生态环境责任者的赔偿责任	修复生态环境、赔偿损失、停止侵害、排除妨碍、消除危险、赔礼道歉	政府及其授权机关
环境民事公益诉讼		对已经损害社会公共利益或者具有损害社会公共利益重大风险的污染环境、破坏生态的行为	维护国家和社会公共利益	生态环境修复、赔偿损失、停止侵害、排除妨碍、消除危险、恢复原状、赔礼道歉	社会组织+检察机关
	相同	重合	重叠	相同	不同

（二）"国家规定的机关"的设置理路

《民法典》第1234条和第1235条分别是生态环境损害修复责任和生态环境损害赔偿责任的规定，由此构成我国民法体系中的生态环境损害责任条款。这两个条文为我国生态环境损害赔偿诉讼和环境民事公益诉讼两种诉讼制度提供了民法法律规范依据。上述条款中的"国家规定的机关"是将《试点方案》《改革方案》等国家政策所确立的生态环境损害赔偿诉讼进行重申。

党的十八届三中全会明确提出对造成生态环境损害的责任者严格实行赔偿制度。中共中央和国务院联合印发《总体方案》强调"严格实行生态环境损害赔偿制度""制定完善……生态环境损害赔偿等方面的法律法规"。2015年"两办"颁布的《试点方案》开启了我国生态环境损害赔偿制度改革试点。这是由中共中央办公厅和国务院办公厅联合制定的政策文件，是面对我国环境司法实践需求对我国环境审判制度的创新。《试点方案》首次以国家政策形式确定了省、市级政府及其授权部门或机构能够对生态环境造成严重损害的违法行为人提起生态环境损害赔偿诉讼。而两年后"两办"所颁布的《改革方案》再次重申行政机关作为赔偿权利人提起生态环境损害赔偿诉讼的主体资格。为此，有学者从法解释学和立法法角度对《试点方案》《改革方案》所创设的生态环境损害赔偿诉讼这一新的司法制度的规范依据产生怀疑。① 为回应学术界和司法实践中生态环境损害赔偿诉讼法律规范依据的确定，我国《民法典》将生态环境公共利益纳入侵权法律体系的法益保护范畴，将生态环境损害赔偿诉讼的改革成果和法律实践经验吸收到立法中，成为生态环境损害赔偿诉讼实体法依据。② 与此同时，"国家规定的机关"的表述为我国环境法治实践提供了更加灵活规范表述，由此可以及时根据环境治理实践和社会需求通过国家政策等规范文件来调整生态环境损害赔偿诉讼的原告主体范畴。

（三）"法律规定的组织"的限定及内涵

《民法典》第 1234 条和第 1235 条中与"国家规定的机关"并列的是"法律规定的组织"。其中"法律规定的组织"是对我国目前法律已经确定的环境民事公益诉讼原告主体的重申。《民法典》第 1234 条和第 1235 条中"法律规定的组织"中的"法律"指代的是《立法法》第 7 条和第 8 条规定的，我国全国人大及其常委会行使国家立法权所制定的法律。我国"法律"是全国人大及其常委会颁布的，针对国家主权、国家机构组织及职权行使、犯罪与刑罚、税收、民事基本制度和司法制度等重要事项所进行的立法。具体而言，《民法典》第 1234 条和第 1235 条中"法律规定的组织"指向《环境保护法》第 58 条规定的环保社会组织和《民事诉讼法》第 58 条规定的有关组织和检察机关。前述环保组织和检察机关均是环境民事公益诉讼的适格原告。针对《民法典》第 1234 条规定"违反国家规定"的表述，张新宝教授认为：考虑到我国规范体系中的立法权面临的放权的需要和趋势，因此，"违反国家规定"应包括法律、行政法规、部门规章、地方性法规和司法解释。③

---

① 参见郭海蓝、陈德敏《生态环境损害赔偿磋商的法律性质思辨及展开》，《重庆大学学报》（社会科学版）2018 年第 4 期。

② 参见竺效《民法典为环境公益损害救济提供实体法依据》，《光明日报》（理论版）2020 年 6 月 5 日第 11 版。

③ 参见张新宝《侵权责任编：在承继中完善和创新》，《中国法学》2020 年第 4 期。

"法律规定的组织"中的"法律"表述相较于"国家规定的机关"而言更为严格。因为此处"法律"是限于我国《立法法》所规定的全国人民代表大会及其常务委员会所制定和颁布的法律规定，除此之外，任何的行政法规、部门规章、司法解释、地方性法规或者地方政府规章均不属于形式意义上"法律"的范畴。由此，"法律"对生态环境损害赔偿诉讼和环境民事公益诉讼的原告主体资格进行了严格限定，而"国家规定的机关"则呈现较为灵活的规范调整空间。换言之，"国家"可以通过制定和颁布政策性文件来灵活调整生态环境损害赔偿诉讼和环境民事公益诉讼的原告资格，具有灵活性和调整性特征。

三 生态环境损害责任的公私法属性特征

生态环境损害责任可以细分为两种责任形式，即生态环境修复责任和生态环境损害赔偿责任。《民法典》虽然没有直接规定"生态环境损害责任"，但是第 1234 条规定的生态环境修复责任和第 1235 条规定的生态环境损害赔偿责任可以在学理上归纳为生态环境损害责任。生态环境不是传统私法规范保护的私人财产，但是基于生态环境质量与公众健康等环境权益的密切联系，以及现代风险社会下私法公法化与社会化的趋势，我国将生态环境利益纳入了《民法典》的保护范畴。而生态环境损害私法救济路径下的生态环境损害责任包含了两种责任形式，而这两种责任形式存在公私法属性的杂糅。

生态环境修复责任具有"公法目的、私法性质"的特征。首先，生态环境修复责任救济利益具有公益性，即生态环境损害修复责任的目的与公法救济规范中的环境治理行政命令目的具有同一性。然而，生态环境修复责任规定在《民法典》中，是我国私法规范上的新型责任形式。生态环境修复责任不同于传统侵权法律关系中的"恢复原状"责任方式，其强调对生态环境要素的系统修复和动态治理。[①] 生态环境修复责任救济对象是受损的生态环境本身，利益受损主体并不是民法意义上的单独的"人"，而是环境法上的类主体——"人类"，区别于环境私益侵权，具有明显的公共利益特征。[②] 而生态环境修复责任救济的生态环境利益属于典型的公众利益，不为特定私主体所单独享有，具有非排他性和公

---

① 参见吕忠梅《"生态环境损害赔偿"的法律辨析》，《法学论坛》2017 年第 3 期。
② 参见吕忠梅《"生态环境损害赔偿"的法律辨析》，《法学论坛》2017 年第 3 期。

共性特征。生态环境损害赔偿权利人在主张损害赔偿时不能"意思自治",而需要以公共利益、维护国家利益为目标,这在本质上是公权力运用而非私权利的行使,决定了生态环境损害赔偿制度的内核是公法。① 生态环境修复责任对生态环境利益的救济与公法规范维护公共利益的公法属性具有共同的规范制度目标和功能。有学者认为:"生态环境属于公共产品,关乎环境公共利益,对其损害的救济主要通过行政机关的执法进行。"② "行政权行使的一个重要目的就是执行公意,保护由之产生的公共利益。"③ 换言之,环境污染防治或者自然资源保护等公法规范的根本目标是维护生态环境质量,保障公众健康。这与生态环境修复责任具有功能和目标的一致性。因为修复责任通过修复受损生态环境,从而恢复生态环境质量功能,从而消除因为生态环境损害造成的私主体的健康、财产威胁与风险。

其次,生态环境修复责任作为生态环境损害赔偿诉讼和环境民事公益诉讼的责任方式,规定在《民法典》《环境公益诉讼司法解释》和《若干规定》中,是一种新型民事责任,具有显著的私法规范属性。有学者认为,规范属性的不同直接决定了生态环境修复的强制性和法定责任属性(第二法律义务)。④ "生态环境修复责任应当界定为一项环境民事公益诉讼责任形式,而不是作为被侵权人行使请求权、要求侵权人承担的一种侵权责任形式。"⑤ 而《若干规定》第 11 条规定生态环境损害赔偿诉讼的责任方式包括修复生态环境、赔偿损失、停止侵害、排除妨碍、消除危险、赔礼道歉等。学者界定的"侵权责任形式"和法规规范"民事责任"的表述强调了生态环境修复责任作为生态环境损害救济中新的民事责任,区别于传统侵权责任中的恢复原状责任类型,强调对生态环境要素的修复和

---

① 参见刘长兴《生态环境损害赔偿诉讼的制度定位与规范表达》,《环境法评论》2020 年第 1 期。

② 胡静:《我国环境行政命令体系探究》,《华中科技大学学报》(社会科学版) 2017 年第 6 期。

③ 刘静:《论生态损害救济的模式选择》,《中国法学》2019 年第 5 期。

④ 参见刘超《环境修复审视下我国环境法律责任形式之利弊检讨——基于条文解析与判例研读》,载《中国地质大学学报》(社会科学版) 2016 年第 2 期。

⑤ 刘超:《论"绿色原则"在民法典侵权责任编的制度展开》,《法律科学》(西北政法大学学报) 2018 年第 6 期。其他学者也主张生态环境修复责任并非民事责任中的恢复原状,而是环境公益诉讼的特殊责任方式。参见朱晓勤《生态环境修复责任制度探析》,《吉林大学社会科学学报》2017 年第 5 期;李挚萍《生态环境修复责任法律性质辨析》,《中国地质大学学报》(社会科学版) 2018 年第 2 期。

治理，因责任具有的规范属性而具有私法性质。有学者认为，要求国家积极给付（维持和改善环境）的权利和要求政府消极不作为（不污染和破坏环境）的权利，属于公法上的环境权利；要求企业消极不作为（不污染和破坏环境）的权利，是私法上的环境权利。环境法可以被看作一种社会法，兼有私法和公法的双重属性。① 换言之，环境保护的目标既可以运用公法手段来实现，也可以运用私法手段来实现。而纯粹的环境损害实际上涉及公法规制，但是也保留一些私法概念。②

　　另外，生态环境损害赔偿责任的法益损害填补、民事责任性质决定了其私法属性。具体而言，生态环境损害赔偿责任的私法属性可从以下两个方面界定和理解。首先，生态环境损害赔偿责任体现事后损害填补和损益衡平理念。有学者认为我国《环境保护法》确立的环境民事公益诉讼和《改革方案》《若干规定》确立的生态环境损害赔偿诉讼的本质都是追究民事责任。③ 根据《改革方案》中"赔偿权利人及其指定的部门或机构应当及时提起生态环境损害赔偿民事诉讼"和"由环境资源审判庭或指定专门法庭审理生态环境损害赔偿民事案件"的表达，《改革方案》将生态环境损害赔偿诉讼的性质定性为民事诉讼，故所承担的责任也为民事法律责任。生态环境损害赔偿责任是针对生态环境的永久性损害、因诉讼而产生合理费用、损害期间损害费用的赔偿。"公共利益直接有助于一般利益者，它并不等同于一般利益。"④ 虽然生态环境损害赔偿救济的是生态环境公共利益，区别于私人主体的法益保护，但是损害赔偿的法益填补体现了私法规范的救济理念。有学者认为，"针对纯粹环境公益的赔偿责任的属性应该为行政责任，为公法责任。此种付费是对公共利益的一种支付，归属国库，和对私人利益的支付对象和用途都是不同的"。⑤ 然而，能否以调整利益具有公益属性和对象指向国家就认定这种

　　① 参见王小钢《以环境公共利益为保护目标的环境权利理论——从"环境损害"到"对环境本身的损害"》，《法制与社会发展》2011年第2期。
　　② 参见［德］克雷斯蒂安·冯·巴尔《欧洲比较侵权行为法》，焦美华译，张新宝审校，法律出版社2001年版，第506页。
　　③ 参见李琳《法国生态损害之民法构造及其启示——以损害概念之扩张为进路》，《法治研究》2020年第2期。
　　④ ［德］施密特·阿斯曼：《秩序理念下的行政法体系建构》，林明锵等译，北京大学出版社2012年版，第143页。
　　⑤ 辛帅：《不可能的任务——环境损害民事救济的局限性》，中国政法大学出版社2015年版，第130页。

赔偿责任属于公法性质？生态环境损害赔偿责任是对受损生态环境的生态价值、经济价值的弥补，具有补偿性、救济性，不同于公法规范下行政罚款或者没收违法所得行政处罚中财产罚强调对行为人的惩戒和惩罚，行政法律责任中虽然调整利益均指向公共利益，但是责任更加强调的是惩罚性而非补偿性和救济性。其次，我国《民法典》《环境公益诉讼司法解释》等规范性文件均将传统"赔偿损失"责任形式类比解释为生态环境损害赔偿责任。侵权法律关系下的责任形式包括了停止侵害、排除妨碍、消除危险、赔偿损失、赔礼道歉等。其中赔偿损失是传统私法规范下损害填补和风险分担理念的体现，即要求侵权责任人对其侵权行为造成的损害后果通过赔偿损失的法律责任重新转移到行为人，以使受损利益恢复到原有的状态。

四　法益填补下生态损害赔偿责任的适用

生态环境法益是受法律保护的利益，其保护对象是生态环境本身，所保护的利益是水、大气、土壤等生态环境在"时间、空间和承载"三个尺度上的自然规律免遭破坏。[①] 有学者根据类型的不同，将环境公益分为环境类公共利益、资源类公共利益、生态类公共利益。[②] 生态环境损害的法律救济包括消除危害、修复生态环境或赔偿损害，即法律行为可能产生生态环境损害时，应承担排除危害责任；对于已经造成损害的，则承担生态环境修复责任；对于无法修复的生态环境，则承担损害赔偿责任。[③] 对于已经发生的生态环境损害，法律救济以生态环境修复为主。只有受损生态环境无修复可能时，生态环境损害责任人才承担损害赔偿责任。侵权法中的损害赔偿是针对"法益价值差额"的损害填补，[④] 而生态环境修复责任具有一定的"恢复原状"意涵，但是又区别于恢复原状的责任形式，是生态环境法律关系中一种新的责任方式。司法审判实务曾经在法律规范没有明确规定生态环境修复责任时，通过适用"恢复原状"责任方式来实现对受损生态环境的修复。而学术界则主张生态环境修复是区别于恢复

---

① 参见陈珊、利子平《生态环境法益探微》，《求索》2015 年第 5 期。

② 参见秦天宝、黄成《类型化视野下环境公益诉讼案件范围之纵深拓展》，《中国应用法学》2020 年第 4 期。

③ 参见竺效《生态损害的社会化填补法理研究》，中国政法大学出版社 2007 年版，第 64 页。

④ 参见吕忠梅《"生态环境损害赔偿"的法律辨析》，《法学论坛》2017 年第 3 期。

原状的新的责任类型或责任方式，是动态地、整体地将受损生态环境恢复到生态环境基线状态，而恢复原状是传统物权中对特定物的修复，体现为一种静态、个体、具象的修复。①

虽然生态环境修复责任在行政法中通过采取减轻污染（治理）措施②、恢复植被或生产条件③等行政命令可以实现受损生态环境修复目的，但是因违反国家规定而实施环境污染或生态破坏行为的，行为人需要对能够修复情况下的生态环境服务功能期间损害和不能修复情况下的永久性生态服务功能进行损害赔偿，强调对环境法益的生态填补。此外，行政机关处以行政相对人的行政处罚的罚款数额极为有限，不能弥补因为行为人的环境污染或者生态破坏行为所造成的对生态环境本身的损害，即行政罚款并不具有补偿性和损害填补特征。④

《民法典》第1234条和第1235条对于生态环境法益的救济分别规定了生态环境修复责任和生态环境损害赔偿责任。生态环境修复责任突出对受损的生态环境通过物理、化学和生物等不同手段让其恢复到未受到侵害之前的状态，即让受损的生态环境各个标准数值回归到该特定领域范围生态环境受损之前的背景值。而生态环境损害赔偿责任则更突出对受损生态环境损害的生态服务功能、调查鉴定评估费用、清污修复费用、防止损害扩大费用的赔偿。

但是，私法救济下的生态环境损害赔偿责任必须在行为人导致的生态环境损害时可量化的前提下，民事救济的损害填补才能发挥作用。环境保护部办公厅2014年通过《环境损害鉴定评估》（第Ⅱ版），为生态环境损害评估提供了规范指导。在经济学家看来，公共物品的两个特点是消费的

---

① 参见吕忠梅、窦海阳《修复生态环境责任的实证解析》，《法学研究》2017年第3期；李挚萍《生态环境修复责任法律性质辨析》，《中国地质大学学报》（社会科学版）2018年第2期；刘超《环境修复审视下我国环境法律责任形式之利弊检讨——基于条文解析与判例研读》，《中国地质大学学报》（社会科学版）2016年第2期。

② 具体而言，《水污染防治法》第85、90、94条中规定"限期采取治理措施，消除污染"；《固废法》第87条规定"采取防止或者减轻危害的有效措施"，第118条规定"责令限期采取治理措施"；《土壤污染防治法》第45条针对土壤污染责任人规定了概括性的"修复"义务。

③ 《森林法》第73—74条规定"责令限期恢复植被和林业生产条件"；《草原法》第46条规定"限期治理"，第65条规定"恢复草原植被"，第66、68—70条规定"限期恢复植被"；《湿地保护法》第52、54、56—57条规定"修复湿地或者采取其他补救措施"，第53条规定"责令限期恢复、重建湿地"。

④ 参见刘长兴《论行政罚款的补偿性——基于环境违法事件的视角》，《行政法学研究》2020年第2期。

非竞争性和非排他性；在法学家看来，清洁环境指涉环境公共利益，环境公共利益具有普惠性和共享性，而公共利益的最终归属主体是社会公众，个体都是从公共利益中受益。① 私法手段的运用必须首先解决环境资源的公益性与民法制度的个人利益本位的矛盾。"申言之，民法手段的运用必须满足下列两个条件之一：一是环境资源的生态价值必须是可度量的，是可以经济价值化的具体利益；二是环境资源的其他非经济属性必须可以转化为法定的人格利益。只有在这样的条件下，环境资源利益才可能成为个人所支配的利益，也就是成为民法上的权利的内容。"②

《环境损害鉴定评估》（第Ⅱ版）相较于第Ⅰ版，针对生态环境系统功能的表述从生态环境服务功能变为生态系统服务。前者指某种生态环境和自然资源对其他生态环境、自然资源和公众利益所发挥的作用。③ 而生态系统服务指人类或其他生态系统直接或间接地从生态系统获取的收益。生态系统的物理、化学或生物特性是生态系统服务的基础。④ 前者强调环境要素、自然资源与人类之间的物质交换而产生的利益，而后者则更加强调以人的视角来判断因受损生态环境致使人类环境利益的减少。但是不论哪种定义，生态环境损害赔偿责任均是将侵权责任法中的损害填补理念运用到生态环境利益的损害救济中，对于受损的环境利益通过损害赔偿的手段使得受损环境利益得以"复原"。

生态环境损害赔偿责任是指针对《民法典》第 1235 条的总体概括，即针对不能修复的受损生态环境的赔偿、从损害到修复完成的期间功能赔偿以及基于诉讼而产生的生态环境损害调查或评估等费用。根据我国《民法典》《若干规定》等规范性文件，我国现行法律体系规范下的生态环境损害赔偿责任的适用范围不仅针对无法修复情形下的永久性损害赔偿，还包括了对于存在修复可能的生态环境，责任人需要赔偿受损生态环境从损害发生到修复完成整个阶段的期间损害。

以《民法典》为代表的私法规范救济生态环境损害，确立生态环境

---

① "对环境本身的损害"在经济学家眼里意味着公共物品的稀缺（丧失）；在法学家眼里意味着对环境公共利益的侵犯（损害）。参见王小钢《以环境公共利益为保护目标的环境权利理论——从"环境损害"到"对环境本身的损害"》，《法制与社会发展》2011 年第 2 期。

② 吕忠梅：《环境权的民法保护理论构造——对两大法系环境权理论的比较》，载吴汉东编《私法研究》，中国政法大学出版社 2002 年版，第 181 页。

③ 《环境污染损害数额计算推荐方法》（第Ⅰ版）。

④ 《环境损害鉴定评估推荐方法》（第Ⅱ版）。

损害赔偿体现的是对受损的法益进行损害填补。公私法的划分注重公共领域和私人领域的界限，从而保证国家机关履行法定的职责，而私人权利的行使不受公权力机关的不法干预。公法规范通过行政监管制度和对相对人的规制来维护客观法秩序，而私法则强调通过侵权责任救济受损的法益以恢复其"圆满"的状态。《民法典》突破了固有传统公私法二分，将生态环境利益作为私法保护的法益。随着社会"国家社会化"和"社会国家化"现象的发展，传统市民社会与政治社会二元结构逐渐解体，从而不再有公私法二分的社会基础。[1]　正如哈贝马斯所言："采取新干预政策的是这样一种国家：随着具有政治功能的公共领域机制化，这种国家与市民社会的利益吻合。"[2]　正因现代社会下公共利益与私人利益的互嵌与耦合，使得维护环境利益由单一依赖公法管制路径转向依赖公法和私法共同调整。而生态环境损害在无法修复时，或者虽然可以修复，但是从损害到修复完成期间的损害也存在特定的生态利益，因而可通过法益损害填补的私法路径得以弥补和救济。

第二节　行政法下生态环境损害条款的规范解释

生态环境损害的公法救济路径和私法救济路径分别基于不同的权力基础运作逻辑而发挥不同的法律功能和救济优势，但是两种救济路径因为不同救济权力运作逻辑和机制同样存在两者救济路径自身的劣势与不足。单一的部门法思维会对特定法律问题的思考产生思维局限和部门法壁垒。正如有学者指出，在法学研究中，需要"以问题本身需要来组织不同知识领域而加以正当性和合法性研究"[3]。为此，需要以整体性视角作为指导、以法律问题作为导向和以法律功能作为目标来统筹思考生态环境损害的救济路径的合理安排。申言之，生态环境损害两种法律救济路径所发挥的法律功能存在交叉与重叠，应以整体性视角整合两种救济路径的法律功能，并基于不同救济路径的运作逻辑与优缺点来合理安排两种救济路径的适用与衔接。

---

① 参见王利民《民法的精神构造：民法哲学的思考》，法律出版社2010年版，第201页。

② ［德］哈贝马斯：《公共领域的结构转型》，曹卫东等译，学林出版社1999年版，第17页。

③ 刘剑文：《超越边缘和交叉：领域法学的功能定位》，《中国社会科学报》2017年1月4日第5版。

一 客观秩序下生态法益保护

公私法规范因为调整利益的差异，两者在救济生态环境损害方面存在不同的价值追求。公法规范下的生态环境损害救济更加注意生态环境作为一种外在外部环境对人类生产生活和工作所产生的影响，因而强调生态环境质量的维护。由此形成的环境法律秩序间接实现私法层面私人环境权益保护的目标。有学者通过论述环境权保护对象指向的是环境本身，旨在维持和改善环境公共利益，因此认为任何只具有自益性的私权都不可能属于环境权。[①] 由于环境法和民法的不同法学视域，民法注重环境污染和生态破坏侵权责任的构成要件研究，而环境法注重对生态环境损害的预防、管控和救济。

（一）公法管制和侵权救济的差异

不论公法救济路径还是私法救济路径，两者均调整生态环境损害。但是生态环境损害公法救济路径的调整对象比私法救济路径的调整对象更加宽广，因为根据《环境保护法》及各单行污染防治法和自然资源法，生态环境保护行政机关可以针对任何违反法律规定和国家规定的行为处以相应的行政责任，而并不要求违法行为导致严重的损害结果。然而，根据《改革方案》《若干规定》等规范性文件，生态环境损害赔偿诉讼的前提是已经发生了严重的生态环境损害；根据《环境保护法》《环境公益诉讼司法解释》《检察公益诉讼司法解释》等规定，关于环境民事公益诉讼的条文并未使用"严重"的表述，而是使用了"损害社会公共利益"[②] "已经损害社会公共利益或者具有损害社会公共利益重大风险"[③] 的表述。因此，生态环境损害赔偿诉讼针对的损害后果比环境民事公益诉讼针对的损害后果更为严格。

1. 公法管制的强制性

宪法规范下的环境保护义务和法律规范下的政府环境监管职责具有法定性与强制性，负有法定环境保护监管职责的行政部门并不享有是否履行法定监管职责的选择，也禁止将其法定职责转移给第三方履行。有学者将

---

① 参见朱谦《对公民环境权私权化的思考》，《中国环境管理》2001 年第 4 期。

② 参见《环境保护法》第 58 条、《民事诉讼法》第 58 条、《检察公益诉讼司法解释》第 13 条。

③ 参见《环境公益诉讼司法解释》第 1 条。

行政职责界定为："行政主体在享有和行使职权的同时必须依法忠实履行特定义务。"① 法律规范授予行政机关在生态环境保护领域的职权是为了履行法定职责，实现法律所设定的目标。正如有学者所言：政府首先必须履行职责，而在职责履行的过程中为了保证职责的履行，法律赋予政府以行政职权。② 又有学者认为："环境权保障作为环境规制的价值目标和正当性基础，赋予了国家环境保护义务。"③ 在行政机关同时享有行政执法权与政府索赔权的情形下，其可能避开本应履行的监管职责，而通过提起生态损害赔偿诉讼的方式将环保职责转移由法院承担，为此必须明确行政机关在行政执法与提起赔偿诉讼选择中的限度与标准。④ 因此，在环境权—国家环境保护义务—政府环境保护职责之间存在关联，其中公民环境权的实现是最终目标，政府环保职责则是为了实现国家环境保护义务的具体制度安排。政府职权必须由法律明文规定，遵循"法无授权不可为"的原则。故我国《环境保护法》及其单行污染防治法和自然资源保护法中规定行政机关履行行政监管职责所体现的法定性与强制性，与《民法典》《改革方案》《若干规定》所确立的提起生态环境损害赔偿诉讼的选择任意性存在冲突。

环境法不同于其他部门法，环境法强调通过事前预防、事中管控和事后救济的全过程规制来解决环境问题。环境法的事前预防体现在行政许可、环境影响评价、城乡规划、土地管理和环境标准制定等方面；环境法的事中管控体现为生态环境保护的日常行政执法，环境法的事后救济注重生态环境损害出现后社会化分担的环境责任保险、环境损害的政府补偿责任⑤。有学者认为，学界对环境权的救济认知存在偏差。虽然认识到"环境损害"既包括"环境本身的损害"，也包括经由环境污染或生态破坏造成的人身和财产损害，但是在安排公民环境权利的救济制度时，却将"环境损害"简化为人身和财产损害。⑥ 公法规范指向的是公法规范背后

---

① 文正邦：《职责本位论初探——行政法理论基础试析》，《法商研究》2001 年第 3 期。

② 参见曾刚《论政府职责的发展》，《理论界》2005 年第 9 期。

③ 张宝：《环境规制的法律构造》，北京大学出版社 2018 年版，第 160 页。

④ 参见吕梦醒《生态环境损害多元救济机制之衔接研究》，《比较法研究》2021 年第 1 期。

⑤ 环境损害政府补偿责任是指行政相对人的行为符合行政机关制定的各项标准，但仍造成了环境损害，从而政府对此造成的损害承担补偿的法律责任。相关研究详见刘长兴《环境损害政府补偿责任研究》，中国政法大学出版社 2019 年版。

⑥ 参见王小钢《以环境公共利益为保护目标的环境权利理论——从"环境损害"到"对环境本身的损害"》，《法制与社会发展》2011 年第 2 期。

稳定、合理、和谐的法律秩序，对于特定的法益损害，公法并不调整和进行直接救济，而仅仅恢复原有的社会秩序，使得社会系统得以顺畅地运转。换言之，环境法具有明显的行政法的过程管制特征，强调对法律调整对象的全面而系统地监督和管理。

不论污染防治法律规范还是自然资源保护规范，抑或生态环境保护规范，均涉及大量公法性质的制度规定，[①] 并体现风险预防原则理念。从以建设项目的环境影响评价、污染物排放许可证和环境规划制度为代表的事前预防制度，到污染物排放标准、环境质量标准的环境监管执法的事中监督，无不涉及公法中对于可能对生态环境造成影响的特定行为的管控和规制。这不仅仅因为环境法具有明显的公法属性，内在根本的原因在于对于生态环境损害或影响的行为规制，需要在设定规则时以全过程规制、生态环境系统整体性思想作为指导。为此，环境法也形成了保护优先、预防原则、谨慎原则和综合保护的基本原则，并在我国《环境保护法》中予以确立[②]。

2. 侵权救济的损害填补

虽然传统的私法规范并不调整公共利益，但我国《民法典》突破了传统公私法的严格界分，基于私法的法益填补理念，将环境公共利益的保护纳入私法的救济范畴，从而使得环境公共利益得以在侵权法律关系模式中提供补充救济。换言之，私法规范下将侵权法的损害填补理念运用到生态环境损害救济，并通过责任形式的创新来适应环境公益损害的特点。但是《民法典》下的生态环境修复责任和生态环境损害赔偿责任体现了公法性质和私法性质的杂糅，从而导致了生态环境损害救济制度的适用困局。对于行为人遵守了相关行政法规则，是否应当承担责任的问题，有学者认为，需要考虑行政法和侵权法的不同的目标；此外，行政法是基于一般安全预期，而侵权法则是判断个案的具体情景。[③] 然而，我国《民法典》对于生态环境损害的救济强调仅针对违反国家规定的行为。换言之，

---

① 环境保护法律规范制度中大部分规范制度均是公法规范，仅在涉及环境要素，或者以环境要素为中介的个人私益侵权或者生态环境损害救济时涉及私法规范。环境保护法律规范是以环境要素作为领域统摄不同法律性质规范的集合，具有领域法特征。并且以公法规范为主，私法规范为辅。

② 参见《环境保护法》第 5 条。

③ See Willem H. van Boom, Meinhard Lukas, Christa Kissling (eds.), *Tort and Regulatory Law*, New York: Springer-Verlag Vienna, 2007, pp. 2-3.

仅当违法行为导致生态环境损害时，行为人才需要承担法律责任。

　　私法规范救济生态环境损害相较于公法路径，其最显著的差异在于损害利益的填补性和补偿性。生态环境损害虽然可以通过行政机关作出环境修复的行政命令来修复受到损害的生态环境，但是行政罚款等行政处罚无法补偿生态环境所遭受的损害，即无法对受损生态环境提供损害填补。行政机关对行政相对人处以行政处罚的罚款数额具有法律规定的上限，不能弥补因为行为人的环境污染或者生态破坏行为所造成的对生态环境本身的损害，即行政罚款并不具有补偿性和损害填补特征。[①] 然而，虽然生态环境损害私法救济能够提供补偿性的损害赔偿，但是根据《改革方案》《若干规定》等规定，政府及其指定的行政部门仅限于因环境污染事件、特定功能区内发生严重生态环境损害方可适用，换言之，私法救济中的生态环境损害赔偿诉讼适用范围有限。而社会环保组织和检察机关提起环境民事公益诉讼则无此限制，从而保证了生态环境损害赔偿责任补偿功能的实现。

　　整体而言，生态环境损害公法救济虽然具有多种优势，但是公法规范中违法行为人的行政责任因"重处罚、轻赔偿"的特征使得单一公法救济路径无法为生态环境损害提供周延的救济。而行政机关作为赔偿权利人提起赔偿诉讼，其制度的"正当性在于顺应现代行政法中权力行使方式的多样化趋势，在传统行政手段不敷使用时通过司法方式实现行政目的"[②]。因此需要形成"行政救济优先，司法救济替补"[③] 的模式，即发挥生态环境损害公法救济的主动性、强制性、专业性和高效性优势，同时借助私法救济下的诉讼机制来实现受损法益的损害填补，从而保证生态环境损害的有效救济。(见表5-2)

表5-2　　　　　　　　　　生态环境损害公私法救济路径的比较

	公法	私法
调整对象	生态环境损害	
规范理念	秩序维护	损害填补

[①]　参见刘长兴《论行政罚款的补偿性——基于环境违法事件的视角》，《行政法学研究》2020年第2期。

[②]　陈海嵩：《生态环境损害赔偿制度的反思与重构——宪法解释的视角》，《东方法学》2018年第6期。

[③]　参见吕梦醒《生态环境损害多元救济机制之衔接研究》，《比较法研究》2021年第1期。

续表

	公法	私法
权力依托	行政权	司法权
规范性质	职责履行的强制性	行使诉权的选择性
机关保障	行政机关	司法机关
救济制度	行政命令 行政强制	生态环境损害修复责任 生态环境损害赔偿责任

(二) 主观权利下的环境损害填补

生态环境损害的救济模式从行为发生时间视角来看，可以分为事前的损害预防、事中的损害监督管制和事后的损害填补三种不同的类别和层级。这三种不同的救济类别和层级对应全过程控制观、生态系统观和损害填补观三种不同的价值理念，由此形成完整的救济体系，可以指导不同主体根据其自身定位的不同，在不同阶段和环节中发挥不同的价值功能，以形成科学的生态环境损害救济机制。从主体的视角切入，生态损害救济的模式选择涉及不同主体的角色定位以及在多元共治环境治理下的行政权与司法权的关系，① 以行政权为基础的公法救济更加强调环境行政机关的行政执法与监管作用，而以司法权为基础的私法救济更加强调司法机关和公众的督促作用与事后损害救济。在权力分立的制度框架下和应然规范建构下，行政权基于行政机关的日常规制监管及时、有效地解决生态环境损害，而司法权下的法院基于司法权的谦抑性发挥事后损害填补的补充功能。

在"生态文明"写入宪法后，我国构建起以经济建设、政治建设、文化建设、社会建设、生态文明建设"五位一体"总体布局和宪法秩序。我国《宪法》序言将生态文明建设纳入"国家根本任务"范畴，不只是片面关注经济发展和物质文明的建设，而是将我国国家建设的目标修改为建设"富强民主文明和谐美丽的社会主义现代化强国"。尽管 2018 年《宪法》修订增加了"生态文明"的国家建设目标，但是依然没有确定学界所呼吁的公民环境权②或者环境权③，而是通过国家环境保护义务目标

---

① 参见刘静《论生态损害救济的模式选择》，《中国法学》2019 年第 5 期。
② 参见吕忠梅《环境权入宪的理路与设想》，《法学杂志》2018 年第 1 期。
③ 参见吴卫星《环境权入宪的比较研究》，《法商研究》2017 年第 4 期。

责任来实现公民对美好生活环境的需求。即《宪法》第 26 条规定："国家保护和改善生活环境和生态环境，防治污染和其他公害。"

目前我国法律规范仅限于《环境影响评价法》第 11 条明确规定了环境利益，强调对"涉及公众环境权益的规划"需要充分听取各方意见，实现有效的公众参与，以保证规划在环境影响评价阶段保护各方环境权益和规划的科学性。但是我国宪法和其他法律并未将环境权益上升为环境权，既没有规定公民环境权，更遑论环境本身拥有法律拟制的权利。

《民法典》通过生态环境损害赔偿责任对于完全不能修复的永久性生态服务功能损害和期间生态服务功能损害提供损害填补。虽然环境权益和环境权的法律确认进展缓慢，但是《民法典》直接将纯粹的生态环境公共利益纳入侵权法律体系，并通过确立生态环境修复责任和生态环境损害赔偿责任来救济受损生态环境。其中生态环境损害赔偿责任是对受损生态环境的永久性生态服务功能丧失、受损期间生态服务功能丧失所代表的生态环境法益的弥补，体现了民法对主观权利体系下环境法益的损害填补功能。换言之，虽然《民法典》没有明确规定公民环境权，但是民法对生态环境损害的救济突破了公法规范下对生态环境秩序的单一维度维护，而辅之以对环境法益的损害"差额填补"。

因此，《民法典》对生态环境损害的救济，是我国私法体系推进环境法益实现法制化的体现。民法的侵权法律体系没有停留在公法一般法益的保护程度，而是运用了私法手段填补受损环境法益，并且实现公法环境秩序的维护。换言之，《民法典》所保护的环境法益在一定程度上已经承认了环境作为法律主体而享受的法益保护，并且折射出公民传统民事权利和生态利益的耦合性。

二　公法救济的边界及其困局

行政机关较于立法机关或司法机关在法律活动的创设中具有数量和经验的优势，[①] 而环境治理的关键在于环境行政机关的规制效果[②]。因此，环境行政法律责任是实现生态环境保护，维护生态环境质量的重要途径和手段。尽管行政监管是维护生态环境的重点，通过行政处罚、行政强制等

---

① 参见［美］杰里·马肖《贪婪、混沌和治理——利用公共选择改良公法》，宋功德译，毕红海校，商务印书馆 2009 年版，第 168 页。

② 参见刘超《环境风险行政规制的断裂与统合》，《法学评论》2013 年第 3 期。

手段能够及时修正和惩戒违法行为，但是行政处罚存在局限性，公法法律责任补偿性的缺失难以补偿受损生态环境的期间损害。

（一）行为标准导向的行政监管

在我国环境污染防治和自然资源领域的法律规范体系中，行为人因违反禁止性行为承担罚款、停产停业或关闭等行政处罚占法律责任条款的多数，因违法行为导致污染事件或植被破坏等环境损害结果承担治理责任占少数。行政处罚是享有行政处罚权的行政机关或者法律、法规授权的组织，对违反行政管理秩序，依法对应当处罚的行政相对人给予法律制裁的行为。[①] 行政处罚是在行政相对人违反法定义务时，行政机关对其处以的惩戒和处罚，其本质属于制裁措施，目的是督促行政相对人纠正违法行为，并通过增加其违法成本来防止违法行为的再次发生。换言之，行政处罚是一种辅助性、补充性行为，目的在于保障行政行为的顺利实现。[②] 因此，行为标准导向的行政监管强调对违法行为的管制，而结果标准导向的治理责任强调对生态环境受损法益的恢复。

对于以行为标准为导向的行政监管，法律规范不要求违法行为产生具体的损害结果，只要行为人违反了污染排放标准或资源索取的规范标准，或者实施了禁止性行政行为，均要承担相应的行政处罚。然而行政处罚更加注重客观法律秩序的恢复，而不是受损法益的恢复，故行政处罚生态环境修复功能很弱。尽管行政处罚中责令停产停业或关闭的行为罚和暂扣或者吊销许可证或者执照的资格罚限制了违法行为的发生，避免生态环境法益进一步受到损害，但是生态系统功能的期间损害、防止生态环境损害结果扩大的应急处理费用并不能通过行政处罚来填补，故行政处罚不能承担生态修复之重。

因此，生态环境损害单一救济路径不能满足全面救济生态环境损害的需求，也违背了国家宪法法律框架下权力的配置规范和运作逻辑。生态环境损害的公法救济路径依托行政权而实施环保行政监管能够保证行政机关在日常监管执法过程中通过行政命令和行政强制制度实现及时、有效、专业地救济生态环境损害。此时的行政监管执法不仅是宪法框架下国家环境保护义务的履行，更是行政机关履行环保行政监管职责的应有之义。[③] 然

---

① 参见张树义《行政法学》（第二版），北京大学出版社 2012 年版，第 229 页。
② 参见曹实《行政命令地位和功能之再认识》，《学术交流》2014 年第 12 期。
③ 参见陈海嵩《国家环境保护义务》，北京大学出版社 2015 年版，第 208—220 页。

而由于公法救济路径下的救济制度和机制并不能以生态环境利益为损害基础进行损害填补救济，而行政罚款等行政处罚并不具有补偿性特征，为此针对永久性损害和期间生态环境服务功能损害的补偿只能由生态环境损害私法救济路径得以满足。

（二）公法缺乏概括性修复规定

单行污染防治法或单行自然资源保护法中规定了环境修复治理行政命令，具体体现为县级以上的生态环境保护部门责令行政相对人限期采取治理措施，消除污染，或者恢复植被、林地或草地的生产条件等。申言之，生态环境损害能够在公法规范路径下通过修复治理的行政命令得以修复。但详细梳理我国《环境保护法》和单行环境污染防治法或自然资源保护法后发现，仅《土壤污染防治法》针对污染责任人造成土壤污染，规定责任人负有土壤污染风险防控和修复义务。而其他法律并未规定违法行为人概括性的生态环境修复责任，故"采取治理措施"的补救性行政命令并不能适用于全部违法行为，仅能适用于法律条文中"法律责任"所规定的特定违法行为。

虽然《水污染防治法》和《固废法》规定相应的行政管理部门责令违法行为人限期采取治理措施，从而实现生态环境修复，但是由于缺乏概括性的修复责任条文规定，在职权法定原则下，行政机关只能在特定的情形下对违法行为人适用生态环境修复行政命令。例如，《水污染防治法》仅在向水体排放污染物[①]、在水体上进行可能污染水体作业[②]、造成水污染或者造成水污染事故[③]三种情形下规定行政机关可以适用责令限期采取治理措施，消除污染，逾期不采取治理措施的实行行政代履行。对于违法排放水污染物[④]、船舶进行涉及污染物排放的作业[⑤]，以及其他违法行为造成或可能造成环境污染的，并未要求行为人采取治理措施，而仅对违法行为人处以行政罚款或责令停止违法行为。此外，根据《固废法》第118条规定，在造成固体废物污染环境事故情况下，由生态环境行政机关责令行为人限期采取治理措施。但是《固废法》第112条针对"未采取相应

---

① 参见《水污染防治法》第85条。
② 参见《水污染防治法》第90条。
③ 参见《水污染防治法》第94条。
④ 参见《水污染防治法》第83条。
⑤ 参见《水污染防治法》第89条第2款。

防范措施，造成危险废物扬散、流失、渗漏或者其他环境污染的"，仅规定由生态环境行政机关处以罚款，责令改正，没收违法所得；情节严重可以责令停业或关闭，没有规定相应的修复治理责任。申言之，《水污染防治法》和《固废法》中规定行政机关"采取治理措施"的适用场域有限。此外，因大气环境要素的流动性和发散性特征，《大气污染防治法》的法律责任条款中缺乏具有修复理念的生态恢复规定，并未明确行政机关可以责令违法行为人"采取治理措施、消除污染"，而仅处以行政罚款，也未明确要求行为人改正其违法行为。①

　　虽然《土壤污染防治法》概括性地规定土壤污染责任人的土壤污染风险管控和修复的义务，并确定组织和实施土壤污染的调查、评估、风险管控和修复的费用由土壤污染责任人承担，② 但是针对在相应的作业中未采取防止土壤污染措施③，向农用地排放污染物④，或者将工业固体废物、生活垃圾或者已经受到污染的土壤用于土地复垦⑤，以及因实施风险管控、修复活动对土壤、周边环境造成新的污染⑥等具体造成或可能造成土壤污染的情形，《土壤污染防治法》仅规定生态环境主管部门责令改正、处以行政罚款、停产整治等，并未规定责令违法行为人采取治理措施以消除污染及影响。此时，生态环境主管部门在实践中面对上述情形通常按照该法规定的法律责任机械地适用法条，并未要求违法行为人承担修复责任。故在行政执法过程中，环保行政机关是否能够体系化地准确把握和适用该法第 45 条的概括性土壤污染修复责任规定成为能否救济受损生态环境的关键所在。

　　此外，在自然资源保护法律规范中，并未对所有造成生态环境损害的行为均要求承担生态环境修复责任，违法行为人在部分造成生态环境损害的情况下，仅承担罚款和停止违法行为的行政责任。例如，《草原法》针对在荒漠、半荒漠和严重退化、沙化、盐碱化、石漠化、水土流失的草原，以及生态脆弱区的草原上采挖植物或者从事破坏草原植被的

---

　　① 《大气污染防治法》第 122 条。
　　② 《土壤污染防治法》第 45—46 条。
　　③ 《土壤污染防治法》第 86 条。
　　④ 具体表现为污水、污泥、清淤底泥、尾矿、矿渣等，参见《土壤污染防治法》第 28 条第 1 款和第 87 条。
　　⑤ 《土壤污染防治法》第 89 条。
　　⑥ 《土壤污染防治法》第 91 条第 1 款第 2 项。

其他活动，仅规定由草原行政主管部门依据职权责令停止违法行为，没收非法财物和违法所得，处以行政罚款，并赔偿草原所有权者或使用权者损失。对于破坏草原植被的行为，并未明确规定草原行政主管机关责令行为人恢复草原植被，从而造成行政机关仅停止违法行为人的违法行为，并处以财产上的行政处罚，而草原植被并未得到恢复，草原生态环境功能也未能得以恢复。① 对于因为矿产开发行为造成了矿产资源破坏的，针对受损的生态环境，《矿产资源法》并未明确要求责任人采取治理、补救或者修复措施，而仅仅规定追究责任人的刑事责任或吊销采矿许可证，② 强调对私益损害的赔偿和救济③。也就是说，自然资源保护法律规范中涉及生态环境损害的条文虽然针对破坏植被和林地等要求行为人承担恢复植被或生产条件责任，但并不是全部涉及生态环境损害的条文都规定了修复治理责任。

此外，海洋环境损害的救济虽然并不适用《改革方案》和《若干规定》，但是根据《海洋环境保护法》第 114 条第 2 款规定，对海洋环境造成重大损失的，由海洋行政主管部门提起赔偿。这同样涉及海洋行政主管部门履行行政监管职责与提起赔偿诉讼的关系问题。《海洋环境保护法》针对特定行为造成环境污染事故并未规定责任人的修复义务。例如对于因发生事故或者其他突发性事件，造成海洋环境污染事故，不立即采取处理措施的，仅规定了责令停止违法行为、限期改正等措施，并处以罚款；④ 进行海洋石油勘探开发活动，造成海洋环境污染⑤或者从事水上作业，造成海洋环境污染损害，⑥ 均仅规定责令改正，并处罚款，但是均未明确要求责任人进行生态恢复。此外，针对造成珊瑚礁、红树林等海洋生态系统或自然保护地破坏的，海洋环境监管部门责令采取补救措施，而条文中的"补救措施"是否要求将受到破坏的环境要素、生物要素和生态系统得以恢复并未明确。⑦ 以责令限期改正、停产停业或者停产整治为代表的行政禁令并未针对已经受损的生态环境的恢复或修复，而指向违法排

---

① 参见《草原法》第 67 条。
② 《矿产资源法》第 39—40、44 条。
③ 《矿产资源法》第 32 条。
④ 《海洋环境保护法》第 94 条第 1 款第 4 项。
⑤ 《海洋环境保护法》第 105 条。
⑥ 《海洋环境保护法》第 109 条第 1 款第 3 项。
⑦ 《海洋环境保护法》第 96 条。

污行为或者破坏生态行为的纠正。

（三）监管主体与诉讼原告重叠

如前文所述，学界对于行政机关提起生态环境损害赔偿诉讼的性质界定存在三种不同的学说，但不论学者将生态环境损害赔偿诉讼定性为国益诉讼、公益诉讼还是私益诉讼，都一致认为生态环境损害赔偿诉讼的目的是直接救济生态环境损害、维护公共利益，具有明显的公益性和公共性。生态环境损害赔偿主要是针对环境资源生态功能和生态价值损害进行救济，均是救济生态环境公共利益。① 在宪法规范框架下，行政机关的环境保护职责是履行国家环境保护义务的体现也为学界广为接受。故生态环境损害赔偿诉讼是基于国家环境保护义务，以填补环境公共利益损害为目的的特殊环境民事诉讼类型。②

但是问题在于：在因环境污染或者生态破坏的违法行为造成生态环境损害的情形下，负有环境监管职责的生态环境行政部门既可以选择通过公法规范要求行政相对人纠正违法行为、采取治理措施消除污染或者恢复植被等，也可以行使法律规范所赋予的诉权，提起生态环境损害赔偿诉讼，主张行为人停止损害、修复生态环境或者赔偿损失。概言之，生态环境行政机关主体身份存在重叠，既是生态环境保护的行政监管主体，又是生态环境损害赔偿诉讼的原告主体。《民法典》"有权"③、《改革方案》"可"④ 和《若干规定》"可以"⑤ 的表述表明了行政机关对是否提起生态环境损害赔偿诉讼具有选择权，这无疑导致了赔偿诉讼的随意性和启动的任意性。

生态环境行政机关是生态环境保护的执法机关和监管主体，在宪法及各单行环境污染防治法和自然资源保护法形成的公法规范下，生态环境行政机关的环境保护监管职责是法定的、强制性的和不可转移的。生

---

① 参见梅宏、胡勇《论行政机关提起生态环境损害赔偿诉讼的正当性与可行性》，《重庆大学学报》（社会科学版）2017 年第 5 期。

② 参见彭中遥《生态环境损害赔偿诉讼的性质认定与制度完善》，《内蒙古社会科学》（汉文版）2019 年第 1 期。

③ 《民法典》规定：违反国家规定并且造成生态环境损害的，国家规定的机关或者法律规定的组织……有权请求被侵权人承担生态环境修复责任或生态环境损害赔偿责任。

④ 《改革方案》规定"磋商未达成一致，赔偿权利人可依法提起诉讼"。

⑤ 《若干规定》规定"因与造成生态环境损害的自然人、法人或者其他组织经磋商未达成一致或者无法进行磋商的，可以作为原告提起生态环境损害赔偿诉讼"。

态环境保护和公共利益的维护是行政权的根本任务,① 也是国家环境保护义务的具体体现。② 负有生态环境保护监管职责的生态环境行政机关放弃直接适用行政命令、行政强制或者行政处罚等综合手段来规制和救济生态环境损害, 却通过生态环境损害赔偿诉讼来纠正行为人的违法行为和主张行为人承担生态环境损害责任, 展现了救济手段曲折和路径迂回的特点。故有学者将生态环境损害赔偿诉讼定性为 "公法性质、私法操作", 以解决 "企业污染、群众受害、政府买单" 的乱象。③ 生态环境行政机关不履行法定的生态环境监管职责而提起赔偿诉讼使得行政机关存在怠于履行行政职责之嫌, 而生态环境损害赔偿的个案裁判也大大增加了司法机关的司法成本。

　　生态环境保护属于行政机关的监管职责, 而生态环境保护是行政权的基本要义。④ 例如有学者认为, 生态环境公共属性和利益的公共性决定了生态环境损害赔偿属于行政法范畴, 而公共利益的维护是行政法和行政机关的要义。⑤ 有学者认为, 生态环境损害赔偿诉讼应从宪法规范来认识, "基于生态环境损害的公共性特质, 应当从宪法的高度和法律秩序的整体角度加以重新审视。国家环境保护义务和作为 '公权' 的自然资源国家所有权共同构成了生态环境损害赔偿制度的宪法依据"。⑥ 虽然生态环境损害赔偿的诉权基础可以从国家环境保护义务推导出其权源基础, 但是宪法框架下的国家环境保护义务是 "国家" 法律概念层面下的义务, 而行政机关需要通过生态环境保护监管职责来实现国家环境保护义务。换言之, 生态环境行政机关的环境保护监管职责具有法定性和强制性, 是其公法规范下的法定义务。如果其不履行法定职责, 则存在行政不作为或者失

---

① 参见 [日] 南博方《行政法》(第 6 版), 杨建顺译, 中国人民大学出版社 2009 年版, 第 5 页; 王明远《论我国环境公益诉讼的发展方向: 基于行政权与司法权关系理论的分析》,《中国法学》2016 年第 1 期。

② 参见陈海嵩《实现环境质量改善目标的国家义务构造》,《法治研究》2018 年第 6 期。

③ 张宝:《生态环境损害政府索赔权与监管权的适用关系辨析》,《法学论坛》2017 年第 3 期。

④ 参见 [日] 南博方《行政法》(第 6 版), 杨建顺译, 中国人民大学出版社 2009 年版, 第 5 页; 王明远《论我国环境公益诉讼的发展方向: 基于行政权与司法权关系理论的分析》,《中国法学》2016 年第 1 期; 刘静《论生态损害救济的模式选择》,《中国法学》2019 年第 5 期。

⑤ 参见韩梅《论行政机关提起的生态环境损害赔偿之法律范畴与路径》,《中国环境管理》2020 年第 1 期。

⑥ 陈海嵩:《生态环境损害赔偿制度的反思与重构——宪法解释的视角》,《东方法学》2018 年第 6 期。

责之嫌。

三　生态损害民行责任的衔接

生态环境损害的公法救济和私法救济分别以行政权和司法权作为权力基础，两种法律规范体现不同的规范架构和权力运行逻辑。公法救济路径虽然可以通过行政环保监管执法快速高效纠正违法行为，通过行政命令要求违法行为人承担环境修复责任，从而使受损生态环境服务功能恢复到原有的基准线，然而因为公法规范下的行政处罚或行政命令并不具有补偿性，故公法救济无法对永久性损害或者期间损害的法益进行损害填补。故单一的公法救济路径不能为生态环境损害提供周延的救济。而私法救济路径可以通过司法审判要求违法行为人承担生态环境修复责任和生态环境损害赔偿责任，换言之，私法救济路径兼具补偿性和恢复性的特征，然而，单一适用私法救济路径不仅违背了宪法框架下的行政权与司法权的权力配置架构，而且全部生态环境损害违法案件均通过司法审判明显不符合成本效益原则。不管违法情况的轻重缓急，单一适用私法救济会导致司法资源的浪费和部分损害无法得到及时的救济。

（一）　生态损害私法救济效果受限

我国在法律规范中针对生态环境损害，确立修复优先、损害赔偿为辅的原则。例如《民法典》第 1234 条规定：受损生态环境能够修复的，请求生态环境损害责任人承担生态环境修复责任。此外，《环境公益诉讼司法解释》第 20 条规定受损生态环境能够修复的，判决责任人承担修复责任。只有在受损生态环境无法完全修复或者无法在原地修复时，则适用替代修复方式。故根据《民法典》《改革方案》和《若干规定》，我国生态环境损害私法救济规范强调以生态环境修复为主，以生态环境损害赔偿为补充的生态环境损害救济制度原则。然而，我国环境民事公益诉讼和生态环境损害赔偿诉讼实践中，司法裁判多以金钱赔付为主，判决进行生态修复的案件所占比例不高。[①] 梳理我国目前司法案例，我国生态环境损害私法救济路径呈现以下四个特点。

第一，因为生态环境损害赔偿诉讼和环境民事公益诉讼对生态环境损害结果的要求，导致私法规范下的诉讼适用场域受限。生态环境的各个环

---

① 参见刘静《论生态损害救济的模式选择》，《中国法学》2019 年第 5 期。

境要素均具有纳污能力和环境自净功能，能够将环境资源容量范围内的污染物自我净化。任何污染物排放行为都会导致相对特定区域的环境质量短期（或长期）出现下降趋势和特点。而正是因为环境的纳污能力和自净能力使得污染行为所产生的负外部性有大小差异和持续时间长短差异，因此并不是所有造成生态环境损害的行为人均成为生态环境损害赔偿诉讼或者环境公益诉讼的被告，而需要同时满足行为违法，并且造成了超过生态环境自净或者承载力的损害后果。行政机关提起的生态环境损害赔偿诉讼适用的情形限于严重的生态环境损害，对于一般的违法环境污染或生态破坏违法行为，当其损害结果未达到严重程度时，不能通过公益诉讼或赔偿诉讼寻求救济。

第二，法院在裁判文书中直接判决责任人承担具体的金钱赔付责任，具体包括生态环境修复费用、清除污染物费用、危险废物处置费等。《环境公益诉讼司法解释》第20条第2款规定：法院可以判决责任人承担生态环境修复责任的同时，规定其不履行修复责任所承担的修复费用；或者直接判决责任人承担生态环境修复费用。[1] 各级人民法院在适用该规定时通常会有将生态环境损害救济类比适用普通民事私益诉讼中损害赔偿责任的逻辑思维，进而直接判决生态环境损害责任人支付修复费用。因为生态修复方案实际是对修复路径的评判和选择，这必然涉及生态环境修复技术性，这大大超出了法官的认知水平与能力，故大多数司法审判仅判决被告承担修复责任或者环境修复费用，而甚少作出"附生态修复方案的判决"。[2] 生态环境损害的审判更多依赖科学证据的认定，而鉴定机构所出具的科学认定则更多作为判定事实的根据。[3] 适用金钱赔付而非生态环境修复责任不仅是各级法院在案件审理选择偏好，也是为了法院案件执行之便利。

有学者将以救济生态环境损害为目的的环境民事公益诉讼和生态环境损害赔偿诉讼归纳为生态损害救济诉讼，并梳理全国的案例实践发现案件判决多以金钱赔偿为主，要求实际修复的判决只占28.8%，认为我国以私法为主导的生态损害救济模式下的司法实践"以损害赔偿和支付修复

---

① 《环境公益诉讼司法解释》第20条第3款规定：生态环境修复费用涵括制定、实施修复方案以及后续监督实施的费用。

② 参见吕忠梅、窦海阳《修复生态环境责任的实证解析》，《法学研究》2017年第3期。

③ 参见朱明哲《生态文明时代的共生法哲学》，《环球法律评论》2019年第2期。

费用为主，而较少要求进行实质修复"。① 司法判决判令被告承担环境修复费用，由环境保护部门或第三方替代被告修复环境，以解决被告技术上、专业上和人才方面的不足，但是客观上却使得原本独立的两个责任即"赔偿损失"和"环境修复"发生了混淆。② 毫无疑问，当生态环境修复责任转化为赔偿费用的承担可以简化法院对于判决的执行，但也会使得生态修复目标落空。同时，《环境公益诉讼司法解释》第 20 条第 2 款中判决承担生态修复责任和修复费用赔付两种方式的自由裁量与《民法典》第 1234 条中所体现的生态环境修复责任优先理念存在矛盾。

第三，即使法院判决侵权人承担修复责任，但同时判决在侵权人不履行修复责任时所承担的修复费用、危险废物处置费用等，由此也产生修复责任转化成金钱赔付责任的可能。有学者将此称为代偿性修复方式，即针对责任人不履行修复责任，法院可以自行委托第三方机构进行修复工作，而修复费用由责任人承担。③ 而这种判决模式往往会让责任人在有足够的财产履行修复费用的情形下，不会主动修复或者委托第三方机构修复，而直接等法院规定的期限届满后，承担法院判决的修复费用，从而减免其自身修复所衍生的其他事务。代偿性修复规定在实践中被广泛适用，例如在环境污染的公益诉讼案件中，法院会判决责任人处置危险废物，并修复受损生态环境，如果在规定期限内不履行修复义务，则应承担相应的处置费用和生态环境修复费用。④ 但这同时引起法院如何管理环境修复费用以及如何保障修复费用用于实现生态环境修复的问题。

第四，由于司法诉讼的事后性，鉴定机构或法院在量化或认定生态破坏或者环境污染案件的实际损害存在困难。由于诉讼的事后性和司法程序的影响，法院在案件审判时通常已经不能检测和评估行为人所造成的实际生态环境损害，故大多数情况下对于因环境污染而产生的生态环境损害评

---

① 参见刘静《论生态损害救济的模式选择》，《中国法学》2019 年第 5 期。

② 胡卫：《环境侵权中修复责任的适用研究》，法律出版社 2017 年版，第 121 页。

③ 参见李挚萍《环境修复的司法裁量》，《中国地质大学学报》（社会科学版）2014 年第 4 期。

④ 郴州市人民检察院诉武汉创盛环保科技有限公司等环境污染责任纠纷案，（2018）湘 10 民初 3 号民事判决书，载最高人民法院环境资源司法研究中心编著《中国法院环境资源裁判规则与案例精析》，中国法制出版社 2019 年版，第 4 页。虽然该案是检察机关提起的环境民事公益诉讼，但是其救济的对象与行政机关提起的生态环境损害赔偿诉讼一致，并且法院在实践中的判决类型和责任方式具有高度的相似性。

估采用虚拟治理成本的计算方法进行评估。[①] 而在司法实践中，法院所认可的虚拟成本倍数往往会考量行为人的主观过错综合确定。对于长期故意违反法律规定，通过偷排等方式排放污染物导致的生态环境损害，会被法院认为存在主观故意并主观恶性较大从而采取比较高的虚拟治理成本倍数。[②]

（二）　生态环境修复责任的同质性

生态环境损害救济的关键在于生态环境修复，但是生态环境修复责任与私法规范中"恢复原状"的责任形式并不相同。"司法实践中，环境侵权中的'恢复原状'分别使用生态修复、环境修复、生态环境修复、环境治理、环境恢复责任等术语表达。"[③] 故学者称"恢复"与"修复"是交错使用的，在一定意义上有混乱之嫌。生态环境修复是系统的、动态的工程，行为人排放特定污染物造成某一环境要素损害时，需要兼顾由此涉及的其他环境要素的修复和治理。"环境恢复需要对动态的、复合的、多维的生态系统进行复原，清除污染物、恢复环境外观仅是环境修复初级阶段，还应使已恶化或破坏的生态系统的经济、生态服务等功能逐步恢复，并充分顾及周边环境的改善、回应相关利益者的利益关切。"[④] 例如因为水污染物的排放造成水体污染和土壤污染，或者土壤污染同时造成土壤环境和地下水污染。故在规定概括性的生态环境修复责任的同时，需要强调采取整体观和系统观思维，规定对相关环境要素的治理和修复。生态环境修复是一个动态的、体系性的过程，其观照不同的生态环境要素的整体性修复；而恢复原状则强调对特定物的修复和还原。

不论是行政法律体系中的"采取治理措施、消除污染""限期采取治理措施"等修复型的行政命令，还是民法体系中的生态环境修复责任，两者都指向对受损生态环境进行修复的法律责任和义务。即采取治理措施的行政命令与生态环境修复责任都强调救济受损生态环境，维护受影响区域的生态环境质量，以保护环境公共利益。然而，生态环境修复责任比采取治理措施的行政命令在行为上要求更高，所调整要素也更广。因为生态环境修复责任指向整个受损环境系统的环境要素、生物要素和生态服务功

[①]　参见刘静《生态环境损害赔偿诉讼中的损害认定及量化》，《法学评论》2020 年第 4 期。
[②]　例如江苏省苏州市中级人民法院（2015）苏中环公民初字第 00002 号民事判决书。
[③]　胡卫：《环境侵权中修复责任的适用研究》，法律出版社 2017 年版，第 66 页。
[④]　胡卫：《环境侵权中修复责任的适用研究》，法律出版社 2017 年版，第 65 页。

能的修复。而采取治理措施强调停止排污行为和清除污染，指向对受损环境要素的治理。换言之，生态环境修复责任与采取治理措施的行政命令虽然在调整要素和行为要求上有所差异，但是两者所救济的对象和保护的法益具有共同性和一致性。

（三）行政罚款与民事赔偿异质性

如果以生态环境损害救济方式的功能差异进行划分，大概可以分为预防性责任、补救性责任和赔偿性责任。其中预防性责任体现了过程控制观念，强调预防或避免违法行为发生，从而减少对生态环境的威胁，具体表现为公法上的责令（限期）改正和私法上的停止侵害、排除妨碍、消除危险等；补救性责任体现了生态系统观，强调修复受损的生态系统，具体表现为公法上的责令采取治理措施和私法上的生态环境修复和治理；赔偿性责任体现损害填补观，强调受损法益的填补和赔偿，具体表现限于私法上的生态环境损害赔偿，公法上的行政罚款并不具有赔偿性，而是体现惩戒性。从理论上分析，传统民事权益与生态利益（环境权益）之间存在截然不同的属性，后者是不同于传统私权的具有集体属性的权利。① 生态损害就其性质而言，既非纯粹的公法问题，也非纯粹的私法问题，而是处于公法和私法的边界之上。②

1. 行政罚款数额法定性与补偿功能缺失

行政罚款作为最为常用的行政违法惩戒手段未能较好地遏制行政违法行为，故我国学者常常将行为人的违法成本低作为我国生态环境保护规范效果不佳的重要原因之一。③ 为此，在学者和实务部门的呼吁下，我国修订后的《环境保护法》新增按日计罚制度以提高违法行为人的违法成本，通过加大惩罚力度来威慑和预防行为人的违法行为。但是研究表明，"提高罚款数额和实行按日计罚的重罚思路并未根本解决违法成本低

---

① 参见李昊《论生态损害的侵权责任构造——以损害拟制条款为进路》，《南京大学学报》（哲学·人文科学·社会科学）2019 年第 1 期。

② See Christian v. Bar etc. , *Principles of European Law on Non-Contractual Liability Arising out of Damage Caused to Another*, Sellier European Law Publishers, 2009, p. 529.

③ 参见徐以祥、梁忠《论环境罚款数额的确定》，《法学评论》2014 年第 6 期；杨帆、李传珍《"罚款"在我国环境行政处罚中的运用及绩效分析》，《法学杂志》2014 年第 8 期；刘长兴《论行政罚款的补偿性——基于环境违法事件的视角》，《行政法学研究》2020 年第 2 期；丁敏《"环境违法成本低"问题之应对——从当前环境法律责任立法缺失谈起》，《法学评论》2009 年第 4 期。

的问题"。①

　　此外，行政罚款存在惩罚数额的法定限制以及惩罚性质属性，无法实现对生态环境损害的填补。② 行政机关作出行政处罚的决定需要有法律授权，并且数额或罚款倍数是法定的。即行政机关只能根据法律的明确授权针对特定行为对行政相对人处以行政罚款，并且行政罚款的数额限制在法律规定的具体幅度范围内，以保证行政机关职权受到法律的约束，行政相对人的权益得以保障。根据违法行为的严重性程度和违法情节性质的不同，行政罚款的数额可以分为定额罚款型、违法所得或直接损害的倍数罚款型、收入的特定比例罚款型。梳理我国目前污染防治法和自然资源保护法的相关规定可以发现：在污染防治单行法中，定额罚款数额最高为 500 万元，倍数罚款最高为 5 倍；③ 在自然资源保护单行法中，定额罚款数额最高为 25 万元，倍数罚款最高为 12 倍④。但是罚款数额与因违法行为造成的生态环境损害仍存在巨大差距，例如"泰州天价赔偿案"的环境修复费用即达 1.6 亿元。

　　虽然在行政责任下存在行政罚款、没收违法所得等财产罚，但是行政罚款的计算和环境污染治理费用关联不大，其作用仍为对违法行为的惩罚和威慑。⑤ 换言之，行政处罚中的行政罚款在实践中未能很好地制止违法行为，同时，由于行政罚款的赔偿数额法定和不具有损害填补的性质，故行政罚款并不能直接对生态环境损害进行救济，而只能通过其自身的惩罚属性来督促违法行为人纠正违法行为和对潜在的违法行为人起到警示威慑功用。

---

　　① 刘长兴：《论行政罚款的补偿性——基于环境违法事件的视角》，《行政法学研究》2020年第 2 期。

　　② 参见王岚《论生态环境损害救济机制》，《社会科学》2018 年第 6 期。

　　③ 《大气污染防治法》的定额罚款最高为 100 万元（第 99 条），倍数罚款最高为 5 倍（第122 条）；《水污染防治法》的定额罚款最高为 100 万元（第 83—85 条），比例罚款最高为收入的50%（第 94 条）；《土壤污染防治法》的定额罚款最高为 200 万元（第 86—87 条）；《固废法》的定额罚款最高为 500 万元（第 108、114—116 条），倍数罚款最高为 5 倍（第 112 条）。

　　④ 《草原法》的定额罚款最高为 5 万元（第 66—67 条），倍数罚款最高为 12 倍（第 65、69 条）；《森林法》的定额罚款最高为 5 万元（第 80 条），倍数罚款最高为 5 倍（第 74、76 条）；《野生动物保护法》的定额罚款最高为 50 万元（第 58、60 条），倍数罚款最高为 20 倍（第 53条）；《矿产资源法》中对于罚款基准并未明确具体数额或倍数（第 39—40、42—44 条）。

　　⑤ 参见辛帅《不可能的任务——环境损害民事救济的局限性》，中国政法大学出版社 2015年版，第 124 页。

2. 民事赔偿的法益损害填补

　　生态环境损害私法救济路径的优点在于生态环境损害赔偿责任的补偿性和损害填补性，即通过损害赔偿责任来填补受到损害的环境利益。虽然生态环境损害公法救济路径下的环境修复行政命令与私法规范下的生态环境修复责任具有同样的功用，而且通过行政强制执行能够保证生态环境修复得以切实履行，正如日本学者指出，生态环境损害存在不能修复、难以修复的情形，不可能完全杜绝金钱赔偿的路径，需要关注生态损害金额计算的问题，[①] 然而，以行政处罚和行政命令为内容的行政责任并不能弥补生态环境从受损之日到修复完成之日的利益损失，或者生态环境服务功能的永久性损失。环境多元共治从环境利益表达层面为各主体提供充分有效的环境利益诉求渠道，克服了传统政府单维管制模式下社会主体环境利益的被动保障局面。[②] 故环保社会组织或检察机关提起环境民事公益诉讼弥补了行政机关执法的不足。

　　生态环境损害可以通过司法审判来弥补期间损害或者永久性损害，但司法克制主义和行政专业性的特征，都决定了司法裁量并不能代替行政裁量。[③] 一般而言，因为生态环境的系统性、复杂性和私法规范调整利益特有的局限性，生态环境利益的保护不可能完全由私法完成。正如学者所言：生态环境损害构成的"侵害"与"法益"两个规范要素具有明显的二元性，即原因行为、损害形式、救济主体的二元性，故生态环境损害利益救济不能完全纳入《侵权责任法》范畴。[④]

　　我国在生态环境损害的司法审判中多以直接赔付修复费用来等同于履行生态环境修复责任，过分强调生态环境修复费用的承担会使得修复责任的承担变成了单一的金钱赔付，从而偏离了生态环境修复责任所体现对受损生态环境本身的救济、修复和治理。在生态环境损害救济的早期研究中，学者多类比适用侵权责任中的损害赔偿责任方式，主张要求生态环境损害责任人通过赔偿责任扭转法律规制的漏洞。例如，有学者主张适用生

---

　　① 大冢直「環境損害に対する責任」ジュリスト1372号51頁；松村弓彦「環境損害に対する責任制度の前提条件」環境管理42巻12号66頁。
　　② 参见秦天宝《法治视野下环境多元共治的功能定位》，《环境与可持续发展》2019年第1期。
　　③ 参见鲁鹏宇《法治主义与行政自制——以立法、行政、司法的功能分担为视角》，《当代法学》2014年第1期。
　　④ 参见吕忠梅《"生态环境损害赔偿"的法律辨析》，《法学论坛》2017年第3期。

态损害填补，即由责任主体承担防范生态环境损害发生或扩大的费用、清除或降低生态损害危害后果的费用、修复生态环境的费用或/和生态损害无法修复象征性费用的赔偿或者补偿。① 概言之，是将生态环境损害责任转化为金钱的赔付或补偿，并主张通过责任保险、基金、行业风险分担协议来分散巨额费用，解决企业破产导致资金缺乏的问题。又如，针对行政机关对于行为人环境污染或生态破坏造成的生态环境损害的行政罚款不能弥补生态环境损害或修复费用，有学者主张通过立法确认国家及相关的生态环境保护行政机关生态环境损害赔偿诉讼的请求权，以追究侵权行为人的生态环境损害赔偿责任。② 所以早期的研究强调生态环境损害作为一种环境利益需要通过损害赔偿的适用来进行救济，但是忽略了如何将索赔的资金真正运用于修复受损生态环境的问题。而我国目前环境民事公益诉讼中的赔偿金也存在公益诉讼胜诉后的资金如何管理，以及如何保证资金的合理利用以实现生态环境修复的问题。

（四）赔偿责任对受损环境救济的补充

在领域法的研究中，部门法之间的隔断不复存在，不同部门法的规范构成了法学的要素，并在问题的引领下，不同部门法要素得以整合，并产生正向效果。③ 同理，生态环境损害的法律救济同样涉及公法和私法两种不同法律规范的调整，而生态环境监管和损害救济使得生态环境法律关系同时涉及除宪法外的环境法、民法、行政法、刑法、诉讼法等不同的部门法。在传统的法律解释学框架内，公法与私法是互不影响、相互独立运作的两个法律子系统，公法调整"国家机关"或"公共机构"与行政相对人的法律关系，而私法调整平等私主体的民事法律关系。④ 但是随着社会发展和人们对事物关注的延展，以生态环境为要素的法律关系涉及公法和私法的共同调整。尽管在环境侵权法律关系中，不同学者可能基于不同学科认识产生不同的观点，即在生态环境作为侵权行为侵害的中介要素进而侵犯私主体的人身权或财产权时，民法学者认为这种法律关系仅仅涉及民

---

① 参见竺效《生态损害的社会化填补法理研究》，中国政法大学出版社 2007 年版，第65 页。

② 参见柯坚《建立我国生态环境损害多元化法律救济机制——以康菲溢油污染事件为背景》，《甘肃政法学院学报》2012 年第 1 期。

③ 参见刘剑文《超越边缘和交叉：领域法学的功能定位》，《中国社会科学报》2017 年 1月 4 日第 5 版。

④ 参见金自宁《公法/私法二元区分的反思》，北京大学出版社 2007 年版，第 25 页。

法侵权法律调整，而环境法学者认为同时涉及环境法与民法的调整。但是在生态环境损害的法律关系中，不管是环境法学者还是民法学者都认为生态环境损害法律关系同时涉及多个部门法调整。《民法典》通过后，我国在实体法上确立了生态环境损害私法救济的请求权基础，并形成了生态环境损害的公法救济和私法救济两种救济路径。但是由于生态环境损害公法救济路径和私法救济路径缺乏恰当的路径衔接规则，导致我国生态环境损害法律救济路径的失序困局。

单个规范之间不是无组织、混乱地联系在一起，在理想情况下，法秩序被思考成一个整体、一个价值判断尽可能一致的体系和"意义构造"，法律适用在解释单个组成部分时，不能孤立、无视其规范性的语境。① 因为不同法律规范在特定领域形成了一个"体系"，故体系解释并不是孤立观察某个法律规范，而是要观察这个规范与其他规范的关联，是在特定"语境（场景）"中的规范解释。② 所以，只有采用体系化和整体性的视角来分析与解读具体的法律规范，才能避免评价矛盾或目的性不一致的解释，从而提高整个法秩序的说服力和接受度。

行政执法因救济生态环境损害缺乏对环境损害的法益填补，故需要通过借助民法侵权责任体系的损害差额来实现对受损法益的填补。《民法典》第 1235 条规定的生态环境损害赔偿责任强调对于完全不能修复的生态环境进行生态环境损害赔偿，或者对从生态环境受损到得以修复期间的损害进行赔偿。行政执法虽然能够通过组织保障和专业技能对危害生态环境的违法行为进行迅速的反应和惩罚，及时预防损害的发生和防止损害扩大，体现了环境法的预防要求，但是行政执法无法对受损的生态环境的生态服务功能提供损益的弥补。换言之，行政执法中的行政处罚尽管对生态环境损害救济起到预防功能，但是缺乏对受损法益的填补。

第三节　生态环境损害赔偿磋商的规范解释

我国环境法制体系之健全是我国生态环境治理实践的经验总结和体系

---

① 参见［奥］恩斯特·A. 克莱默《法律方法论》，周万里译，法律出版社 2019 年版，第 55—56 页。

② 参见［德］英格博格·普珀《法学思维小学堂》，蔡圣伟译，北京大学出版社 2011 年版，第 56 页。

完善。在党的领导下，我国生态环境保护领域制度不断得到深化改革，并且相关制度成果在宪法得到了确认。"生态文明入宪"既是对中国环境法治发展实践经验的规范化表达，也是中国环境法治发展理论成果的高度凝练，对中国特色环境法治体系的形成具有价值导向功能，对环境法律制度的完善具有规范指引功能。[①]

一　生态环境损害赔偿磋商法律性质辨析

生态环境损害赔偿磋商是指在行为人因环境污染或生态破坏造成严重的生态环境损害时，由省级、市地级政府及其指定的部门或机构在提起生态环境损害赔偿诉讼前，基于"损害担责原则"，与行为人对其造成的损害后果承担修复责任和相应的损害赔偿责任进行磋商。[②]《若干规定》中的起诉条件限制在"经磋商未达成一致或者无法进行磋商的"，换言之，生态环保机关与行为人进行行政磋商是生态环境损害赔偿诉讼的前置程序。然而，学界对于赔偿磋商的性质存在行政磋商、民事磋商和双阶磋商三种学说。

其一，行政磋商属性。"以协商行政为视角，生态损害赔偿磋商制度实质上是一种行政机关借用私法领域的协商与填补机制来维护环境公益的行政权行使之新样态。"[③] 赔偿磋商是具有监管职权和职责的行政机关借助私法磋商制度来维护公共利益，但是其本质具有公法性质和属性。[④] 从协商行政理论出发，磋商是行政机关采用私法协商的执法行为，达成的磋商协议视为行政契约。[⑤]

其二，民事磋商属性。因为赔偿权利人的权利来源是自然资源国家所有权、未达成磋商时的处理方式和磋商协议获得强制力的方式等原因，故生态环境损害行政磋商是一种民事磋商。[⑥] "生态环境损害赔偿磋商是涉

①　陈海嵩：《中国环境法治发展总体结构与环境法典编纂指引——以"生态文明入宪"为中心的分析》，《法学论坛》2022年第4期。

②　《改革方案》规定了生态环境损害赔偿制度"主动磋商"原则，即要求生态环境损害发生后，赔偿权利人在开展生态环境损害调查评估和编制修复方案后，主动与赔偿义务人磋商。

③　黄锡生、韩英夫：《生态损害赔偿磋商制度的解释论分析》，《政法论丛》2017年第1期。

④　参见郭海蓝、陈德敏《生态环境损害赔偿磋商的法律性质思辨及展开》，《重庆大学学报》（社会科学版）2018年第4期。

⑤　参见彭中遥《生态环境损害赔偿磋商性质定位省思》，《宁夏社会科学》2019年第5期。

⑥　参见宋丽容《生态环境损害赔偿与社会组织公益诉讼之衔接》，《中国环境管理干部学院学报》2018年第5期。

及公法元素的特殊民事行为。"①

其三，行政民事双阶属性。学者认为，生态环境损害行政磋商并不能单一认定为行政属性或者民事属性，而是同时具有"行政机关—行政相对人"行政法律关系和"赔偿权利人—赔偿义务人"民事法律关系的双阶构造，体现了一种"以私助公"的特征。②

作为生态环境损害赔偿诉讼前置程序的赔偿磋商，赔偿权利人或者其指定的机关或机构并非基于行政监管职权，而是作为公益代表人，基于环境公共信托理论进行民事磋商。因为《改革方案》的规定并未规定赔偿权利人及其指定的机关或机构依据行政监管职权进行磋商或在行政磋商中可以行使行政职权。换言之，赔偿权利人及其指定的机关并不能基于行政机关的角色和地位强迫要求行为人承担其认定的修复方案或赔偿数额。正如有学者所言，赔偿磋商需要遵循合法、平等自愿原则，不能基于行政机关的角色而违背责任人的意志。③所以即使在磋商协议达成之前，磋商双方的主体并不是双阶磋商认为的"行政机关与行政相对人"的行政法律关系。因为如果是行政法律关系，则体现了行政机关的职权和法律关系的不平等性。但是在实践中，赔偿磋商是基于平等地位进行，并不具有强迫性。概言之，赔偿磋商是双方就生态环境损害的修复和赔偿等具体事项进行的平等协商，具有平等性和自愿性，是一种民事法律属性的磋商。

二　生态环境损害赔偿磋商制度法制化趋向

《改革方案》《若干规定》规定在生态环境损害发生后，行政机关组织开展生态环境损害调查、评估、修复方案编制等工作，主动与赔偿义务人磋商。④对于磋商不成或磋商不能的情况下，可依法提起诉讼。在磋商程序上，与《试点方案》相比，《改革方案》规定了生态环境损害诉讼诉

①　程雨燕：《生态环境损害赔偿磋商制度构想》，《北方法学》2017年第5期。
②　参见刘莉、胡攀《生态环境损害赔偿磋商制度的双阶构造解释论》，《甘肃政法学院学报》2019年第1期。
③　参见陈小平《生态环境损害赔偿磋商：试点创新与制度完善——以全国首例生态环境损害赔偿磋商案为视角》，《环境保护》2018年第8期。
④　《改革方案》规定"磋商未达成一致，赔偿权利人可依法提起诉讼"。此外，《若干规定》第1条规定"因与造成生态环境损害的自然人、法人或者其他组织经磋商未达成一致或者无法进行磋商的，可以作为原告提起生态环境损害赔偿诉讼"。

前磋商的强制性要求。《试点方案》规定："赔偿权利人也可以直接提起诉讼"；而《改革方案》规定："磋商未达成一致的，赔偿权利人及其指定的部门或机构应当及时提起生态环境损害赔偿民事诉讼。"

2020 年修订的《固废法》第 122 条进一步确认了生态环境损害赔偿制度。该条文规定：固体废物污染环境、破坏生态给国家造成重大损失的，由设区的市级以上地方人民政府或者其指定的部门、机构组织与造成环境污染和生态破坏的单位和其他生产经营者进行磋商，要求其承担损害赔偿责任；磋商未达成一致的，可以向人民法院提起诉讼。此外，2019 年修订的《森林法》第 68 条规定，破坏森林资源造成生态环境损害的，县级以上人民政府自然资源主管部门、林业主管部门可以依法向人民法院提起诉讼，对侵权人提出损害赔偿要求。

尽管《固废法》第 122 条规定了生态环境损害赔偿磋商制度，然而该条款的适用限于因固体废物污染环境或破坏生态导致国家利益重大损失的情形。因此，在其他环境单行法还没有正式规定生态环境损害赔偿磋商制度的情况下，水、大气、土壤污染等环境污染或者其他生态破坏行为导致的严重生态环境损害，并不能适用该条规定。此外，虽然《森林法》第 68 条规定了生态环境损害赔偿诉讼制度，但是该法依然没有规定生态环境损害赔偿诉讼前置的赔偿磋商制度。换言之，生态环境损害赔偿磋商除了在固体废物污染防治领域适用外，其他环境污染或生态破坏行为导致的生态环境损害进行赔偿磋商没有相关的法律依据。然而，基于《固废法》已经吸纳《改革方案》中的生态环境损害赔偿磋商制度，而我国正在推行环境法典编纂工作，生态环境损害赔偿磋商制度势必会从政策规范依据转向法定化。

第四节　生态环境保护督察的规范解释

生态环境保护督察在我国环境法治发展和生态文明入宪的背景下展开，打破了我国环境保护行政执法和地方政府保护的科层制固化，通过纵向的督察机制和横向的组织协调以破除地方基层政府和部门在环境保护领域的不作为或乱作为，将党中央的生态文明法治思想贯彻到地方领导干部日常工作中，将生态文明建设作为地方领导干部升迁和考核的重要指标，从而使其在资源调配和组织保障等多方面严抓生态环境保护工作。

一般而言，学界和公众更关注环保督察对于党政机关的督察整治，对督察对象与督察规定的认知和实践之间存在偏差，即忽略了对国有企业作为生产经营者的直接督察和该制度对于生态环境损害的救济功能。我国以政策规范所形成的规范体系形成了生态环境的政党法治，并对我国生态环境损害救济产生重要影响。① 环保督察制度是我国生态环境政党法治中针对环保行政监管和党委组织领导的不足，在生态环境损害救济方面应运而生的救济路径。基于督察对象的不同，环保督察制度对生态环境损害的救济可以分为直接救济和间接救济。

一　直接救济：以国有企业为督察对象

为纠正我国地方党政机关及其领导干部片面注重经济发展、固守"先污染、后治理"思维，在安全生产领域提出的"党政同责、一岗双责"的党政领导干部责任追究机制延伸到环境保护领域，并形成党政同责、一岗双责的生态环境保护督察。概言之，我国生态环境保护督察经历了从"督企"的环境监管、"督企+督政"的综合环保督查和"党政同责"的中央环保督察的发展。②

然而，我国环保督察并不限于对党政机关的督察，也包含对公有制生产经营企业的直接督察。根据《督察规定》第 39 条规定，我国生态环境保护督察具有两个层级，具体划分为中央环保督察和地方环保督察两级督察体制。③ 中央环保督察的督察对象除地方党政机关及国务院相关负有环保职责的部门外，从事的生产经营活动对生态环境影响较大的有关中央企业④及其所属单位⑤也是督察对象之一。其中对中央企业的所属单位进行督察是《生态环境保护专项督察办法》相较于《督察规定》新增的督察对象。而地方环保督察的督察对象除了市、县级党政机关及负有环保职责的省直机关外，还包括从事生产经营活动对环境影响较大的省管国有企业⑥、省属

---

① 参见陈海嵩《生态环境政党法治的生成及其规范化》，《法学》2019 年第 5 期。

② 参见陈海嵩《环保督察制度法治化：定位、困境及其出路》，《法学评论》2017 年第 3 期。

③ 地方环保督察是相对于中央环保督察而言的，属于省级环保督察，是通过例行督察、专项督察、派驻监察等方式进行督察工作。

④ 《督察规定》第 14 条第 3 项。

⑤ 《生态环境保护专项督察办法》第 5 条第 3 项。

⑥ 《贵州省生态环境保护督察实施办法》第 14 条第 3 项。

国有企业①、省属企业②、市属国有重点企业③、市属国有企业④、自治区属企业⑤、自治区直属国有企业⑥（见表5-3）。不论中央环保督察和地方环保督察采用何种督察形式，均将含央企在内的国有企业纳入督察对象，针对国有企业造成的突出生态环境问题进行问责整治，从而发挥对生态环境损害的救济功能。

表 5-3　　　　　生态环境保护督察对生产经营企业规范梳理

督察层级	督察对象	督察形式	规范文件
中央环保督察	中央企业	例行督察	《中央生态环境保护督察工作规定》
	中央企业所属单位	专项督察	《生态环境保护专项督察办法》
地方环保督察	省管国有企业	例行督察	《贵州省生态环境保护督察实施办法》
	省属国有企业	例行督察+回头看	《陕西省生态环境保护督察工作实施办法》
	省属企业	例行督察	《吉林省生态环境保护督察办法》《云南省生态环境保护督察实施办法》《山东省生态环境保护督察工作实施办法》
		例行督察+回头看	《湖南省生态环境保护督察工作实施办法》
		例行督察和"回头看"、专项督察、派驻监察等	《安徽省生态环境保护督察工作实施办法》
	市属国有重点企业	例行督察	《重庆市生态环境保护督察工作实施办法》
	市属国有企业	例行督察	《北京市贯彻实施〈中央生态环境保护督察工作规定〉实施办法》
	自治区属企业	例行督察	《新疆维吾尔自治区生态环境保护督察工作实施办法》
	自治区直属国有企业	例行督察	《内蒙古自治区生态环境保护督察工作实施办法》

① 《陕西省生态环境保护督察工作实施办法》第8条第3项。

② 《吉林省生态环境保护督察办法》第14条第3项；《云南省生态环境保护督察实施办法》第14条第3项；《湖南省生态环境保护督察工作实施办法》第12条第3项；《安徽省生态环境保护督察工作实施办法》第9条第3项；《山东省生态环境保护督察工作实施办法》第6条第3项。

③ 《重庆市生态环境保护督察工作实施办法》第15条。

④ 《北京市贯彻实施〈中央生态环境保护督察工作规定〉实施办法》第19条第3项。

⑤ 《新疆维吾尔自治区生态环境保护督察工作实施办法》第16条第3项。

⑥ 《内蒙古自治区生态环境保护督察工作实施办法》第13条第3项。

2019 年的第二轮第一批中央生态环境保护督察首次把中央企业纳入督察范围。[①] 截至 2021 年 11 月底，我国中央生态环境保护督察已经对 6 家中央企业进行督察问责，办结案件数高达 413 件，约谈人数达 62 人，问责人数高达 75 人（见表 5-4）。尽管中央环保督察是以央企及其单位作为督察对象，而地方环保督察则以国有企业作为督察对象，并且这些督察对象所适用的督察方式不一，但是其均对作为生产经营的国有企业进行督察，从而形成了"督政+督企"的督察系统化，保障了督察对象的周延性。换言之，我国环保督察制度除了是环境监管制度的拓展，[②] 为生态环境损害追责提供了新的追责路径方向，也对因生产经营活动对环境影响较大的国有企业进行督察，督促包括中央企业在内的国有企业进行生产整顿，保障了突出生态环境问题的解决和整治。

表 5-4　　　　　　　第二轮中央生态环境保护督察中央企业汇总[③]

督察批次	督察对象	办结案件	约谈人数	问责人数
第二轮第一批中央生态环境保护督察	中国五矿集团有限公司	35	0	0
	中国化工集团有限公司	251	7	8
第二轮第二批中央生态环境保护督察	中国铝业集团有限公司	122	2	9
	中国建材集团有限公司	5	0	0
第二轮第四批中央生态环境保护督察	中国有色矿业集团有限公司	—	24	47
	中国黄金集团有限公司	—	29	11

---

① 参见生态环境部《领导带头办、部门主动办，3435 件环境信访件已办结 2119 件江西全力推动中央生态环保督察交办问题整改》，https：//www.mee.gov.cn/ywdt/dfnews/202108/t20210824_860179.shtml，2023 年 10 月 19 日。

② 参见赵美珍、朱亚龙《论党内法规对环境法的拓展与突破》，《武汉理工大学学报》（社会科学版）2019 年第 2 期。

③ 数据来源参见《第二轮第一批中央生态环境保护督察全面完成督察进驻工作》，https：//www.mee.gov.cn/××gk2018/××gk/××gk15/201908/t20190822_729734.html，2024 年 2 月 5 日；《第二轮第二批中央生态环境保护督察完成下沉工作任务》，https：//www.mee.gov.cn/××gk2018/××gk/××gk15/202009/t20200921_799559.html，2024 年 2 月 5 日；《中央第六生态环境保护督察组向中国有色矿业集团有限公司反馈督察情况》，https：//www.mee.gov.cn/ywgz/zysthjbhdc/dcjl/202112/t20211213_963886.shtml，2024 年 2 月 5 日；《中央第七生态环境保护督察组向中国黄金集团有限公司反馈督察情况》，https：//www.mee.gov.cn/ywgz/zysthjbhdc/dcjl/202112/t20211213_963967.shtml，2024 年 2 月 5 日。其中第二轮第三批中央环保督察不涉及中央企业的环保督察。

二　间接救济：以党政机关为督察对象

中央环保督察对象中的党政机关包括省级党政机关和国务院负有环保职能的相关部门，而地方环保督察对象中的党政机关包括市（州）和县（市、区）党委、政府及其省级政府下负有环保职能的有关部门。通过督察党政机关及其领导干部的生态环境损害责任，督促党政机关落实生态环境保护工作，以督察问责来倒逼党政机关履行环保工作和压实生态环境责任，从而实现对生态环境损害的救济。

根据生态环境部公示的第一轮第一批到第四批中央环保督察情况，① 第一轮四批中央环保督察具有督察范围之广、督察人数之多、问责方式多样的特点（见表5-5）。从表5-5中可以看出，中央环保督察的问责人数呈现持续稳定趋势，体现了中央环保督察力度的稳定性，改变了综合环保督查运动式的特点。同时，值得注意的是，第一轮第三批中央环保督察还对省级干部进行问责，体现了中央环保督察追究人员级别之高。在督察机构类别既包括了地方党委和地方政府，还包括国企和其他企事业单位（见表5-6）。第一轮中央环保督察对地方党委的督察力度不断增加，地方党委被督察的人数从第一批46人上升到第四批61人。此外，政府部门涵括了环保、水利、国土、林业、农业、发改、工信、城管、住建等部门。督察范围之广和对象之多体现了党中央和国家生态文明建设的决心。中央环保督察组获得我国最高权威的授权，通过对党政机关的督察问责，解决突出生态环境问题治理，从而实现生态环境损害的救济。

---

① 参见生态环境部《第一批中央环保督察8省（区）公开移交案件问责情况》，http://www. mee. gov. cn/gkml/sthjhgw/qt/201711/t20171116_426324. htm，2024年2月5日；生态环境部《第二批中央环保督察7省（市）公开移交案件问责情况》，http://www. mee. gov. cn/××gk2018/××gk/××gk15/201803/t20180329_630078. html，2024年2月5日；生态环境部《第三批中央环境保护督察7省（市）公开移交案件问责情况》，http://www. mee. gov. cn/××gk2018/××gk/××gk15/201812/t20181227_686149. html，2024年2月5日；生态环境部《第四批中央环境保护督察8省（区）公开移交案件问责情况》，http://www. mee. gov. cn/××gk2018/××gk/××gk15/201904/t20190422_700604. html，2024年2月5日。

表5-5　　　　　第一轮第一批至第四批中央环保督察问责总体情况　　　（单位：人）

类别　批次	问责人数	被问责人员级别			问责情形			
		省级	厅级	处级	诫勉	组织处理	党纪政务处分	移送司法机关
第一批	1140	0	130	504	320	18	178	12
第二批	1048	3	159	464	211	49	777	10
第三批	917	0	173	484	189	18	698	22
第四批	1035	0	218	571	296	10	773	2
总计	4140	3	680	2023	1016	95	2426	46

表5-6　　　　　第一轮第一批至第四批中央环保督察问责分布情况　　　（单位：人）

类别　批次	地方党委	地方政府	地方政府所属部门									国企	其他
			环保	水利	国土	林业	农业	发改	工信	城管	住建		
第一批	46	299	193	81	75	63	9	31	59	38	51	49	80
第二批	36	209	135	90	70	66	62	21	50	49	39	107	52
第三批	42	222	100	64	75	32	30	29	26	19	94	36	42
第四批	61	208	99	68	103	50	17	43	56	27	78	31	51

　　从第一轮第一批到第四批中央环保督察的督察对象和追究人员的级别来看，生态环境保护督察在机制运作上强化了党的领导，以及对党政机关及其工作人员的党纪政策等纪律责任、政治责任和法律责任的追究。其中对于纪律责任的追究不仅体现为对督察对象的追究，而且强调对督察机构本身的严格要求。[1] 生态环境保护督察对党政机关的督察问责，是我国优化生态环境治理和完善我国环境监管体制改革的表现。[2] 党的十九大提出"依法治国和依规治党的有机统一"，为我国环境治理的政党法治和国家法治提供了权威依据。[3] 中央环保督察基于"党政同责"和"一岗双责"责任机制，对地方党委和政府及部门形成了高压的传导机制。

　　综上所述，环保督察通过对突出生态环境问题的督察整治、对党政机

---

　　① 参见张梓太、程飞鸿《我们需要什么样的生态环境问责制度？——兼议生态环境损害赔偿中地方政府的两难困境》，《河北法学》2020年第4期。

　　② 参见张忠民、冀鹏飞《论生态环境监管体制改革的事权配置逻辑》，《南京工业大学学报》（社会科学版）2020年第6期；冀鹏飞《论中央生态环境保护督察制度的法治化——以〈中央生态环境保护督察工作规定〉为中心》，《环境保护》2019年第14期。

　　③ 参见陈海嵩《生态环境政党法治的生成及其规范化》，《法学》2019年第5期。

关和国有企业的督察问责来压实党政机关的环保工作责任和解决突出环境问题，从而实现对生态环境损害的救济。环保督察以属于党内法规的《督察规定》和地方政策规范文件作为环保督察工作开展依据，是我国进行生态环境治理、解决突出生态环境问题的重要制度和抓手。环保督察发挥政策规范和党内法规对生态环境损害救济的调整作用，是我国执政党加强生态文明建设、推进生态文明体制改革的制度表现。

第六章

生态环境损害多元救济路径的整合完善

维护生态环境质量和保障公民环境权益可以从私法权利、国家义务、政府职责、个人义务和单位义务多个维度进行，从而形成一个独立而相互补充的公民环境权益保护体系。[1] 国家环境保护义务要求政府履行环境保护职责，追究公民或单位违法行为的法律责任，从而构成"国家—政府—个人"式的环境保护运作机制。所有法律均以其有效性为目标，"法的'实效性'要求法能够事前充分形成社会关系，事后具有适当的手段坚决与适时地贯彻法效"[2]。因此，对于目前我国生态环境损害救济的二元规范调整和多种救济路径的救济体系，需要基于不同规范的特征和救济路径的运作逻辑，思考生态环境损害整个救济体系中不同调整规范和救济路径的衔接。

生态环境损害救济的两种规范协调不足和多种救济路径衔接不畅导致不同救济路径的交叉与失序。需要立足于整体主义的思维，结合不同规范特征和救济路径的运作逻辑，以确定生态环境损害多元救济路径的顺次层级。同时，完善不同规范之间和救济路径之间的衔接机制，从而实现法律规范和政策规范对生态环境损害救济的有效展开。

第一节　生态环境损害救济路径的层级顺位

我国生态环境损害法律救济下存在行政救济和司法救济两种救济路径，而政策规范体系下存在生态环境损害赔偿磋商和生态环境保护督察两

---

[1]　参见陈真亮《环境保护的国家义务研究》，法律出版社 2015 年版，第 7 页。

[2]　［德］施密特·阿斯曼：《秩序理念下的行政法体系建构》，林明锵等译，北京大学出版社 2012 年版，第 56 页。

种救济路径。根据两种规范性质和救济路径运作逻辑的不同，需要从中观层面确立多种救济路径的层级顺位和功能定位，以保证彼此之间对生态环境损害的协同救济。

一 行政执法救济主导

生态环境损害的救济存在不同的层级和具体方式。有学者认为生态环境损害的救济包括了消除危害、修复生态环境和损害赔偿。① 以人民为规范对象的基本措施，从规划的阶段性来说，有预防性的，也有计划性的，为此学者将之区分为对污染行为人的直接支配管制措施，及经由政府的间接诱导措施。② 根据我国目前生态环境损害救济的法律规范制度安排，存在以行政监管为核心的行政救济路径和以司法审判为核心的司法救济路径。如果我国完全抛弃现行公法规范下的责任体系，寄希望于以《民法典》为代表的诉讼机制，则会引发政府索赔权与行政监管职责的冲突和矛盾，进而引起权力配置的错位。③

生态环境损害属于环境公共利益问题，是公共监督和管理的范畴，在法律上具有更多的公法属性。并且，在大陆法系国家中，公法的执法手段显得更为重要。故有学者认为，如果"以民事救济手段应对环境损害问题是一种以小博大的幻想，从法律的角度来说，是试图用私法手段来解决公法问题的错位安排"。④ 在风险社会下，环境问题和环境风险具有复杂性和不确定性，由此需要行政机关基于现有的科学认知来进行风险预防和危险损害救济。⑤ 为此，有学者指出，侵权法能够通过调整传统的民事规则来适应现代社会中环境侵害导致的部分环境问题，但是以私主体利益为核心的民事规则对于调整生态损害等公益损害存在困难。⑥ 这是因为在权

---

① 参见竺效《生态损害的社会化填补法理研究》，中国政法大学出版社 2007 年版，第 64 页。

② 间接诱导性的管制行为（Instrumente indirekter Verhaltenssteuerung）是用迂回、柔性诱导的方式，希望影响行为人的动机，诱导其为有益于环境保护的行为。国家只能对人民有为行为的期待，当行为人违反期待并不受到任何的法律制裁。参见陈慈阳《环境法总论》，元照出版社 2003 年版，第 264 页。

③ 参见张宝《生态环境损害政府索赔制度的性质与定位》，《现代法学》2020 年第 2 期。

④ 辛帅：《不可能的任务——环境损害民事救济的局限性》，中国政法大学出版社 2015 年版，第 2 页。

⑤ 参见董岩《环境公益损害救济诉求下排除危害责任的解释论分析》，《法学论坛》2020 年第 3 期。

⑥ 胡卫：《环境侵权中修复责任的适用研究》，法律出版社 2017 年版，第 65 页。

力分工协作下，行政机关承担具体的生态环境保护监管职责，而民事侵权诉讼救济则针对受损法益的填补。

（一）行政监管职责的强制性

行政机关履行环保行政监督管理职责具有法定性和强制性，环保监管职责是国家环境保护义务的履行和落实。① 环保行政监管对行政机关而言，具有两面性。一方面体现环保监管职权的享有和行使，另一方体现环保监管职责的履行。环境监管既是行政权力，也是行政职责。概言之，在国家环保义务下的环保行政监管是强制的、法定的职责，行政机关并不享有选择是否履行法定职责的可能。而生态环境损害的行政救济是国家环境保护义务中环境现状维持的应有之义，也是环保行政机关行使环保行政职权和履行环保行政监管职责的必然要求。

生态环境损害救济应该遵循行政权与司法权的分工与权力定位，坚持以行政权为基础的行政救济路径优先，以期在行政监督管理过程中解决生态环境损害救济问题，从而保证了救济的及时性和有效性。生态环境保护和公共利益的维护是行政机关环境保护工作的根本任务，② 也是国家环境保护义务的具体体现。③ 生态环境修复的实施应该以行政为主导，我国环境保护各单行立法中存在责令恢复原状、责令限期采取治理措施、责令改正三种生态环境损害救济的行政命令形式，是相关行政主体履行环境行政监管职责的行为。④ 这种监管职责具有法定性和强制性，行政机关不能怠于履行其法定职责，否则涉嫌行政不作为。如果行政机关直接跳过自身的监督管理职责，而直接根据《改革方案》《若干规定》提起生态环境损害赔偿诉讼会导致行政权与司法权的角色错位与行政机关怠于履行其行政职责的问题。

环保行政部门在建构和执行具体监管制度时需要统筹兼顾各环境要素之间的关系，充分发挥行政执法在专业技术、执法队伍、专业能力和执法效率等方面的先天优势，环保行政监管执法具有高效性和专业性特点。为了实现生态环境保护的目标，负有生态环境保护监管职责的行政机关在相

---

① 参见陈海嵩《国家环境保护义务》，北京大学出版社 2015 年版，第 152—179 页。
② 参见［日］南博方《行政法》（第 6 版），杨建顺译，中国人民大学出版社 2009 年版，第 5 页；王明远《论我国环境公益诉讼的发展方向——基于行政权与司法权关系理论的分析》，《中国法学》2016 年第 1 期。
③ 参见陈海嵩《实现环境质量改善目标的国家义务构造》，《法治研究》2018 年第 6 期。
④ 参见李挚萍《行政命令型生态环境修复机制研究》，《法学评论》2020 年第 3 期。

对人违反法律法规时，要求违法行为人承担规定的责任以纠正其违法行为，惩戒违法行为人，以恢复受损的法律秩序。

（二）行政救济的预防性功能

行政执法监管与规制是对行政相对人的行为进行全过程的监管，体现了对损害事实前、中、后不同阶段的全方位监督。环境法"预防优先，管制其次"的原则理念作为立法政策上的方向与基准，使得环境法体系的整体观念是从预防、管制、救济三个维度进行建构。[①] 因此，根据环境保护法的预防原则，对于生态环境的全面救济应该包括具有预防性质的制度来实现损害全过程救济。正如学者所言："环境法区别于其他法律的重要原因在于环境法需要减少、减轻或者预防损害的性质。"[②] 广义上的生态环境损害救济不单纯指涉事后损害的救济，而更加强调事前与事中的损害预防与救济。因此，生态环境损害救济不仅需要注重事后的损害救济，也需要强调行政机关监督损害发生事前、事中、事后不同阶段的行为，以更好地防止损害发生，并将损害控制在最小范围之内。

在防止损害扩大的层面上，公法规范下的行政监管救济具有预防性功能。生态环境损害具有累积性、公害性、潜伏性和不可逆等特征，是故应当从广义上理解生态环境损害救济，而不应该局限于事后的损害救济，即需要及时制止已经发生的损害行为，防止损害程度和影响范围的扩大。环境损害是既定事实和结果的描述性概念，生态环境损害作为一种既定损害事实，是对环境侵害行为的消极应对，这与环境法注重事前预防和过程控制的理念不符。[③] 行政机关在日常环境执法检查过程中发现违法行为时，应责令改正。当出现损害后果时，应要求违法行为人针对其环境污染或者生态破坏的行为所产生的结果采取治理措施、消除影响，以实现生态环境要素的修复和生态环境系统功能的恢复。"环境法证实了直接管制工具的重要性。如果缺乏充分诫命式行为形式，像是具有预防功能的设立许可管制，或是视行为人的作为而定的禁止要件与负

---

① 参见陈慈阳《环境法总论》，元照出版社 2003 年版，第 265—266 页。

② Richard J. Lazarus, "Restoring What's Environmental About Environmental Law in the Supreme Court", *U. C. L. A. Law Review*, Vol. 47, Issue 3, February 2000, p. 744.

③ 参见吕忠梅等《侵害与救济：环境友好型社会中的法治基础》，法律出版社 2012 年版，第 23 页。

担要件，那么环境政策无法落实。"① 因此，通过事前的许可制度和环评制度，事中的检查监督和事后的环保行政命令来实现全过程的预防、管控和救济。

生态环境损害的预防与控制依赖潜在责任人在日常企业管理中识别、评估生态环境损害风险，以及排查和监测生态环境损害隐患。同时由负有生态环境保护职责的部门监督和检查企事业单位或者其他经营者在生态环境损害发生之前是否履行其法定义务。具体来说，企事业单位或者其他经营者在其日常经营活动中，需要采取特定的措施以识别和评估其自身的经营活动是否可能造成的生态环境损害风险或危险，排除和降低生态环境损害的危险，为此需要建立生态环境损害风险和应急管理制度，以预防损害的发生。② 对于即将发生的生态环境损害事故，经营者应及时将相关污染物名称、性质、数量和危险性等重要信息通报给行政机关，以方便行政机关掌握相关信息来保证紧急措施的有效性和准确性，进而防止生态环境损害扩大影响范围和加重影响程度。

（三）行政调整范围更加全面

对比生态环境损害的行政救济路径和司法救济路径可以发现，两种救济路径的调整对象存在重叠，即两者均调整因环境污染或生态破坏导致的生态环境损害。但是两种救济路径范围并不完全一致。行政救济路径下的调整对象存在不同程度的生态环境损害，具体包括突发环境事件③、环境事故④、（严重）环境污染⑤、植被破坏或生态环境破坏⑥、自然资源损害（破

---

① ［德］施密特·阿斯曼：《秩序理念下的行政法体系建构》，林明锵等译，北京大学出版社 2012 年版，第 116 页。

② 参见竺效《生态损害综合预防和救济法律机制研究》，法律出版社 2016 年版，第208 页。

③ 参见《水污染防治法》第 79 条；《大气污染防治法》第 97 条；《土壤污染防治法》第44 条。

④ 参见《水污染防治法》第 78、94 条；《大气污染防治法》第 122 条；《土壤污染防治法》第 79 条；《渔业法》第 47 条。

⑤ 参见《水污染防治法》第 90 条；《大气污染防治法》第 30、89 条；《土壤污染防治法》第 38、78、87、91 条；《森林法》第 39 条。

⑥ 这里的生态环境破坏主要是指对于特定的自然资源或由其形成的对环境的破坏，例如对林地、草地的地质结构和由此形成对生态环境的破坏。参见《草原法》第 46、65—71 条；《森林法》第 73—74 条；《矿产资源法》第 32 条。

坏)①、野生动物捕杀②。并且，前述的损害并非都涉及生态环境损害。例如，自然资源损害和野生动物捕杀均是特定自然资源要素的损害，并不涉及损害由此形成的生态环境或者生态环境系统。然而，当对纯粹自然资源要素的损害数量超过了生态环境的承载力，并造成了生态环境系统的失衡，那么这时候单一要素的自然资源损害和野生动物捕杀则涉及司法路径所调整的严重的生态环境损害。

生态环境损害赔偿诉讼的适用范围限于"严重的"生态环境损害。根据《改革方案》和《若干规定》，并非所有造成生态环境损害的行为都成为生态环境损害赔偿诉讼的起诉对象。《改革方案》和《若干规定》将生态环境损害限定为严重的生态环境损害，具体情形为较大以上级别的环境事件、国家或省级特定区域的环境事件和其他严重的生态环境损害。虽然环境民事公益诉讼制度并未明确要求生态环境损害的严重程度级别，但是根据《环境保护法》和《环境公益诉讼司法解释》中"社会公共利益""社会公共利益重大风险"等表述，可以反推出环境污染或生态破坏行为造成的损害或风险已经达到严重程度，才符合造成损害社会公共利益的起诉条件。而生态环境损害的行政救济则是针对违法行为导致的全部生态环境损害。为此，从适用范围来看，生态环境损害行政救济的调整对象大于环境民事公益诉讼的调整范围，更大于政府索赔诉讼的适用范围。

概言之，生态环境损害的行政救济因为行政权的行政监管而具有主动性、稳定性、专业性和预防性和全面性等特征，使得损害救济优先适用行政路径具有合理性和正当性。此外，基于生态环境损害的机理，行政机关及时介入情节轻微的违法行为或损害程度轻微的生态环境损害，使得损害救济更加及时和有效。而且，不论是基于行政权与司法权的优化配置，还是基于国家环境保护义务的内容要求，行政救济路径的优先适用具有正当性和合理性。

（四）确立概括生态修复责任

虽然我国《环境保护法》规定国家建立和完善相应的调查、监测、评估和修复制度，但是这一条关于环境修复的规定过于原则和抽象，并不能为具体的情节提供制度支撑。法律对环境修复规定的不具体必然使得环

---

① 参见《森林法》第76条；《渔业法》第35、38条；《矿产资源法》第39—40、44条。
② 参见《野生动物保护法》第48—50条。

境修复责任的实现方式和实现路径模糊不清，更为重要的是难以统一下位法规范和统一法律实践。① 此外，在环境污染防治和自然资源保护单行法律规范并未规定概括性生态环境修复责任。在环境污染防治法律规范中的"采取治理措施"的补救性行政命令并不能适用于全部违法行为，故行政机关在面对涉及生态环境损害的违法行为时，往往机械地适用行政处罚、纠正违法行为等规定，而未基于生态环境损害产生和扩散机理，要求行为人承担修复责任。

立法不仅可以为行政机关和司法审判机关提供执法和审判的法律依据，而且完善的立法能够形成统一的法律秩序。② 面对环境法律规范中概括性修复责任的缺失，需要在《环境保护法》及各单行环境污染防治法和自然资源保护法中确立与重申生态环境修复责任，从而为行为人承担生态环境修复责任提供法律依据。即行为人违反国家规定，其环境污染或生态破坏行为造成或者可能造成生态环境损害的，应当承担生态环境修复责任。环境法律规范大多数直接调整国家机关及其委托主体因监管生态环境保护工作所产生的法律关系，调整对象是经营者和个人的行为，保护的是环境公共利益。换言之，生态环境修复责任的公法责任体现为维护生态环境的行政机关课予违法行政相对人的法律责任。"要从根本上解决修复责任执行困境，应当将环境修复置于公法框架之下，将行政机关的执法作为环境修复的主要手段，辅之以环境行政公益诉讼加以监督。"③ 因此，只有在公法法律规范中确立违法行为人的生态环境修复责任，才能为生态环境损害的公法救济路径提供坚实的法律基础和依据。对于情节轻微，但是具有生态环境损害后果的行为，应该优先选择行政责任，避免因为司法诉讼的繁杂和冗长的程序导致效率低下。

在环境保护规范中确立概括性的生态环境修复责任，不仅能为行政机关通过行政命令来实现对生态环境损害的救济，同时能为行政机关履行环保行政监管职责提供依据。环境法体系的整体观念，是从预防、管制、救济三个维度建构的。④ 在《环境保护法》确定地方政府对该行政区域环境质量负责的情况下，当某地环境质量下降时，政府及其环保部门采取相应

---

① 刘静然：《论污染者环境修复责任的实现》，《法学杂志》2018 年第 4 期。

② 参见刘静然《论污染者环境修复责任的实现》，《法学杂志》2018 年第 4 期。

③ 胡静、崔梦钰：《二元诉讼模式下生态环境修复责任履行的可行性研究》，《中国地质大学学报》（社会科学版）2019 年第 6 期。

④ 参见陈慈阳《环境法总论》，元照出版社 2003 年版，第 265—266 页。

措施改善环境质量，责令违法行为人进行环境修复是应有之义。[①] 同时，概括性生态环境修复责任条款的确立能够避免法律规范对纷繁复杂的违法行为逐一进行规定，能够在符合条款一般性特征的情况下，将生态环境修复责任适用到各种违法行为导致的生态环境损害情形之中。如果我国完全抛弃现行公法规范下的责任体系，寄希望于以《民法典》为代表的私法责任，"政府关于修复生态环境的诉求又会与其肩负的行政职权发生重叠与冲突"[②]。我国《环境保护法》《行政强制法》和环境保护单行立法存在责令恢复原状、责令限期采取治理措施、责令改正三种形式的生态损害救济行政命令行为，是相关行政主体履行环境行政监管职责的行为。[③] 行政机关监督下的生态环境损害行政责任不仅基于其行政监管职责具有合理性和优先性，而且基于成本效益考量具有执法和救济的效率性，并指向恢复违法行为所破坏的法律秩序和生态环境的修复。

二　司法诉讼救济谦抑

（一）司法的补充与监督

首先，我国法律规范下的生态环境修复责任并不能适用于不具有修复可能性的情形，学者总结了我国目前行政救济存在的困境，表现为：第一，公法责任的适用场域较为有限；第二，生态环境服务功能损失难以通过现行公法责任机制得到救济；第三，鉴定评估等合理费用无法为公法责任涵盖。[④] 故在上述情形下，违法行为人所产生负的外部性并不能通过公法责任将违法成本内化为行为人的成本，不符合"损害担责"原则原理，此时政府索赔诉讼和环境公益诉讼可以纠正这一困局。综观我国环境法律规范，现有环境执法手段和行为人的环境法律责任不能覆盖因生态环境损害造成的环境公共利益的损害，责任和后果的失衡导致了公共财政为违法行为买单，也无法对行为人实现足够的威慑。[⑤] 换言之，在单一公法责任难以全面妥当地救济生态环境损害之时，具有损害填补理念的司法救济具

---

① 参见李挚萍《行政命令型生态环境修复机制研究》，《法学评论》2020 年第 3 期。
② 参见张宝《生态环境损害政府索赔制度的性质与定位》，《现代法学》2020 年第 2 期。
③ 参见李挚萍《行政命令型生态环境修复机制研究》，《法学评论》2020 年第 3 期。
④ 参见张宝《生态环境损害政府索赔制度的性质与定位》，《现代法学》2020 年第 2 期。
⑤ 参见辛帅《不可能的任务——环境损害民事救济的局限性》，中国政法大学出版社 2015 年版，第 123—124 页。

有补充救济的功能和需要。

其次，环境民事公益诉讼可以预防与救济环境损害风险。学者基于环境危险和环境风险的区分，认为国家环境保护义务可以分为现状保持、危险防御和风险预防三个层级。① 德国学者认为，在现代风险社会的背景下，环境领域的高度复杂性与损害风险认知不一，危险和风险的预防原则是最能呈现环境法本质的原则。② 环境危险是对于人类行为活动所导致的、具有确定性的负面环境外部性，而环境风险则是风险认识不一、风险后果无法量化的、具有不确定性的负面环境外部性。目前我国法律所调整的生态环境损害包括环境危险和重大环境风险，前者在生态环境损害赔偿诉讼和环境民事公益诉讼均可救济，而后者仅在社会环保组织或者检察机关提起的环境民事公益诉讼中得以主张。③

最后，司法诉讼中的环境行政公益诉讼能够监督行政执法，督促政府及其部门履行环保职责。因环境污染或生态破坏而导致生态环境损害后，生态环境行政部门负有履行宪法规范体系下的国家环境保护义务的职责，对责任人的违法行为和导致的损害后果通过行政强制、行政处罚或行政命令方式来修复受损环境、纠正违法行为、防止污染或破坏范围和程度的扩大，从而履行其环境保护监督和管理的职责。而当出现行政规制失灵或者不作为时，可以通过司法诉讼机制来弥补规制失灵，督促政府履行环境保护职责，发挥诉讼的监督功能。

此外，司法诉讼启动具有偶然性和选择性特征。私法规范下生态环境损害救济具体有环境民事公益诉讼和生态环境损害赔偿诉讼两种方式，但是不论基于诉权理论的分析还是法律规范的解读，两种诉讼的提起均具有选择性和任意性。环境民事公益诉讼和生态环境损害赔偿诉讼两者存在不同的法律关系，而对应着不同的诉讼模式和不同的诉权作为保护救济和手段。"诉权"（actio）的概念来源于罗马法，④ 可以进行诉讼的权利被称为

---

① 参见陈海嵩《国家环境保护义务论》，北京大学出版社 2015 年版，第 88—128 页。

② Kloepfer, Umweltrecht, §4 Rn. 4. 转引自［德］施密特·阿斯曼《秩序理念下的行政法体系建构》，林明锵等译，北京大学出版社 2012 年版，第 110 页。

③ 参见《环境公益诉讼司法解释》第 18 条，法律规定的机关或组织可以对因污染环境或破坏生态，损害了社会公共利益或者具有损害社会公共利益重大风险的行为提起环境民事公益诉讼。我国自然之友诉中国水电顾问集团新平开发有限公司的"绿孔雀"案是针对水电站建设造成绿孔雀等动植物的生物多样性损害预防型诉讼。

④ 江伟、邵明、陈刚：《民事诉权研究》，法律出版社 2002 年版，第 2 页。

"诉权"，并且诉权从产生之初就是一个实体权利和程序权利的融合体。① 从法理上分析，与法律义务和法律责任的强制性不同，作为提起诉讼的权利——"诉权"，其本质是一种权利，而权利可以选择行使或者放弃。

《民法典》第 1234 条规定国家规定的机关或者法律规定的组织针对生态环境损害，"有权"请求污染或者破坏责任人承担修复责任。《环境保护法》第 58 条规定，环保社会组织对污染环境、破坏生态，损害社会公共利益的行为，"可以"向人民法院提起诉讼。《土壤污染防治法》第 97 条和《固废法》第 121 条规定，污染土壤或者固体废物污染环境、破坏生态，若损害国家利益、社会公共利益的，有关机关和组织"可以"向人民法院提起诉讼。《民事诉讼法》第 58 条第 2 款规定，检察机关在适格原告没有提起民事公益诉讼前提下，"可以"提起民事公益诉讼。这些法律规范中的"有权"和"可以"的表述在规范意义上明确了诉权的选择性行使和诉讼提起的不确定性。

（二）环境法益的损害填补

生态环境损害行政救济下的行政罚款对损害并不具有补偿性质，可以通过司法诉讼来弥补行政救济补偿性的缺失。换言之，行政机关或者社会组织可以针对期间损失或者永久性损失提起诉讼，请求环境污染或生态破坏责任人承担相应的损害赔偿责任。陈慈阳教授认为，若生态存在持续性的损害和他人利益损害的，如对全部损害或者部分损害没有受害人行使赔偿请求权，公法人就生态损害的修复和补偿对加害人享有请求权。② 即在生态环境损害出现后，作为公益代表人的行政机关可以要求行为人承担永久性损失或期间损害的赔偿，这体现了"损害担责"原则的法理要求，将责任人产生负的外部性内化为其成本，从而弥补由其产生的环境法益减损。同时，生态环境损害赔偿责任具有惩戒和纠正违法行为的功能，从而实现生态环境损害预防和救济。

我国环境法所确立的公法责任并不能为生态环境损害提供全面救济。虽然生态环境损害行政救济通过监管执法能够对生态环境损害提供预防性、高效性、及时性的救济，维护环境质量和环境公共利益，从而保证社

---

① 参见丰霏《诉权理论的发展路向》，《中外法学》2008 年第 5 期。
② 参见陈慈阳《环境法总论》，元照出版社 2003 年版，第 611 页。

会公众健康，然而，环保行政执法救济在行政权运作和秩序维护上存在固有的不足。① 行政监管执法中的行政处罚数额的法定性和上限额度的限制，行政处罚不能弥补永久性损害或期间损害。在生态环境损害不能修复或者不能完全修复时，行为人承担损害赔偿责任，即针对生态环境功能永久性损害或者期间损害的赔付。

概言之，在行政规制失灵或者行政救济手段不能对受损法益进行填补时，通过司法诉讼来填补损失，从而实现全面救济。② 即通过政府索赔或公益诉讼来实现对永久性损害或期间损害的填补。因此政府索赔诉讼和环境公益诉讼具有重要的补充兜底作用，弥补了生态环境损害行政执法救济的不足和局限。

三　赔偿磋商救济补强

生态环境损害赔偿磋商突破了对生态环境损害单一救济路径的依赖，③ 行政机关作为赔偿权利人运用私法磋商的规则，弥补生态环境损害行政救济补偿性的不足，同时避免司法诉讼的繁杂和冗长的程序导致效率低下，通过追究责任人的生态环境修复责任和生态环境损害赔偿责任，从而及时有效地救济受损生态环境。

（一）　赔偿磋商的灵活补强

生态环境损害赔偿磋商并不依赖司法机关对赔偿诉讼案件的审理，而是行政机关与违法行为人之间就损害的事实、评估量化、修复方式和期限等进行平等沟通和协商。正如前文所述，《改革方案》确定了生态环境损害赔偿磋商是行政机关提起生态环境损害赔偿诉讼的前置性程序，具有强制性。此外，虽然在赔偿磋商中，行政机关与违法行为人在遵循平等、自愿原则的情况下进行沟通协商，但是自愿平等的私法磋商属性是对于赔偿义务人而言的。对于赔偿权利人而言，则强调磋商程序的强制性、行政裁量权的合理行使和行政处分权的限制，以防止权力滥用，保护环境公共利益。此外，赔偿磋商协议的履行依赖政府及其环保部门监督。生态环境损

---

① 参见 ［德］施密特·阿斯曼《秩序理念下的行政法体系构建》，林明锵等译，北京大学出版社 2012 年版，第 153 页。

② 参见彭中遥《生态环境损害赔偿诉讼的性质认定与制度完善》，《内蒙古社会科学》（汉文版）2019 年第 1 期。

③ 参见于文轩、孙昭宇《生态环境损害赔偿磋商的属性界定与制度展开——以双阶理论为视角》，《中国地质大学学报》（社会科学版）2021 年第 2 期。

害赔偿磋商仍是实现环境保护和履行环保职责的方式。① 因此，赔偿磋商是环保行政机关监管执法的延伸。

生态环境损害赔偿磋商是借用了私法规范上的磋商制度，在制度设计和运作上具有灵活性特点。行政机关通过磋商程序而非诉讼的方式来要求违法行为人救济受损的生态环境。生态环境损害赔偿磋商同时具有公私法特质，因为其借用了私法磋商的规则，同时也存在行政规制和监管主导的特质。② 如果生态环境损害救济并不发挥行政机关在损害救济的专业性、主动性和稳定性的专长，而直接诉诸司法诉讼手段，这不仅不符合国家机关的分工合作原则，也增加了司法机关运作成本和生态环境损害救济成本。生态环境问题具有复杂性特征，具有很强的科学技术要求，而生态环境保护行政机关在机关设置、人员队伍配置和日常执法过程中均积累了大量的理论和实践经验，从而保证了对于生态环境损害评估的准确性。生态环境损害赔偿磋商制度通过发挥行政机关作为赔偿权利人在救济受损生态环境方面的专业性和高效率，避免了司法诉讼冗杂的诉讼程序和漫长的审判，从而实现及时有效地救济生态环境损害。

（二）损害补偿理念的运用

生态环境损害赔偿磋商制度弥补了生态环境损害行政救济补偿性缺失的缺点，将生态环境损害的鉴定评估费用、期间损失和永久性损失纳入损害赔偿范围。行政责任和刑事责任在补偿和救济功能方面存在明显的局限，③ 行政罚款存在惩罚数额的法定限制，无法实现对生态环境损害的填补。④ 在生态环境损害赔偿磋商中，行政机关作为赔偿权利人与赔偿义务人的磋商坚持生态环境修复优先的原则，在不能修复的情况下，可以予以金钱赔付。生态环境的修复和违法行为的改正不能对受损的生态环境本身的法益减损予以补偿。生态环境修复指向的是生态环境系统功能和由此形成的良好生态秩序，故修复责任不能实现生态环境法益的填补。换言之，在可以修复的情形下，期间损害并未得到补偿。在无法修复的情形下，受

---

① 张梓太、李晨光：《生态环境损害政府索赔的路径选择》，《社会科学辑刊》2018年第3期。

② 参见李兴宇《生态环境损害赔偿磋商的性质辨识与制度塑造》，《中国地质大学学报》（社会科学版）2019年第4期。

③ 参见薄晓波《生态破坏侵权责任研究》，知识产权出版社2013年版，第126页。

④ 参见王岚《论生态环境损害救济机制》，《社会科学》2018年第6期。

损生态环境服务功能丧失也不能通过法益填补予以救济。虽然生态环境损害行政救济路径存在及时性、专业性和有效性的优点，但是行政救济路径缺乏补偿性功能。基于依法行政的原则，行政机关对违法行为人作出的行政处罚数额必须严格遵循法律规定。行政罚款额度与环境法益损失相距甚大，故行政罚款重在惩戒而不能对期间损失和永久性损失予以赔偿。

　　在不存在修复可能的情况下，通过生态环境损害磋商制度来要求行为人承担金钱赔付责任。通过金钱赔付来组织替代性修复，不仅体现了生态环境损害赔偿磋商对赔偿义务人责任追究的灵活性，而且金钱赔付的责任方式弥补了行政执法中的补偿性不足。目前，除了《土壤污染防治法》外，要求责任人承担鉴定评估费用仍无法律依据。① 实践中，生态环境损害评估鉴定费用和修复费用甚高，行政机关多囿于巨额的生态环境修复费用不能追偿的考虑，更倾向于通过政府索赔来救济受损的生态环境。② 生态环境损害赔偿磋商制度可以让行政机关与责任人就环境修复、损害鉴定评估费用、期间损失或永久性损失的赔付等事项进行磋商，从而确保相关费用和受损法益的填补，弥补了行政罚款补偿性的缺失，缓解了执法代履行的困局。

　　(三) 磋商程序的便捷高效

　　此外，生态环境损害赔偿磋商相较于诉讼程序而言，更加便捷和高效，避免因为司法诉讼的繁杂和冗长的程序导致救济效率低下，从而能够及时有效地救济生态环境损害。生态环境保护行政机关在发现严重的生态环境损害事件后，能够在行政执法过程中进行证据采集和固化，及时鉴定评估和量化损害，确保生态环境损害鉴定评估数据的可靠性和时效性。换言之，环保部门在判断和量化损害事实上具有专业技术、人员设备的优势。③ 在实践中，行政赔偿权利人在损害影响范围小、事实简单的情形下，通过专家出具意见说明来认定和量化损害。通过建立损害认定的简易程序，来就修复事宜进行快速磋商，从而提高磋商效率和救济的及时

---

① 参见张宝《我国环境公益保护机制的分化与整合》，《湖南师范大学社会科学学报》2021 年第 2 期。

② 参见李挚萍《行政命令型生态环境修复机制研究》，《法学评论》2020 年第 3 期。

③ 张燕雪丹、周珂：《环境司法与环境行政执法协调联动的基本模式及主要障碍》，《南京工业大学学报》（社会科学版）2019 年第 3 期。

性。① 生态环境损害赔偿磋商是"行政主导、协商机制、公益维护、损害赔偿"② 的生态环境损害救济制度方式之一，在与环境污染或破坏生态行为责任人沟通协商时，行政机关作为赔偿权利人可以根据案件事实的复杂程度适用不同的磋商流程，就生态环境修复问题进行平等谈判，从而有效地制止因环境污染或生态破坏导致生态环境损害的扩大，并及时救济受损的生态环境。

四　环保督察监督补充

虽然行政救济因为其专业性、稳定性、主动性及预防性特征对生态环境损害救济发挥重要的功用，③ 但是行政监管存在规制失灵或者规制俘获的问题，从而导致行政机关违法行使监管职权或者怠于履行行政职责，进而导致生态环境损害得不到救济。因此，需要综合分析生态环境损害行政救济的优劣势，充分发挥行政救济的监管优势和避免行政监管的弱势，有必要辅之以环保督察来弥补行政规制的不足。当行政监管不能填补受损法益时，通过司法诉讼方式实现生态环境损害问责的"全覆盖"。④ 同时，环保督察制度的建立能够督促行党政机关落实生态环境保护工作，履行其法定的环保职责。

故在强调行政执法对生态环境损害救济的重要性的同时，我国注重通过环保督察来追究党政领导干部的责任，以督促党政机关发挥其在生态环境保护中的先决性和基础性作用。环保督察是我国生态文明体制改革下党中央和国务院面对我国生态环境保护突出的环境保护问题和监管体制的不足所进行的制度优化，通过对党政机关及其领导干部的监督来实现生态环境救济，解决突出生态环境问题，推进我国生态文明建设。

（一）行政执法的监督

生态环境损害督察并不直接追究违法行为人的法律责任，而是通过督察地方党政机关及其领导干部的生态环境损害责任，督促政府及其相关部

① 参见生态环境部《生态环境损害赔偿磋商十大典型案例》，安徽池州月亮湖某企业水污染生态环境损害赔偿案。

② 于文轩、孙昭宇：《生态环境损害赔偿磋商的属性界定与制度展开——以双阶理论为视角》，《中国地质大学学报》（社会科学版）2021 年第 2 期。

③ 参见吕梦醒《生态环境损害多元救济机制之衔接研究》，《比较法研究》2021 年第 1 期。

④ 参见陈海嵩《生态环境损害赔偿制度的反思与重构——宪法解释的视角》，《东方法学》2018 年第 6 期。

门积极履行法定的环境保护工作职责，来间接救济生态环境损害。同时，追究行为人因污染环境或破坏生态导致生态环境损害的法律责任，需要在环保督察后，通过适用行政命令、行政处罚等行政救济路径来实现救济生态环境损害。对于需要追究生态环境损害赔偿责任的，则转移给赔偿权利人提起索赔诉讼；或者移交给检察机关提起环境民事公益诉讼来追究违法行为人的法律责任。① 为此，这涉及生态环境保护督察与司法救济路径中生态环境损害赔偿诉讼和环境公益诉讼的衔接。概言之，生态环境保护督察实质上是一种对党政机关及其工作人员的监督机制，通过督察党政机关及其部门的生态环境保护工作职责来解决突出的环境问题，实现对生态环境损害的救济。

　　生态环境保护督察作为行政执法的监督机制之一，与环境行政公益诉讼具有同样的功能和效果。但是与环境行政公益诉讼相比，因为中央生态环境保护督察主体获得最高权威（党中央和国务院）的授权，具有更强的问责监督效果和动员能力，具有明显的威权型责任倒逼下的责任追究特点。行政公益诉讼是检察机关通过行使检察权来实现法律监督和公共利益的维护。而生态环境保护督察不是检察权和监察权的行使，是中央督察机关获得我国最高权威的授权，来对党政机关及其部门进行督察问责。与检察机关提起的行政公益诉讼限于督促行政机关相比，环保督察的对象包括地方党委、政府及其相关部门等，故环保督察的监督范围更宽。

　　生态环境保护督察问责对环境法律制度的突破体现在：一是"党政同责"的适用突破了行政首长责任制的局限，二是党政机关和领导干部的终身追责机制突破了法律上的追责时效限定。② 此外，《督察规定》的颁布，为中央生态环境保护督察提供规范依据，并避免了环保综合督查所体现的运动式环境治理问题，克服了环保问责风暴的不稳定性、间歇性等局限，故生态环境保护督察规范的确立保证了环保督察问责的稳定性。

　　（二）司法审判的监督

　　生态环境保护督察是对司法行政化和司法救济失灵的再监督。因为各

---

① 参见《督察规定》第 24 条第 3 款。
② 参见赵美珍、朱亚龙《论党内法规对环境法的拓展与突破》，《武汉理工大学学报》（社会科学版）2019 年第 2 期。

地司法机关受到当地的政法委组织和领导，由此滋生了司法行政化[1]而影响司法裁判公正性的风险。[2] 有学者认为，司法行政化的实质是司法职业化让位于司法事权的"人财物管理"[3]，从而导致司法审判中立性的偏离。由此导致了对行政失灵所进行的司法补充救济的无能。

生态环境保护督察是在中央和省级两级督察问责下，通过对地方党政机关及工作人员的督察问责，由此形成中央对地方党委领导下的各个职能部门的威慑和整治。故对地方党委、司法机关在环境保护问题上形成威权问责倒逼机制，从而对司法机关在案件受理和审判工作形成监督。为此，环保督察通过对党政机关的监督以纠正司法行政化、化解环境治理司法救济的失灵。生态环境保护督察是我国环境监管制度的改革和创新，弥补了传统科层制下环保行政监察执法的不足。2022 年颁布的《中央生态环境保护督察整改工作办法》明确了检察机关对督察移送生态环境损害问题的处理，通过提起检察公益诉讼形成督察与诉讼的协调与衔接，进一步发挥环保督察的监督救济作用。

第二节 生态环境损害救济路径的规则完善

我国生态环境损害存在法律规范和政策规范两种规范调整，这种二元规范调整是生态文明体制改革、国家治理体系和治理能力现代化的中国实践样态。生态环境损害的救济模式选择不仅需要确立行政救济与司法救济的协同救济关系，而且需要在具体制度建构和安排上体现生态环境损害的行政救济路径优先和司法救济路径为补充的架构特征。因此，要求在程序上确定生态环境损害司法救济的启动需要穷尽行政机关的行政救济，并且通过明确行政机关的履职标准来保证行政机关行使了环境保护监管职权，履行了行政监管法定义务。

此外，生态环境保护磋商制度与其他救济路径的衔接需要通过政策

---

① 一般认为司法行政化表现为：法院机关地位、法官制度、内部运作方式、审级关系和法院职能的行政化。参见杨小军《法治中国视域下的司法体制改革研究》，《法学杂志》2014 年第3 期。

② 参见徐亚文、涂罡《国家治理视域下的中国环境法治困境》，《学习探索》2016 年第8 期。

③ 参见杨清望《司法权中央事权化：法理内涵与政法语境的混同》，《法制与社会发展》2015 年第 1 期。

规范与法律规范的协调完善来消解环保督察制度与其他救济路径的交织失序，从而保证生态环境损害二元规范调整和多元救济路径的协同救济。而政策规范调整下的生态环境损害赔偿磋商需要完成制度的法治化，来发挥赔偿磋商制度与法律救济下行政救济和司法救济的协同作用。

一　法律救济内部顺位的规则完善

明确行政机关的履职标准是保证穷尽行政救济原则的保障。此外，需要在公法规范中确立违法行为人因污染环境或破坏生态导致生态环境损害的生态环境修复行政责任，以此为行政机关作出环境修复治理的行政命令提供法律依据。

（一）确立穷尽行政救济原则

我国当下对于生态环境损害法律救济存在行政监管救济和司法诉讼救济两种路径模式，这印证了我国环境行政权和司法权的联动模式。我国立法权、行政权和司法权虽然在一定程度上彼此独立，但是区别于西方国家的三权分立制衡模式，而形成了一种相关联的联动模式。[①] 美国法院对于立法的审查、行政的监督和判例造法等呈现出明显的司法能动的特征，但是美国在生态环境损害救济中仍然遵循尊重行政专长原则，并发挥行政监管执法在损害救济中的优位性和积极作用。换言之，虽然美国发挥司法审判救济生态环境损害的能动性和积极作用，但是并不意味着其放弃行政监管执法对生态环境损害的救济和使用。从行政权和司法权的发展与互动模式来看，生态环境损害的救济应遵循"行政权优先"和"相互尊重专长"的基本规则原理。[②] 为此，虽然各国生态环境损害救济的具体制度建构存在差异，但是行政权和司法权的关系仍遵循现代法治社会中行政权执法优先和司法补充的权力分工与定位。通过确立穷尽行政救济原则来保证生态环境损害行政救济优先，应从以下几个方面来进行建构。

其一，明确环保行政命令等行政救济手段的优先性，仅当行政手段不

[①]　参见郭武《论环境行政与环境司法联动的中国模式》，《法学评论》2017 年第 2 期。

[②]　参见王明远《论我国环境公益诉讼的发展方向：基于行政权与司法权关系理论的分析》，《中国法学》2016 年第 1 期；吕梦醒《生态环境损害多元救济机制之衔接研究》，《比较法研究》2021 年第 1 期。

能全面救济生态环境损害或者生态环境损害不具有修复可能性时，才允许
行政机关作为原告提起索赔诉讼或者其他主体提起环境民事公益诉讼。学
者主张应以责令修复和代履行的组合来实现对生态环境损害的救济，仅在
行政机关穷尽行政手段未能成功救济生态环境损害时方可提起民事索
赔。① 穷尽行政机关的行政手段是基于《环境保护法》第 6 条规定的地方
各级人民政府对本行政区域的环境质量负责的基本要求，这是地方政府及
其职能部门落实生态文明建设和履行国家环境保护义务的应有之义。我国
各环保单行立法均赋予了行政机关作出责令违法行为人改正违法行为、采
取治理措施、消除污染等行政命令的职权，并享有委托第三方履行或者自
己代履行的职权，从而保证受损生态环境能够及时获得救济，避免了诉讼
的耗时费力。

其二，健全环境公益诉讼诉前督促行政机关履职的通知公告程序。我
国现行的法律没有规定环保组织提起公益诉讼需要履行告知损害结果或者
损害行为发生地的行政机关履行行政监管职责等诉前程序要求，而环保社
会组织可直接提起诉讼。虽然法院在受理环保组织提起公益诉讼后会通知
相关行政主体，② 然而，法律和司法解释没有明确通知程序的意图和行政
机关在收到通知后的法定义务，以及公益诉讼的后续定位。③ 因为根据
《环境民事公益诉讼司法解释》第 12 条的表述，该规定并未明确告知程
序的具体意图，既可以解释为督促负有职责的行政机关改正违法行为或者
履行环保职责，也可以解释为强化行政机关为环境民事公益诉讼提供证据
支持等。因此，应该在法律或司法解释中明确法院受理环境公益诉讼案件
前，通知负有环保监管职责的行政机关积极落实环保工作，以保证穷尽行
政救济。通过"诉前礼让执法优先"④，在行政机关怠于履行其行政职责
并在合理期限内未作出回应时，可以提起民事公益诉讼。由此能够保证在
启动司法救济诉讼前，通过诉前程序来督促行政机关履行环保行政监管执
法和法定监管义务。

---

① 参见吕忠梅等《中国环境司法发展报告（2017—2018）》，人民法院出版社 2019 年版，
第 165 页。
② 《环境民事公益诉讼司法解释》第 12 条规定：法院受理环境民事公益诉讼后，应当告知
对被告行为负有环境保护监督管理职责的部门。
③ 参见杜群、梁春艳《我国环境公益诉讼单一模式及比较视域下的反思》，《法律适用》
2016 年第 1 期。
④ 巩固：《环境民事公益诉讼性质定位省思》，《法学研究》2019 年第 3 期。

其三，扩大环境行政公益诉讼制度的原告范围，发挥行政公益诉讼对行政执法的监督功能。实践中，行政机关常常未穷尽行政执法手段，而通过行使行政处罚权来"完全履行"环保行政监管职责，即"一罚了之"。由此出现环保行政机关在行使行政监管职权时重行政处罚，轻行政命令的现象，导致生态环境损害不能得到及时而有效的修复和治理。环保行政监管权的完整行使（履行环保行政监管职责）不仅仅包括作出行政命令或处罚决定，还包括落实行政决定，恢复相应的法律和社会秩序。我国目前环境行政公益诉讼的原告仅限于检察机关，环保社会组织并不是行政公益诉讼的适格原告。有学者认为，"公民和政府都是环境公共利益的代表"[①]，并且在多元共治背景下，环境治理强调社会公众的参与和监督。为此，为了保证行政救济的优先性，需要发挥多元主体监督行政机关积极落实环保工作的功能和作用。即通过扩展环境行政公益诉讼的原告范围，将环保社会组织纳入适格原告范围，以进一步发挥环保社会组织督促行政机关执法、维护生态环境的作用。而且，环保社会组织具备环境行政公益诉讼的原告资格后，能更好地衔接环保组织提起的环境民事公益诉讼和生态环境损害赔偿诉讼的关系。

（二）明确行政机关履责标准

"寻求对政府履行法定职责的有效监督是行政法的核心要务之一。"[②] "行政主体作为赔偿权利人具有制度优势，但也存在履职标准不明影响索赔效率的问题。"[③] 在生态环境损害行政与司法双重救济路径下，根据国家权力分工理论和环境问题的特征，需要强化生态环境保护行政机关依法履行其环保职责，只有当环保行政监管不能对生态环境损害提供全面救济时，才启动司法救济。为此，如何判定行政机关已经履行其行政职责成为问题的核心与关键。

在穷尽行政救济原则下，行政机关是否已经履行了其生态环境监管职责的判断不仅涉及行政权优先的基本法理，也是后续检察机关针对行政机关不作为或者乱作为而提起环境公益行政诉讼的重要判断根据。

---

① 王小钢：《以环境公共利益为保护目标的环境权利理论——从"环境损害"到"对环境本身的损害"》，《法制与社会发展》2011 年第 2 期。

② 姜鹏：《不履行法定职责行政案件司法审查强度之检讨》，《华东政法大学学报》2017 年第 4 期。

③ 廖华：《生态环境损害赔偿的实践省思与制度走向》，《湖南师范大学社会科学学报》2021 年第 1 期。

对于行政机关是否履行法定职责的审查判断需要解答三个问题：是否存在法定职责、是否存在履责可能以及是否实质履行法定职责。① 我国行政机关履行法定职责案件存在秩序性审查与合目的性审查两种司法审查模式，秩序性审查模式是指法院恪守法律规定，注重形式上的法律条文推演；而合目的性审查模式不局限于条文规定，注重对失责内容和结果以及两者之间关系的审查，追求法律的立法目的。② 在环境行政公益诉讼的研究中，学者一般对"是否实质履行法定职责"这一问题进行分析，对行政机关是否履职目前可以分为行为标准和结果标准。行为标准（程序性审查）是以行政机关是否履行法定职责作为判断标准，而结果标准（合目的性审查）是以行政行为是否造成社会公众利益持续损害作为判断标准。③ 换言之，行政机关"是否履行职责"存在以规范主义为核心的秩序性审查和以功能主义的合目的性审查。

我国规范性文件中对于行政机关是否履行法定职责的判断标准是结果标准。《人民检察院提起公益诉讼试点工作实施办法》第 41 条规定，经诉前程序，行政机关拒不履行法定职责或不改正违法行为，导致国家利益或社会利益仍处于受侵害状态的，检察机关可以提起行政公益诉讼。另外，《最高人民法院关于审理环境公益诉讼案件的工作规范（试行）》第 53 条规定，当行政机关根据检察建议改正或者作出的行为不足以维护公共利益，使得公共利益仍处于受侵害状态，检察机关仍可以提起行政公益诉讼。前述两个文件中"仍处于受侵害状态的"的表述，表明我国行政公益诉讼是以公益是否仍然受到侵害的结果标准作为判定依据。

当以结果标准衡量行政机关是否履行法定职责时，即使行政机关已经按照法律规定或检察建议履行了其职责，只要国家利益或者公众利益持续受到损害的，检察机关依然可以提起环境行政公益诉讼。环境行政公益诉讼以维护社会公共利益为目的，其区别于普通的行政诉讼强调维护个人主观权利，本质上属于一种客观诉讼。④ 当行政公益诉讼中行政机关是否履行法定职责的判断标准是以结果标准进行判断时，那么行政公益诉讼是一

① 参见王清军《环境行政公益诉讼中行政不作为的审查基准》，《清华法学》2020 年第 2 期；章志远《司法判决中的行政不作为》，《法学研究》2010 年第 5 期。

② 参见姜鹏《不履行法定职责行政案件司法审查强度之检讨》，《华东政法大学学报》2017 年第 4 期。

③ 参见刘超《环境行政公益诉讼诉前程序省思》，《法学》2018 年第 1 期。

④ 参见刘艺《构建行政公益诉讼的客观诉讼机制》，《法学研究》2018 年第 3 期。

种客观诉讼，强调法律规范所追求的国家利益或社会公共利益的维护。换言之，行政机关根据法律规范作出相应的行政决定仅仅是在程序意义上履行法定职责。只有当国家利益或者社会公共利益受侵害的状态停止，或者公共利益得以救济后，行政机关才算"实质履行"法定职责。

然而，以结果为标准来判断行政机关是否履行了其行政监管职责并不契合行政公益诉讼的制度的价值目标，对行政机关而言也过于苛刻。① 因为，正如前文所述，行政机关是否履行法定职责实际上需要分解成三个问题进行回答。而按照结果主义标准，即合目的性审查来判断环保行政机关是否履行法定职责，忽略了"是否存在履责可能"这一关键问题的思考。换言之，在行政机关根据行政法律规范履行程序意义上的法定职责时，行政机关是严格遵循规范要求以履行法定职责。

例如，当行政机关作出行政处罚决定后，行政相对人对行政处罚决定不服的，在收到行政处罚决定书之日起享有 6 个月的诉讼时效；② 没有行政强制执行权的行政机关在当事人不申请行政复议或提起行政诉讼，又不履行行政决定的，可以自行政处罚决定书期限届满后 3 个月内，申请强制执行③。如果此时检察机关在行政处罚决定书发生法律效力后，便以国家利益或社会利益持续处于受侵害状态为由，认为行政机关未能实质履行法定职责，而提起行政公益诉讼，法院也会因为行政机关的不具备履行可能的合理抗辩而驳回检察机关提起的诉讼请求。④ 因此，以国家利益或者公共利益损害是否处于受侵害状态的结果标准来判断行政机关是否履行职责并不符合行政公益诉讼制度所追求的督促行政机关履行职责的制度目标。而且，当严苛的结果标准和环境问题的复杂性迫使行政机关不计成本维护国家利益和公共利益时，会使得公益诉讼制度偏离了最初的制度设计，反而造成资源的浪费。

概言之，环境行政公益诉讼中行政机关是否履职标准应该从"是否存在法定职责、是否存在履责可能，以及是否实质履行法定职责"三个层次进行评价，并以程序性的行为标准来审查"是否实质履行法定职

① 参见刘超《环境行政公益诉讼诉前程序省思》，《法学》2018 年第 1 期。
② 《行政诉讼法》第 46 条。
③ 《行政强制法》第 53 条。
④ 参见吉林大安市检察院诉市林业局案，吉林省大安市人民法院〔2017〕吉 0882 行初字第 10 号行政裁定书。转引自王清军《环境行政公益诉讼中行政不作为的审查基准》，《清华法学》2020 年第 2 期。

责"。

二　政策救济路径规则衔接与完善

(一) 政策与法律衔接协调

1. 多元规范体系的关系与协调

在我国当代社会治理体系中，我国存在法律规范、党内法规与党的政策、社会规范四大规范类型，由此形成了我国的规范体系结构特征。[①] 在我国不断深化生态文明建设的改革进程中，以党内法规和党的政策为中心的规范体系，作为全国生态文明体制改革的"指南针"，通过"中央顶层设计"的宏观战略布局来积极推进具体的改革措施。例如《总体方案》在环境治理体系、生态保护市场体系、自然资源制度改革[②]、国土空间开发保护与空间规划、生态文明绩效考核和责任追究等多层次、多维度构建我国生态环境法治蓝图，为具体的生态环境制度改革和法律规范修订提供改革方向和规范保障。

中办和国办联合印发的《环境治理体系意见》指出"健全环境治理法律法规政策体系"和"对造成生态环境损害的，依法依规追究赔偿责任"。该意见再次强调环境治理的"法律法规"和"政策"两种规范体系对救济受损生态环境的功用，重申我国环境治理体系的规范架构与组成部分。并且，在生态环境损害救济中，强调"依法"和"依规"追究生态环境损害的赔偿责任，重申了除法律规范外，以党内法规、党的政策和党的规范性文件组成的政策规范对生态环境损害救济的规范和指导意义。申言之，完善生态环境损害救济体系需要完善我国法律规范体系和政策规范体系，并且需要做好政策规范体系和法律规范体系的衔接与协调。

2. 实现多元救济路径的规范衔接

作为政策规范的《督察规定》对中央环保督察与生态环境损害赔偿制度及环境公益诉讼制度的衔接作了规定。然而，我国环境法治实践中存在多元救济路径的交叉重叠。《督察规定》第 24 条第 3 款规定："对督察发现需要开展生态环境损害赔偿工作的，移送省、自治区、直辖市政府依

---

①　参见刘作翔《当代中国的规范体系：理论与制度结构》，《中国社会科学》2019 年第 7 期。

②　例如自然资源资产产权制度、资源总量管理和全面节约制度、资源有偿使用和生态补偿制度等。

照有关规定索赔追偿；需要提起公益诉讼的，移送检察机关等有权机关依法处理。"《督察规定》第 24 条第 4 款规定："对督察发现涉嫌犯罪的，按照有关规定移送监察机关或者司法机关依法处理。" 如前文所述，在兰铝案中，面对同一个违法行为损害生态环境事实，在环保督察程序尚未结束，环保社会组织通过环保公益诉讼介入兰铝公司处置大修渣问题。这导致地方党委和政府还在整顿自身环保工作的同时，由私主体提起的环境公益诉讼虽然从外部对行政机关环保职责进行监督，导致法院审判因不同救济路径的重叠而无法推进，只能等待环保督察结果公布后，基于案件事实发展进程进行依法审理。

此外，《督察规定》与《民事诉讼法》在公益诉讼原告资格的顺位规定上存在矛盾。《督察规定》第 24 条第 3 款规定，需要提起环境公益诉讼的，直接移送给检察机关依法处理。《民事诉讼法》第 58 条第 2 款规定，检察机关提起环境民事公益诉讼在诉讼原告序列中具有替补性、补充性的性质，并非提起环境民事公益诉讼原告的第一顺位。是故两个规范在具体规则设定上存在冲突。即检察机关仅在没有适格原告提起诉讼的前提下，"可以"提起民事公益诉讼。概言之，我国生态环境保护督察所依据的政策规范与我国法律的部分规则存在冲突矛盾，从而引起生态环境损害救济追究机制的混乱。为此，需要协调和衔接政策规范和法律规范，理顺生态环境损害各救济路径的适用。

习近平依法治国的新理念促进党法党规与国家法律体系协调统一和良性互动，这不仅是完善我国社会主义法治体系的需要，而且是国家治理体系和治理能力现代化的必然要求。[1] 生态环境损害救济是我国环境治理体系的重要内容，同时涉及法律和政策的调整。为此，协同两种规范体系的功能，需要注重两者的衔接和协调，[2] 理顺两者的关联，从而促进和发挥两者在救济受损生态环境上的协调作用。[3] 具体而言，需要从以下两个方面来协调政策规范和法律规范。

首先，注重政策调整下的生态环境保护督察等对建立生态环境保护执

---

① 参见江国华《习近平全面依法治国新理念新思想新战略的学理阐释》，《武汉大学学报》（哲学社会科学版）2021 年第 1 期。

② 参见习近平《以科学理论指导全面依法治国各项工作》（2020 年 11 月 16 日），载习近平《论坚持全面依法治国》，中央文献出版社 2020 年版，第 112 页。

③ 参见吕忠梅、田时雨《在习近平法治思想指引下建设生态文明法治体系》，《法学论坛》2021 年第 2 期。

法与司法衔接机制的影响，完善政策规范与法律规范关于生态环境损害救济的具体规则衔接。如前文所述，生态环境保护督察是一种督促党政机关履行环境保护工作，追究党政机关及其领导干部生态环境损害责任的监督机制。对于生态环境损害的具体救济还是需要回归和适用法律救济中的行政救济路径和司法救济路径。但是，在性质上属于党内法规的《督察规定》与《民事诉讼法》关于环境公益诉讼的原告主体顺次规定存在矛盾，故实践中因为政策规范与法律规范的矛盾与不协调导致多种救济路径的混乱与失序。在环境治理下的二元规范调整，需要发挥政策规范和国家立法的协调作用。① 为此，在政策规范不断体系化和规范化的同时，需要协调政策规范与法律规范的关系与功能，注重两种规范体系之间的衔接，促进生态环境保护督察、生态环境损害赔偿磋商、行政救济与司法救济的衔接顺畅。

其次，完善生态环境保护领域政策规范向国家法律的转化机制，促进政策与法律之间的衔接与协调。党的政策、方针和制度的创制需要与国家法律之间进行衔接和协调，不能简单因为现存法律规范体系不存在政策规范中的制度而否定其重要的规范作用。实际上这些规范性文件推进了我国法律规范体系的发展，在时机成熟时，将其转化为国家意志和国家法律，是完善和协调我国政策规范体系和法律规范体系的必然要求。政策规范体系是党在国家治理和社会治理的行为规范，党内法规的制定也要遵循行为规则形成和产生的一般规律。② 因此，环境治理中所制定的政策规范需要与法律规范相协调，注重事前控制、事中沟通和事后排除来强化两种规范的衔接。③ 通过"党的立法部门与国家立法部门的联动机制，构建党内法规向国家法律转化之机制，完善党内法规内部备案审查机制"。④ 对政策和法律的具体规则存在矛盾和不衔接的情况下，通过颁布主体制定相应的解释性文件来加以协调，并在时机成熟时转化为法律规范，以确保规范体系的统一。

---

　　① 参见常纪文《"十四五"生态环境政策和法制宜增强针对性和灵活性》，《中国环境管理》2021 年第 1 期。

　　② 参见莫纪宏《党内法规体系建设重在实效》，《东方法学》2017 年第 4 期。

　　③ 参见操申斌《党内法规与国家法律协调路径探讨》，《探索》2010 年第 2 期。

　　④ 罗许生：《国家治理现代化视阈下党内法规与国家法律衔接机制建构》，《中共福建省委党校学报》2016 年第 6 期。

（二）赔偿磋商制度法治化

根据前文分析可知，生态环境损害赔偿磋商的规范依据是《改革方案》，在政策规范体系中属于层级较低的规范性文件。同时，生态环境损害赔偿磋商是行政机关进行环保监管执法的延伸，体现了行政行为属性。而且赔偿磋商制度作为政府索赔诉讼的前置性程序，是赔偿权利人的职责。赔偿磋商制度利用私法规范中的磋商谈判机制来救济受损生态环境，是多元化解决纠纷机制中的一种，是生态环境损害赔偿制度改革中的一大亮点。[①] 但是目前我国损害赔偿磋商制度存在规范依据层级较低、磋商具体程序规则不完善和社会监督程度较低等问题。因此生态环境损害赔偿磋商制度的法治化是完善磋商制度的必然趋势，也是完善我国生态环境损害救济，协调生态环境损害多元救济路径的基本要求。生态环境损害赔偿磋商制度的法治化需要从以下三个方面进行。

首先，完善生态环境损害赔偿磋商的规范依据。目前，我国生态环境损害赔偿磋商制度并未得到国家法律规范的确定，[②] 仅在属于政策规范的《改革方案》和属于司法解释的《若干规定》中存在相关规定，生态环境损害赔偿磋商制度的规范依据层级较低。我国政策规范在不断规范化与体系化，在条件成熟时通过法定程序转化为国家立法。[③] 因此，需要总结我国生态环境损害赔偿磋商制度的实践经验成果，在理论研究和实践经验总结的基础上，完善生态环境损害赔偿磋商的具体规范依据和相应的适用规则。

其次，规范生态环境损害赔偿磋商程序。目前，《改革方案》对于生态环境损害赔偿磋商制度的启动和适用并不明确。生态环境损害赔偿制度的适用范围因为"较大及以上""严重影响"等程度描述性词汇而存在模糊性，故不能确立赔偿磋商的适用情形。为此，需要在立法上细化赔偿磋

[①] 参见张辉、沈世伟、贾进宝《生态环境损害赔偿磋商制度的实践研究——聚焦 20 起磋商优秀候选案例》，《环境保护》2020 年第 11 期。

[②] 生态环境损害赔偿磋商制度除了规定在《固废法》之外，其他环境污染防治法和自然资源保护各单行法未规定生态环境损害赔偿磋商制度。换言之，尽管《固废法》第 122 条规定了固体废物导致的生态环境损害适用生态环境损害赔偿磋商制度，但是《固废法》仅仅适用于固体废物污染环境的防治，对于其他水、大气、土壤污染等环境污染或者生态破坏行为导致的生态环境损害，并不能适用该条规定。

[③] 参见江国华《习近平全面依法治国新理念新思想新战略的学理阐释》，《武汉大学学报》（哲学社会科学版）2021 年第 1 期。

商的适用范围。同时，对于生态环境损害赔偿磋商组织形式、磋商协议的救济途径、磋商次数和时间等进行具体的细化与规定，① 通过完善生态环境保护的程序规则来提高赔偿磋商在生态环境损害救济中的效用。

最后，完善生态环境损害赔偿磋商监督机制。《改革方案》规定了信息共享和公众监督的工作原则，但是并未明确公众参与的具体阶段、参与形式和方式等。《关于推进生态环境损害赔偿制度改革若干具体问题的意见》规定赔偿权利人可以邀请专家和利益相关的公民、法人以及其他组织参加生态环境修复或者赔偿磋商工作，接受公众监督。该意见中"可以"的表述间接反映了行政机关作为赔偿权利人在生态环境损害赔偿磋商中缺乏必要的监督。并且该意见是国务院各部委和"两高"颁布的规范性文件，但是发文字号是"环法规"，体现了该意见在行政立法范畴内属于级别较低的规范性文件，对于赔偿权利人在修复和磋商过程中的行为约束力不高。目前我国生态环境损害赔偿磋商制度中存在社会参与不足的问题。而磋商协议的内容涉及生态环境损害的救济和环境利益的处分，故应完善赔偿磋商的社会监督和检察监督。

正如前文所述，生态环境损害赔偿磋商是环境行政执法监管的延伸，是行政机关代表社会公众与赔偿义务人进行磋商的过程。加强生态环境损害赔偿磋商的公众参与不仅是《环境保护法》公众参与原则的要求，而且可以减少当事人对生态环境损害的认知局限，增进磋商协议认可，进而提高磋商的社会效果。② 加强赔偿磋商的外部监督不仅仅局限于社会公众参与，还应包括发挥检察机关在磋商中的监督作用。③ 为此，需要通过信息共享和多元主体参与来强化对生态环境损害赔偿磋商制度的监督。

---

① 参见程雨燕《生态环境损害赔偿磋商制度构想》，《北方法学》2017 年第 5 期。
② 参见康京涛《生态环境损害赔偿磋商的法律性质及规范构造》，《兰州学刊》2019 年第 4 期。
③ 参见于文轩、孙昭宇《生态环境损害赔偿磋商的属性界定与制度展开——以双阶理论为视角》，《中国地质大学学报》（社会科学版）2021 年第 2 期。

结　语

生态环境损害是因环境污染或生态破坏行为导致的，包括对大气、水或土壤等环境要素、生物要素不利改变或者由此形成的生态系统功能退化。本书所称的生态环境损害救济不是将生态环境损害所造成的损失通过责任保险、损害救济基金等方式进行社会化分担，而是基于"损害担责"原则，追究环境污染或生态破坏行为人的法律责任。具体通过生态环境修复来实现对受损生态环境的修复，以及通过生态环境损害赔偿来弥补期间损失、永久性损失、鉴定评估费用和应急处置费用等。

我国生态环境损害救济是"二元规范调整+四种救济路径"的多元协同救济。在我国环境治理实践和体系中，生态环境损害救济同时涉及政策规范和法律规范的二元调整，而且在两种规范体系下分别存在两种不同的救济路径。即在法律救济下存在行政救济和司法救济两种救济路径，在政策救济下存在生态环境损害赔偿磋商和生态环境保护督察两种救济路径。

生态环境损害"二元规范调整+四种救济路径"的类型划分突破了我国现有研究局限在法律规范体系框架内对生态环境损害救济路径的公/私法救济划分，将我国生态环境法治实践中发挥重要作用的政策规范纳入考察范围。目前我国生态环境损害赔偿磋商和环保督察均是以政策规范作为制度规范依据，故如果单纯聚焦于法律规范的调整，忽视政策规范对于我国环境治理和生态环境损害救济的规范作用，无疑存在削足适履之嫌。生态环境损害救济是一个系统工程，因此生态环境损害救济需要对我国不同规范体系和救济路径进行统筹安排，以发挥不同规范和救济路径的最大功效与救济作用。

生态环境损害法律救济和政策救济下的不同救济路径存在不同的运作逻辑。行政救济路径通过环保行政命令、行政处罚和行政强制等制度来救济生态环境损害。而司法救济路径则通过环境公益诉讼和生态环境损害赔偿诉讼来实现生态环境损害的救济。此外，在政策规范调整下的损害赔偿磋商通过磋商的灵活适用来弥补了行政救济补偿性缺失的不足，而生态环境保护督察制度通过对党政机关及其领导干部的督察问责后，通过行政执法或司法诉讼来实现生态环境损害的救济。

因为生态环境损害的影响机理和环境法益的公益属性，生态环境损害的救济不能单纯依赖某种救济路径，需要通过多种规范和救济路径的衔接来实现全面救济。然而，我国行政机关与司法机关的角色错位、政策与法律协调不足和救济路径衔接机制不完善，导致了生态环境损害救济存在行政执法隐退、一案多诉、多种救济路径交错失序的困境。

生态环境损害法律救济的内部衔接涉及行政权与司法权的优化配置。生态环境损害行政救济是国家环境保护义务的要求，行政监管是行政机关法定的职责，具有强制性和不可放弃的特点。行政机关监管的专业性和高效性能够及时有效地救济受损生态环境。而生态环境损害司法救济基于不告不理原则具有事后性和谦抑性特征，但是司法救济运用损害填补理念，通过生态环境损害赔偿责任能够对受损环境法益提供损害填补，弥补了行政救济补偿性的不足。

此外，生态环境损害政策救济下的赔偿磋商和环保督察涉及政策与法律二元规范体系的衔接与协调。生态环境损害赔偿磋商是突破了生态环境损害单一救济路径的依赖，是行政机关作为赔偿权利人运用私法磋商的规则，弥补生态环境损害行政救济补偿性的不足，同时避免司法诉讼的繁杂和冗长程序导致救济效率低下。通过追究责任人的生态环境修复责任和生态环境损害赔偿责任，及时有效地救济受损生态环境。此外，生态环境保护督察制度是生态环境损害的间接救济方式。生态环境保护督察既可以通过督察地方党委和地方政府及其相关部门来落实生态环境保护工作，也可以直接督察国有企业等私主体，通过回归行政救济或司法救济路径来追究责任主体的责任。申言之，生态环境保护督察是分别从生态环境保护工作的公权力运作和私主体的生态环境保护义务两方面进行，从而实现生态环境损害的救济。

面对生态环境损害多元救济路径的交叉失序，需要从整体主义视角系统考察不同规范特征和救济路径的运作逻辑，以确定生态环境损害多元救济路径的顺次层级。在法律规范中确立生态环境损害应该坚持行政救济路径优先、司法救济谦抑和补充。并且通过确立穷尽行政救济程序原则，明确以程序性的行为标准作为行政机关履职标准来实现行政救济优先和司法救济补充救济的定位。而生态环境保护督察与其他救济路径的衔接不足需要通过完善和协调政策规范与法律规范来完成。此外，通过生态环境损害赔偿磋商制度的法治化来提高生态环境损害救济的效率和效果。

我国目前正在进行环境法典的制定工作，为生态环境损害不同救济路径的体系化与协调完善提供了难得的契机。为此，在环境法典的制定过程中，应该以我国法律和政策作为规范基础，结合党的政策方针、社会群众的现实需求和改革实践的成功经验，通过协调政策与法律二元规范和协调完善不同救济路径，为生态环境损害救济提供协调有序的规范依据和制度保障，实现生态环境损害的全面救济。

参考文献

（一）中文著作

薄晓波：《生态破坏侵权责任研究》，知识产权出版社 2013 年版。

曹明德：《生态法新探》，人民出版社 2007 年版。

陈慈阳：《环境法总论》，元照出版社 2003 年版。

陈聪富：《侵权违法性与损害赔偿》，北京大学出版社 2012 年版。

陈海嵩：《国家环境保护义务论》，北京大学出版社 2015 年版。

陈真亮：《环境保护的国家义务研究》，法律出版社 2015 年版。

杜群：《生态保护法论——综合生态管理和生态补偿法律研究》，高等教育出版社 2012 年版。

傅剑清：《论环境公益损害救济——从"公地悲剧"到"公地救济"》，中国社会科学出版社 2017 年版。

侯佳儒：《中国环境侵权责任法基本问题研究》，北京大学出版社 2014 年版。

胡卫：《环境侵权中修复责任的适用研究》，法律出版社 2017 年版。

胡晓军：《行政命令研究——从行政行为形态的视角》，法律出版社 2017 年版。

贾爱玲：《环境民法》，知识产权出版社 2019 年版。

金自宁：《公法/私法二元区分的反思》，北京大学出版社 2007 年版。

柯坚：《环境法的生态实践理性原理》，中国社会科学出版社 2012 年版。

李艳芳：《环境损害赔偿》，中国经济出版社 1997 年版。

李宜琛：《民法总则》，台湾正中书局 1997 年版。

刘长兴：《环境损害政府补偿责任研究》，中国政法大学出版社 2019

年版。

　　龙卫球：《民法基础与超越》，北京大学出版社 2010 年版。

　　吕忠梅：《沟通与协调之途——论公民环境权的民法保护》，中国人民大学出版社 2005 年版。

　　吕忠梅等：《侵害与救济：环境友好型社会中的法治基础》，法律出版社 2012 年版。

　　吕忠梅等：《中国环境司法发展报告（2017—2018）》，人民法院出版社 2019 年版。

　　苏永钦：《寻找新民法》，元照出版社 2008 年版。

　　汪劲主编：《环保法治三十年：我们成功了吗？——中国环保法治蓝皮书（1979—2010）》，北京大学出版社 2011 年版。

　　王利民：《民法的精神构造：民法哲学的思考》，法律出版社 2010 年版。

　　王明远：《环境侵权救济法律制度》，中国法制出版社 2001 年版。

　　王泽鉴：《侵权行为》，北京大学出版社 2016 年版。

　　王泽鉴：《损害赔偿》，北京大学出版社 2017 年版。

　　辛帅：《不可能的任务——环境损害民事救济的局限性》，中国政法大学出版社 2015 年版。

　　张宝：《环境规制的法律构造》，北京大学出版社 2018 年版。

　　张宝：《环境侵权的解释论》，中国政法大学出版社 2015 年版。

　　朱岩：《侵权责任法通论》，法律出版社 2011 年版。

　　竺效：《生态损害的社会化填补法理研究》，中国政法大学出版社 2007 年版。

　　竺效：《生态损害综合预防和救济法律机制研究》，法律出版社 2016 年版。

　　最高人民法院民法典贯彻实施工作领导小组主编：《中华人民共和国民法典侵权责任编理解与适用》，人民法院出版社 2020 年版。

　　最高人民法院中国应用法学研究所编：《环境资源审判典型案例选编》，人民法院出版社 2015 年版。

（二）中文论文

　　薄晓波：《三元模式归于二元模式——论环境公益救济诉讼体系之重

构》，《中国地质大学学报》（社会科学版）2020 年第 4 期。

蔡守秋：《从我国环保部门处理环境民事纠纷的性质谈高效环境纠纷处理机制的建立》，《政法论坛》2003 年第 5 期。

操申斌：《党内法规与国家法律协调路径探讨》，《探索》2010 年第 2 期。

曹明德、徐以祥：《中国民法法典化与生态保护》，《现代法学》2003 年第 4 期。

曾刚：《论政府职责的发展》，《理论界》2005 年第 9 期。

曾娜、吴满昌：《生态环境损害赔偿中的多重责任之比例审查探讨》，《武汉理工大学学报》（社会科学版）2019 年第 1 期。

常纪文、王鑫：《由督企、督政到督地方党委：环境监督模式转变的历史逻辑》，《环境保护》2016 年第 7 期。

常纪文：《"十四五"生态环境政策和法制宜增强针对性和灵活性》，《中国环境管理》2021 年第 1 期。

陈海嵩：《环保督察制度法治化：定位、困境及其出路》，《法学评论》2017 年第 3 期。

陈海嵩：《绿色发展中的环境法实施问题：基于 PX 事件的微观分析》，《中国法学》2016 年第 1 期。

陈海嵩：《生态环境损害赔偿制度的反思与重构——宪法解释的视角》，《东方法学》2018 年第 6 期。

陈海嵩：《生态环境政党法治的生成及其规范化》，《法学》2019 年第 5 期。

陈海嵩：《实现环境质量改善目标的国家义务构造》，《法治研究》2018 年第 6 期。

陈海嵩：《我国环境监管转型的制度逻辑——以环境法实施为中心的考察》，《法商研究》2019 年第 5 期。

陈海嵩：《中国环境法治中的政党、国家与社会》，《法学研究》2018 年第 3 期。

陈红梅：《生态损害的私法救济》，《中州学刊》2013 年第 1 期。

陈泉生、周辉：《论环境侵害与环境法理论的发展》，《东南学术》2007 年第 3 期。

陈泉生：《环境侵害及其救济》，《中国社会科学》1992 年第 4 期。

陈伟：《环境污染和生态破坏责任的二元耦合结构——基于〈民法典·侵权责任编〉（草案）考察》，《吉首大学学报》（社会科学版）2020年第3期。

陈小平：《生态环境损害赔偿磋商：试点创新与制度完善——以全国首例生态环境损害赔偿磋商案为视角》，《环境保护》2018年第8期。

程啸、王丹：《损害赔偿的方法》，《法学研究》2013年第3期。

程雨燕：《生态环境损害赔偿磋商制度构想》，《北方法学》2017年第5期。

程玉：《生态损害法律责任规则私法路径的完善》，《环境法评论》2020年第1期。

崔建远：《关于恢复原状、返还财产的辨析》，《当代法学》2005年第1期。

邓小云：《整体主义视域下黄河流域生态环境风险及其应对》，《东岳论丛》2020年第10期。

丁霖：《论生态环境损害代修复——兼论〈民法典·侵权责任编〉（草案）第1234条的完善》，《吉首大学学报》（社会科学版）2020年第3期。

董岩：《环境公益损害救济诉求下排除危害责任的解释论分析》，《法学论坛》2020年第3期。

窦海阳：《环境侵权类型的重构》，《中国法学》2017年第4期。

窦海阳：《环境损害事件的应对：侵权损害论的局限与环境损害论的建构》，《法制与社会发展》2019年第2期。

杜辉：《公私交融秩序下环境法的体系化》，《南京工业大学学报》（社会科学版）2020年第4期。

杜群、杜殿虎：《生态环境保护党政同责制度的适用与完善——祁连山自然保护区生态破坏案引发的思考》，《环境保护》2018年第6期。

杜群、梁春艳：《我国环境公益诉讼单一模式及比较视域下的反思》，《法律适用》2016年第1期。

方舟子：《还原主义和整体主义述评》，《自然辩证法研究》2000年第11期。

丰霏：《诉权理论的发展路向》，《中外法学》2008年第5期。

冯果：《整体主义视角下公司法的理念调适与体系重塑》，《中国法学》2021 年第 2 期。

　　冯洁语：《公私法协动视野下生态环境损害赔偿的理论构成》，《法学研究》2020 年第 2 期。

　　高吉喜、韩永伟：《关于〈生态环境损害赔偿制度改革试点方案〉的思考与建议》，《环境保护》2016 年第 2 期。

　　高琪：《我国环境民事公益诉讼的原告适格限制——以德国利他团体诉讼制度为借鉴》，《法学评论》2015 年第 3 期。

　　耿玉基：《超越权力分工：行政司法化的证成与规制》，《法制与社会发展》2015 年第 3 期。

　　公丕祥：《习近平的法治与国家治理现代化思想》，《法商研究》2021年第 2 期。

　　巩固：《"生态环境"宪法概念解析》，《吉首大学学报》（社会科学版）2019 年第 5 期。

　　巩固：《环境民事公益诉讼性质定位省思》，《法学研究》2019 年第3 期。

　　巩固：《2015 年中国环境民事公益诉讼的实证分析》，《法学》2016年第 9 期。

　　郭海蓝、陈德敏：《生态环境损害赔偿磋商的法律性质思辨及展开》，《重庆大学学报》（社会科学版）2018 年第 4 期。

　　郭海蓝、陈德敏：《省级政府提起生态环境损害赔偿诉讼的制度困境与规范路径》，《中国人口·资源与环境》2018 年第 3 期。

　　郭武：《论环境行政与环境司法联动的中国模式》，《法学评论》2017年第 2 期。

　　韩梅：《论行政机关提起的生态环境损害赔偿之法律范畴与路径》，《中国环境管理》2020 年第 1 期。

　　韩英夫、黄锡生：《生态损害行政协商与司法救济的衔接困境与出路》，《中国地质大学学报》（社会科学版）2018 年第 1 期。

　　何江：《论环境规制中的法院角色——从环境公益诉讼的模式选择说开去》，《北京理工大学学报》（社会科学版）2020 年第 1 期。

　　何军、刘倩、齐霁：《论生态环境损害政府索赔机制的构建》，《环境保护》2018 年第 5 期。

　　何勤华、靳匡宇：《行政和司法衔接视域下长江环境替代性修复方式研究——以美国替代环境项目为镜鉴》，《法治研究》2020 年第 2 期。

侯佳儒、尚毓嵩：《大数据时代的环境行政管理体制改革与重塑》，《法学论坛》2020 年第 1 期。

侯佳儒：《环境损害救济：从侵权法到事故法》，《政法论丛》2019 年第 5 期。

侯佳儒：《生态环境损害的赔偿、移转与预防：从私法到公法》，《法学论坛》2017 年第 3 期。

胡静、崔梦钰：《二元诉讼模式下生态环境修复责任履行的可行性研究》，《中国地质大学学报》（社会科学版）2019 年第 6 期。

胡静：《土壤修复责任的公法属性——目的和工具面向的论证》，《湖南师范大学社会科学学报》2020 年第 5 期。

胡静：《我国环境行政命令实施的困境及出路》，《华中科技大学学报》（社会科学版）2021 年第 1 期。

胡静：《我国环境行政命令体系探究》，《华中科技大学学报》（社会科学版）2017 年第 6 期。

黄萍：《生态环境损害索赔主体适格性及其实现——以自然资源国家所有权为理论基础》，《社会科学辑刊》2018 年第 3 期。

黄莎、李广兵：《环保法庭的合法性和正当性论证——兼与刘超博士商榷》，《法学评论》2010 年第 5 期。

黄锡生、韩英夫：《生态损害赔偿磋商制度的解释论分析》，《政法论丛》2017 年第 1 期。

姬亚平、支菡箴：《论党内法规与国家法律的协调和衔接》，《河北法学》2018 年第 1 期。

冀鹏飞：《论中央生态环境保护督察制度的法治化——以〈中央生态环境保护督察工作规定〉为中心》，《环境保护法》2019 年第 14 期。

江国华、张彬：《中国环境民事公益诉讼的七个基本问题——从"某市环保联合会诉某化工公司环境污染案"说开去》，《政法论丛》2017 年第 2 期。

江国华：《通过审判的社会治理——法院性质再审视》，《中州学刊》2012 年第 1 期。

江国华：《习近平全面依法治国新理念新思想新战略的学理阐释》，《武汉大学学报》（哲学社会科学版）2021 年第 1 期。

江国华：《走向能动的司法——审判权本质再审视》，《当代法学》2012 年第 3 期。

姜鹏：《不履行法定职责行政案件司法审查强度之检讨》，《华东政法大学学报》2017 年第 4 期。

焦艳鹏：《自然资源的多元价值与国家所有的法律实现——对宪法第 9 条的体系性解读》，《法制与社会发展》2017 年第 1 期。

康京涛：《欧盟生态损害救济：理路、实效、困境及启示——以欧盟〈欧盟环境责任指令〉为中心》，《宁夏社会科学》2020 年第 1 期。

柯坚、吴隽雅：《检察机关环境公益诉讼原告资格探析——以诉权分析为视角》，《吉首大学学报》（社会科学版）2016 年第 6 期。

柯坚、朱虹：《我国环境污染侵权责任的协调和拓展——以民法学与环境法学的沟通为视角》，《西安交通大学学报》（社会科学版）2011 年第 5 期。

柯坚：《建立我国生态环境损害多元化法律救济机制——以康菲溢油污染事件为背景》，《甘肃政法学院学报》2012 年第 1 期。

柯坚：《事实、规范与价值之间：环境法的问题立场、学科导向与实践指向》，《南京工业大学学报》（社会科学版）2014 年第 1 期。

李承亮：《侵权责任法视野中的生态损害》，《现代法学》2010 年第 1 期。

李丹：《环境损害惩罚性赔偿请求权主体的限定》，《广东社会科学》2020 年第 3 期。

李广德、王晨光：《党内权力监督法治化的法理论证》，《马克思主义与现实》2018 年第 1 期。

李昊：《论生态损害的侵权责任构造——以损害拟制条款为进路》，《南京大学学报》（哲学·人文科学·社会科学）2019 年第 1 期。

李昊：《损害概念的变迁及类型建构——以民法典侵权责任编的编纂为视角》，《法学》2019 年第 2 期。

李浩：《生态损害赔偿诉讼的本质及相关问题研究——以环境民事公益诉讼为视角的分析》，《行政法学研究》2019 年第 4 期。

李琳：《法国生态损害之民法构造及其启示——以损害概念之扩张为进路》，《法治研究》2020 年第 2 期。

李树忠：《党内法规与国家法律关系的再阐释》，《中国法律评论》

2017 年第 2 期。

李兴宇：《生态环境损害赔偿磋商的性质辨识与制度塑造》，《中国地质大学学报》（社会科学版）2019 年第 4 期。

李艳芳、吴凯杰：《论检察机关在环境公益诉讼中的角色与定位——兼评最高人民检察院〈检察机关提起公益诉讼改革试点方案〉》，《中国人民大学学报》2016 年第 2 期。

李一丁：《整体系统观视域下自然保护地原住居民权利表达》，《东岳论丛》2020 年第 10 期。

李挚萍：《行政命令型生态环境修复机制研究》，《法学评论》2020 年第 3 期。

李挚萍：《环境修复的司法裁量》，《中国地质大学学报》（社会科学版）2014 年第 4 期。

李挚萍：《生态环境修复责任法律性质辨析》，《中国地质大学学报》（社会科学版）2018 年第 2 期。

梁文永：《一场静悄悄的革命：从部门法学到领域法学》，《政法论丛》2017 年第 1 期。

梁晓敏：《环境行政罚款的替代性履行方式研究》，《中国地质大学学报》（社会科学版）2019 年第 3 期。

廖华：《生态环境损害赔偿的实践省思与制度走向》，《湖南师范大学社会科学学报》2021 年第 1 期。

林莉红、邓嘉咏：《论生态环境损害赔偿诉讼与环境民事公益诉讼之关系定位》，《南京工业大学学报》（社会科学版）2020 年第 1 期。

林潇潇：《芬兰环境损害责任立法及其启示》，《环境保护》2020 年第 3 期。

刘超：《海底可燃冰开发环境风险多元共治之论证与路径展开》，《中国人口·资源与环境》2017 年第 8 期。

刘超：《环境风险行政规制的断裂与统合》，《法学评论》2013 年第 3 期。

刘超：《环境行政公益诉讼诉前程序省思》，《法学》2018 年第 1 期。

刘超：《环境修复审视下我国环境法律责任形式之利弊检讨——基于条文解析与判例研读》，《中国地质大学学报》（社会科学版）2016 年第 2 期。

刘超：《论"绿色原则"在民法典侵权责任编的制度展开》，《法律科学》2018 年第 6 期。

刘画洁、王正一：《生态环境损害赔偿范围研究》，《南京大学学报》（哲学·人文科学·社会科学）2017 年第 2 期。

刘加良：《刑事附带民事公益诉讼的困局与出路》，《政治与法律》2019 年第 10 期。

刘静：《论生态损害救济的模式选择》，《中国法学》2019 年第 5 期。

刘静：《生态环境损害赔偿诉讼中的损害认定及量化》，《法学评论》2020 年第 4 期。

刘莉、胡攀：《生态环境损害赔偿磋商制度的双阶构造解释论》，《甘肃政法学院学报》2019 年第 1 期。

刘倩：《生态环境损害赔偿：概念界定、理论基础与制度框架》，《中国环境管理》2017 年第 1 期。

刘卫先：《环境法学研究的整体主义立场》，《郑州大学学报》（哲学社会科学版）2016 年第 4 期。

刘卫先：《也论生态整体主义环境法律观》，《政法论丛》2013 年第 2 期。

刘艺：《构建行政公益诉讼的客观诉讼机制》，《法学研究》2018 年第 3 期。

刘长兴：《论行政罚款的补偿性——基于环境违法事件的视角》，《行政法学研究》2020 年第 2 期。

刘长兴：《生态环境损害赔偿诉讼的制度定位与规范表达》，《环境法评论》2020 年第 1 期。

刘作翔：《当代中国的规范体系：理论与制度结构》，《中国社会科学》2019 年第 7 期。

鲁鹏宇：《法治主义与行政自制——以立法、行政、司法的功能分担为视角》，《当代法学》2014 年第 1 期。

罗许生：《国家治理现代化视阈下党内法规与国家法律衔接机制建构》，《中共福建省委党校学报》2016 年第 6 期。

吕梦醒：《生态环境损害多元救济机制之衔接研究》，《比较法研究》2021 年第 1 期。

吕忠梅、窦海阳：《修复生态环境责任的实证解析》，《法学研究》

2017 年第 3 期

吕忠梅、窦海阳：《以"生态恢复论"重构环境侵权救济体系》，《中国社会科学》2020 年第 2 期。

吕忠梅、田时雨：《在习近平法治思想指引下建设生态文明法治体系》，《法学论坛》2021 年第 2 期。

吕忠梅、张宝：《环境问题的侵权法应对及其限度——以〈侵权责任法〉第 65 条为视角》，《中南民族大学学报》（人文社会科学版）2011 年第 2 期。

吕忠梅：《"生态环境损害赔偿"的法律辨析》，《法学论坛》2017 年第 3 期。

吕忠梅：《中国生态法治建设的路线图》，《中国社会科学》2013 年第 5 期。

吕忠梅课题组：《"绿色原则"在民法典中的贯彻论纲》，《中国法学》2018 年第 1 期。

麻昌华、郭晓虹：《生态环境损害复合救济模式探析》，《法学杂志》2019 年第 3 期。

马强伟：《德国生态环境损害的救济体系以及启示》，《法治研究》2020 年第 2 期。

马腾：《我国生态环境侵权责任制度之构建》，《法商研究》2018 年第 2 期。

梅宏、胡勇：《论行政机关提起生态环境损害赔偿诉讼的正当性与可行性》，《重庆大学学报》（社会科学版）2017 年第 5 期。

梅宏：《海洋环境司法保护的多元主体及其联动机制》，《浙江海洋大学学报》（人文科学版）2020 年第 1 期。

梅宏：《生态破坏责任及其入法路径》，《吉首大学学报》（社会科学版）2020 年第 3 期。

孟春阳、王世进：《生态多元共治模式的法治依赖及其法律表达》，《重庆大学学报》（社会科学版）2019 年第 6 期。

莫纪宏：《党内法规体系建设重在实效》，《东方法学》2017 年第 4 期。

潘牧天：《生态环境损害赔偿诉讼与环境民事公益诉讼的诉权冲突与有效衔接》，《法学论坛》2020 年第 6 期。

彭中遥：《生态环境损害赔偿诉讼的性质认定与制度完善》，《内蒙古社会科学》（汉文版）2019 年第 1 期。

彭中遥：《生态损害赔偿磋商制度的法律性质及发展方向》，《中国人口·资源与环境》2020 年第 10 期。

秦天宝、黄成：《类型化视野下环境公益诉讼案件范围之纵深拓展》，《中国应用法学》2020 年第 4 期。

秦天宝：《法治视野下环境多元共治的功能定位》，《环境与可持续发展》2019 年第 1 期。

沈满洪：《海洋生态损害补偿及其相关概念辨析》，《中国环境管理》2019 年第 4 期。

沈寿文：《环境公益诉讼行政机关原告资格之反思——基于宪法原理的分析》，《当代法学》2013 年第 1 期。

史玉成：《生态环境损害赔偿制度的学理反思与法律建构》，《中州学刊》2019 年第 10 期。

苏永钦：《大民法典的理念与蓝图》，《中外法学》2021 年第 1 期。

孙佑海、王倩：《民法典侵权责任编的绿色规制限度研究——"公私划分"视野下对生态环境损害责任纳入民法典的异见》，《甘肃政法学院学报》2019 年第 5 期。

谭斌、王丛霞：《多元共治的环境治理体系探析》，《宁夏社会科学》2017 年第 6 期。

涂永前：《环境行政处罚与环境行政命令的衔接——从〈环境保护法〉第 60 条切入》，《法学论坛》2015 年第 6 期。

汪劲、马海桓：《生态环境损害民刑诉讼衔接的顺位规则研究》，《南京工业大学学报》（社会科学版）2019 年第 1 期。

王灿发：《论我国环境管理体制立法存在的问题及其完善途径》，《政法论坛》2003 年第 4 期。

王建学：《法国的环境保护宪法化及其启示——以环境公益与环境人权的关系为主线》，《暨南学报》（哲学社会科学版）2018 年第 5 期。

王岚：《论生态环境损害救济机制》，《社会科学》2018 年第 6 期。

王莉、邹雄：《生态环境损害公私法二元救济的规则安排》，《南京社会科学》2020 年第 6 期。

王明远：《论我国环境公益诉讼的发展方向：基于行政权与司法权关

系理论的分析》，《中国法学》2016 年第 1 期。

　　王清军：《环境行政公益诉讼中行政不作为的审查基准》，《清华法学》2020 年第 2 期。

　　王荣江：《奎因的整体知识论及其后果》，《自然辩证法研究》2007 年第 2 期。

　　王树义：《论生态文明建设与环境司法改革》，《中国法学》2014 年第 3 期。

　　王伟国：《国家治理体系视角下党内法规研究的基础概念辨析》，《中国法学》2018 年第 2 期。

　　王曦：《中国环境治理概念模型：一个新范式工具》，《环境保护》2020 年第 2 期。

　　王小钢：《以环境公共利益为保护目标的环境权利理论——从"环境损害"到"对环境本身的损害"》，《法制与社会发展》2011 年第 2 期。

　　王雅琪、张忠民：《现代环境治理体系中环境司法与行政执法协作机制的构建》，《中国矿业大学学报》（社会科学版）2021 年第 3 期。

　　王耀海：《党内法规的制度定位——马克思主义法学探索之四》，《东方法学》2017 年第 4 期。

　　王轶：《论侵权责任承担方式》，《中国人民大学学报》2009 年第 3 期。

　　文正邦：《职责本位论初探——行政法理论基础试析》，《法商研究》2001 年第 3 期。

　　吴贤静、林镁佳：《从"环境之制"到"环境之治"：中国环境治理现代化的法治保障》，《学习与实践》2020 年第 12 期。

　　吴卫星：《环境公益诉讼原告资格比较研究与借鉴——以美国、印度和欧盟为例》，《江苏行政学院学报》2011 年第 3 期。

　　向往、秦鹏：《生态环境损害赔偿诉讼与民事公益诉讼衔接规则的检讨与完善》，《重庆大学学报》（社会科学版）2021 年第 1 期。

　　谢鸿飞：《民法典的外部体系效益及其扩张》，《环球法律评论》2018 年第 2 期。

　　谢玲：《生态损害行政矫正的概念厘定及功能界分》，《重庆大学学报》（社会科学版）2020 年第 5 期。

　　谢小剑：《刑事附带民事公益诉讼：制度创新与实践突围——以 207

份裁判文书为样本》，《中国刑事法杂志》2019 年第 5 期。

徐军、何敏：《生态环境修复责任的法律困境与制度突破——以生态环境损害赔偿制度改革为视角》，《青海社会科学》2019 年第 6 期。

徐祥民、邓一峰：《环境侵权与环境侵害——兼论环境法的使命》，《法学论坛》2006 年第 2 期。

徐祥民、刘卫先：《环境法学方法论研究的三个问题》，《郑州大学学报》（哲学社会科学版）2010 年第 4 期。

徐祥民：《对"公民环境权论"的几点疑问》，《中国法学》2004 年第 2 期。

徐祥民：《环境权论——人权发展历史分期的视角》，《中国社会科学》2004 年第 4 期。

徐以祥、李兴宇：《环境利益在民法分则中的规范展开与限度》，《中国地质大学学报》（社会科学版）2018 年第 6 期。

颜运秋、张金波、李明耀：《环境行政公益诉讼的逻辑和归位》，《环境保护》2015 年第 1 期。

杨清望：《司法权中央事权化：法理内涵与政法语境的混同》，《法制与社会发展》2015 年第 1 期。

杨小军：《国法与党规关系》，《法学杂志》2017 年第 8 期。

杨严炎：《我国环境诉讼的模式选择与制度重构》，《当代法学》2015 年第 5 期。

姚建宗：《法律的政治逻辑阐释》，《政治学研究》2010 年第 2 期。

余光辉、陈亮：《论我国环境执法机制的完善——从规制俘获的视角》，《法律科学》2010 年第 5 期。

余彦、马竞遥：《环境公益诉讼起诉主体二元序位新论——基于对起诉主体序位主流观点的评判》，《社会科学家》2018 年第 4 期。

俞可平：《国家治理的中国特色和普遍趋势》，《公共管理评论》2019 年第 3 期。

于文轩、孙昭宇：《生态环境损害赔偿磋商的属性界定与制度展开——以双阶理论为视角》，《中国地质大学学报》（社会科学版）2021 年第 2 期。

张宝、潘鸣航：《环境公益诉讼中"公益"的识别与认定——一种反向排除的视角》，《中南大学学报》（社会科学版）2018 年第 2 期。

张宝、张敏纯:《环境侵权的微观与宏观——以〈侵权责任法〉为样本》,《中国地质大学学报》(社会科学版)2010年第3期。

张宝:《生态环境损害政府索赔权与监管权的适用关系辨析》,《法学论坛》2017年第3期。

张宝:《生态环境损害政府索赔制度的性质与定位》,《现代法学》2020年第2期。

张宝:《我国环境公益保护机制的分化与整合》,《湖南师范大学社会科学学报》2021年第2期。

张辉、沈世伟、贾进宝:《生态环境损害赔偿磋商制度的实践研究——聚焦20起磋商优秀候选案例》,《环境保护》2020年第11期。

张辉:《环境行政权与司法权的协调与衔接——基于责任承担方式的视角》,《法学论坛》2019年第4期。

张明哲:《检察机关提起环境民事公益诉讼制度反思——以检察机关职能的特殊性为切入点》,《东南大学学报》(哲学社会科学版)2017年第1期。

张式军:《环境立法目的的批判、解析与重构》,《浙江学刊》2011年第5期。

张淑芳:《行政处罚实施中违法行为的纠正途径》,《法学》2013年第6期。

张淑芳:《行政优先权与法律优先之鉴别》,《政治与法律》2004年第1期。

张挺:《日本生态环境损害的民事责任:私法的意义与界限》,《法治研究》2020年第2期。

张文显:《法治与国家治理现代化》,《中国法学》2014年第4期。

张翔:《关注治理效果:环境公益诉讼制度发展新动向》,《江西社会科学》2021年第1期。

张燕雪丹、周珂:《环境司法与环境行政执法协调联动的基本模式及主要障碍》,《南京工业大学学报》(社会科学版)2019年第3期。

张毅:《论公众共用物共享权的分析路径》,《北京理工大学学报》(社会科学版)2021年第3期。

张震:《中国宪法的环境观及其规范表达》,《中国法学》2018年第4期。

张忠民、冀鹏飞：《论生态环境监管体制改革的事权配置逻辑》，《南京工业大学学报》（社会科学版）2020 年第 6 期。

张梓太、李晨光：《生态环境损害政府索赔的路径选择》，《社会科学辑刊》2018 年第 3 期。

张梓太、程飞鸿：《我们需要什么样的生态环境问责制度？——兼议生态环境损害赔偿中地方政府的两难困境》，《河北法学》2020 年第 4 期。

张梓太、李晨光：《关于我国生态环境损害赔偿立法的几个问题》，《南京社会科学》2018 年第 3 期。

张梓太、李晨光：《生态环境损害政府索赔的路径选择》，《社会科学辑刊》2018 年第 3 期。

章志远：《司法判决中的行政不作为》，《法学研究》2010 年第 5 期。

赵美珍、朱亚龙：《论党内法规对环境法的拓展与突破》，《武汉理工大学学报》（社会科学版）2019 年第 2 期。

赵悦、刘尉：《〈民法典·侵权责任编（草案）〉"一审稿"生态环境公益损害民事救济途径辨析》，《南京工业大学学报》（社会科学版）2019 年第 3 期。

浙江省湖州市中级人民法院与中国人民大学法学院联合课题组、李艳芳：《生态环境损害赔偿诉讼的目的、比较优势与立法需求》，《法律适用》2020 年第 4 期。

甄子昊、李耕坤、刘道远：《国家治理现代化视阈下私法调整制度体系完善路径》，《海南大学学报》（人文社会科学版）2020 年第 4 期。

周勇飞、高利红：《多元程序进路下环境公共利益司法体系的整合与型构》，《郑州大学学报》（哲学社会科学版）2020 年第 5 期。

朱广新：《惩罚性赔偿制度的演进与适用》，《中国社会科学》2014 年第 3 期。

朱谦、谌杨：《"生态环境损害赔偿诉讼优先论"之思辨——兼论与环境民事公益诉讼的顺位问题》，《学术论坛》2020 年第 5 期。

朱谦：《对公民环境权私权化的思考》，《中国环境管理》2001 年第 4 期。

朱谦：《环境公共利益的法律属性》，《学习与探索》2016 年第 2 期。

朱晓勤、李天相：《环境行政处罚裁量基准的多元共治路径探析》，《法学杂志》2019 年第 6 期。

朱晓勤：《生态环境修复责任制度探析》，《吉林大学社会科学学报》2017 年第 5 期。

诸江：《生态损害的社会化救济研究》，《社会主义研究》2010 年第 3 期。

竺效、梁晓敏：《论检察机关在涉海"公益维护"诉讼中的主体地位》，《浙江工商大学学报》2018 年第 5 期。

竺效：《反思松花江水污染事故行政罚款的法律尴尬——以生态损害填补责任制为视角》，《法学》2007 年第 3 期。

竺效：《论生态（环境）损害的日常性预防》，《中国地质大学学报》（社会科学版）2018 年第 2 期。

（三）外文译作

［奥］恩斯特·A. 克莱默：《法律方法论》，周万里译，法律出版社 2019 年版。

［德］伯恩·魏德士：《法理学》，丁小春、吴越译，法律出版社 2003 年版。

［德］哈贝马斯：《公共领域的结构转型》，曹卫东等译，学林出版社 1999 年版。

［德］克雷斯蒂安·冯·巴尔：《欧洲比较侵权行为法》，焦美华译，张新宝审校，元照出版社 2001 年版。

［德］克里斯蒂安·冯·巴尔、［英］埃里克·克莱夫主编：《欧洲私法的原则、定义与示范规则：欧洲民法典草案（全译本）》（第 5、6、7 卷），王文胜等译，法律出版社 2014 年版。

［德］施密特·阿斯曼：《秩序理念下的行政法体系建构》，林明锵等译，北京大学出版社 2012 年版。

［德］英格博格·普珀：《法学思维小学堂》，蔡圣伟译，北京大学出版社 2011 年版。

［荷］威廉·范博姆、［奥］迈因霍尔德·卢卡斯、［瑞士］克丽斯塔·基斯林主编：《侵权法与管制法》，徐静译，中国法制出版社 2012 年版。

［荷］威廉·范博姆、米夏埃尔·富尔主编：《在私法体系与公法体系之间的赔偿转移》，黄本莲译，中国法制出版社 2012 年版。

［美］富勒：《法律的道德性》，郑戈译，商务印书馆 2005 年版。

［美］杰里·马肖：《贪婪、混沌和治理——利用公共选择改良公法》，宋功德译，毕红海校，商务印书馆 2009 年版。

［美］理查德·B. 斯图尔特：《美国行政法的重构》，沈岿译，商务印书馆 2002 年版。

［日］南博方：《行政法》（第 6 版），杨建顺译，中国人民大学出版社 2009 年版。

［日］原田尚彦：《环境法》，于敏译，马骧聪审校，法律出版社 2001 年版。

［日］吉村良一：《从民法角度看公法与私法的交错与互动》，张挺译，载《人大法律评论》第 12 辑，法律出版社 2013 年版。

［瑞］海因茨·雷伊：《瑞士侵权责任法》，贺栩栩译，中国政法大学出版社 2015 年版。

［英］罗伯特·鲍德温等编：《牛津规制手册》，宋华琳等译，上海三联书店 2017 年版。

（四）外文文献

Agathe Van Lang, "La Loi Biodiversité du 8 août 2016: Une Ambivalence Assumée", *Actualité juridique. Droit administratif*, Vol. 42, April 2016.

Bradshaw, K. "Settling for Natural Resource Damages", *Harvard Environmental Law Review*, Vol. 40, January 2016.

Christian v. Bar etc., *Principles of European Law on Non-Contractual Liability Arising out of Damage Caused to Another*, Sellier European Law Publishers, 2009.

Geneviève Gaillard, Concernant Le Projet de Loi Pour la Reconquête de la Biodiversité, Rapport n° 3833, le 14 juin 2016.

Gitanjali Nain Gill, "Environmental Justice in India: the National Green Tribunal", *Transnational Environmental Law* Vol. 5, Issue 1, April 2016.

Jonathan Zasloff, "W (h) ither Environmental Justice?", *UCLA Law Review*, Vol. 66, February 2019.

Juan Chu, "Vindicating Public Environmental Interest: Defining the Role of Environmental Public Interest Litigation in China", *Ecology Law Quarterly*,

Vol. 45, 2019.

Kai Jia, Shaowei Chen, "Could Campaign – style Enforcement Improve Environmental Performance? Evidence from China's Central Environmental Protection Inspection", *Journal of Environmental Management*, Vol. 245, 1 September 2019.

Kevin J. O'Brien, LiLianjiang, "Selective Policy Implementation in Rural China", *Comparative Politics*, Vol. 31, No. 2, January 1999.

Li, H., Zhou, M., Xia, Q., Hao, X., Wang, J., "Has Central Environmental Protection Inspection Promoted High – Quality Economic Development? —ACase Study from China", *Sustainability*, Vol. 14, September 2022.

Majone, G. D., "From the Positive to the Regulatory State: Causes and Consequences of Changes in the Mode of Governance", *Journal of Public Policy*, Vol. 17, Issue 2, May 1997.

Philippe Nonet, Philip Selznick, Robert A. Kagan: *Law and Society in Transition: Toward Responsive Law*, New York: Routledge, 2001.

Richard J. Lazarus, "Restoring What's Environmental About Environmental Law in the Supreme Court", *U. C. L. A. Law Review*, Vol. 47, Issue 3, February 2000.

Ronald Dworkin, *Law's Empire*, Cambridge, Mass.: Belknap Press, 1986.

Simon Taylor, "Extending the Frontiers of Tort Law: Liability for Ecological Harm in the French Civil Code", *Journal of European Tort Law*, Vol. 9, Issue 1, May 2018.

TamaraLotner Lev, "Liability for Environmental Damages from the Offshore Petroleum Industry: Strict Liability Justifications and the Judgment – proof Problem", *Ecology Law Quarterly*, Vol. 43, Issue 2, 2016.

Weiyu Wu, "The Reform of the Compensation System for Ecological and Environmental Damage in China: Natural Resources, Environmental Enforcement, and Legislation", *Natural Resources Journal.* Vol. 63, Issue 2, Winter 2020.

Wenneras Pal, "A progressive interpretation of the Environmental Liability

Directive", *Journal for European Environmental & Planning Law*, Vol. 2, Issue4, January 2005.

Willem H. van Boom, Meinhard Lukas, Christa Kissling (eds.), *Tort and Regulatory Law*, New York: Springer-Verlag Vienna, 2007.

后　记

　　每当广玉兰盛开的时节，也意味着毕业季的到来。与夏日的江城武汉空气里总是带着几分沉闷相比，苏州这个时候总会伴随着阵阵微风。回想起当时决定读研、从考博到毕业的点滴，依然觉得是刚发生不久的事情。读博之前，鉴于师姐的规劝和周围的观察，我也曾对是否考博而踌躇不定。但如果回到当初，我也坚信自己会做出同样的选择。一切皆为过往，一切皆为序章。

　　这是在博士学位论文基础上修改完成的个人第一本专著，在此十分感谢我的博士导师杜群教授。杜老师于我而言亦师亦友，她在学术研究上砥砺治学、态度严谨，在生活上宽容随和、待我如亲。回忆起当年考博，我发邮件向杜老师自荐，没想到很快就得到杜老师的回复和鼓励。进入博士阶段，杜老师严谨的研究态度更是时刻提醒和鞭策自己。每当在项目研究和论文写作处于瓶颈期时，老师对我的教导和意见总让我受益匪浅。杜老师对写作思路和观点都倾注了很多心血，还记得杜老师和我讨论经常会长达两三个小时。老师的用心和期待铭记于心，学生感激不尽！

　　博士求学三年，感谢武汉大学环境法研究所的每一位老师对我的学习、生活的关心和帮助。在博士论文开题和答辩时，秦天宝教授、张梓太教授、高利红教授、柯坚教授、陈海嵩教授、罗吉副教授、李广兵副教授、吴志良副教授、刘静副教授、吴宇副教授等师长对论文的完善提出了宝贵意见，三位匿名专家也提出了中肯的意见。感谢中国社会科学出版社梁剑琴老师为本书的付梓倾注了大量的精力。对各位老师的无私帮助，学生谨致谢忱！

　　时间如白驹过隙，转眼间在苏州大学王健法学院工作快满三年。我时常感叹自己何其幸运加入了氛围那么好的法学院大家庭。方新军院长和孙宁华书记等学院领导十分关心青年老师的发展和成长，积极营造良好的科研工作氛围。本书的出版也得益于苏州大学王健法学院发展基金的资助。此外，十分感谢我的博士后导师朱谦教授。朱老师为人谦和，风趣幽默。朱老师是教研室的学科带头人，我们教研室的工作氛围十分融洽。朱老师也经常关心我的工作状态和科研进展，朱老师每次在谈话后都会提醒我把握好节奏、注意劳逸结合。

在苏州大学工作的三年里，我逐渐完成了从学生到青年老师的转变。由于新冠疫情的影响，还记得第一次上课是网络授课。后面转为线下教学，第一次站在讲台的青涩和紧张到现在还记忆犹新。不过现在已经慢慢找到自己的节奏。一路走来，感谢父母、哥哥和爱人的关爱和支持，感谢你们给我勇气、力量和信心。

2024 年 5 月　于苏州